JOHN COLAPINTO

Der Junge,
der als Mädchen aufwuchs

Buch

»Der Junge, der als Mädchen aufwuchs« ist die authentische Geschichte eines der spektakulärsten Fälle in der Sexualmedizin, einer medizinischen Tragödie und ihrer traumatischen Folgen. Nach seiner verpfuschten Beschneidung im Säuglingsalter wächst Bruce Reimer unter dem Namen Brenda als Mädchen auf. Über zwölf Jahre lang wird dem Jungen seine wahre Natur verheimlicht – Brendas Kindheit ist bestimmt von Angstzuständen und tiefer Einsamkeit. Für einen Großteil ihrer Qualen ist ein als Koryphäe angesehener Sexualwissenschaftler verantwortlich, der unbeirrbar daran festhält, durch Östrogenbehandlung das angeborene Geschlecht ändern zu können. Im Alter von 14 Jahren erkennt Brenda, dass ein Weiterleben nur noch als Mann möglich ist, und gibt sich den Namen David. Mittlerweile führt er ein normales Ehe- und Familienleben – wie es die Natur für ihn vorgesehen hat.

Autor

John Colapinto ist Journalist in New York und publiziert in Magazinen wie »Vanity Fair« und »The New Yorker«. Für einen im »Rolling Stone« erschienenen Artikel, auf dem das vorliegende Buch basiert, erhielt er den »National Magazine Award«.

John Colapinto

Der Junge, der als Mädchen aufwuchs

Aus dem Amerikanischen
von Sonja Schuhmacher und Rita Seuß

GOLDMANN

Die Originalausgabe ist 2000 unter dem Titel
»As nature made him. The boy who was raised as a girl«
bei HarperCollins Publishers Inc. erschienen.

Der Goldmann Verlag ist ein Unternehmen
der Verlagsgruppe Random House GmbH.

Vollständige Taschenbuchausgabe August 2002
Wilhelm Goldmann Verlag, München,
in der Verlagsgruppe Random House GmbH
© 2000 by John Colapinto
© 2000 Patmos Verlag GmbH & Co. KG,
Walter Verlag, Düsseldorf und Zürich
für die deutschsprachige Ausgabe
Umschlaggestaltung: Design Team München
(Foto aus dem Innenteil)
Satz: Uhl + Massopust
Druck: Elsnerdruck, Berlin
Verlagsnummer: 15118
AM · Herstellung: Sebastian Strohmaier
Made in Germany
ISBN 3-442-15118-X
www.goldmann-verlag.de

1 3 5 7 9 10 8 6 4 2

Für Donna

Inhalt

Ich plane ein Unternehmen, das kein Vorbild hat und dessen Ausführung auch niemals einen Nachahmer finden wird. Ich will vor meinesgleichen einen Menschen in aller Wahrheit der Natur zeigen, und dieser Mensch werde ich sein.

Rousseau, *Bekenntnisse*

Doch meine Herkunft will ich wissen!

Sophokles, *König Ödipus*

Die Schwierigkeit besteht darin, den Rahmen der Tatsachen – der absoluten, unleugbaren Tatsachen – von den Ausschmückungen der Theoretiker und Berichterstatter zu trennen. Stehen wir erst einmal auf dieser soliden Grundlage, so ist es unsere Aufgabe, festzustellen, welche Schlüsse sich ziehen lassen und welches die Besonderheiten sind, von denen das ganze Rätsel abhängt.

Arthur Conan Doyle, *Die Memoiren des Sherlock Holmes*

Vorbemerkung des Autors

Dieses Buch ist kein Roman. Sämtliche Dialoge basieren wortwörtlich auf Tonbandmitschnitten psychodiagnostischer Gespräche, auf zeitgenössischen Aufzeichnungen von Therapiesitzungen und auf den Berichten von Zeugen und Betroffenen. Kein Dialog und keine Szene wurde um des »Erzählflusses« willen hinzuerfunden oder ergänzt, um eine vermeintlich romanhafte »Atmosphäre« zu schaffen. Die Schilderung von Dr. Moneys Auftritt in der Fernsehshow der Canadian Broadcasting Corporation im Jahr 1967 basiert auf einer Videoaufzeichnung dieser Sendung. Erstaunlicherweise ist dieses Videoband in den dreißig Jahren, die seit dieser Sendung vergangen sind, erhalten geblieben. Die hier erstmals im Wortlaut veröffentlichten Gespräche aus den Sitzungen in der Psychohormonal Research Unit sind auf der Grundlage der Tonbandmitschnitte entstanden, die Dr. Money im Juni 1998 auf Bitten des Hausarztes dem Patienten übergeben hat.

Vorwort

Am Morgen des 27. Juni 1997 besuchte ich David Reimer zum ersten Mal in seinem kleinen, unauffälligen Häuschen in einem Arbeiterbezirk in Winnipeg, Manitoba. Niemand hätte vermutet, dass hier jemand lebte, der das Interesse eines Journalisten aus New York City erregen könnte, geschweige denn die weltweite Aufmerksamkeit von Wissenschaftlern und Ärzten. Auf dem gepflegten Rasen lag ein umgekipptes Kinderfahrrad. Am Bordstein geparkt stand ein acht Jahre alter Toyota. In dem selbstgezimmerten Wohnzimmerschrank waren die typischen Trophäen eines Familienlebens ausgestellt: Hochzeitsfotos und Schulporträts, Porzellanfigürchen und Souvenirs von Familienausflügen. Im Wohnzimmer stand ein uralter Couchtisch, ein schäbiger Sessel und ein Sofa, auf dem mein Gastgeber, ein drahtiger junger Mann in Jeansjacke und abgenutzten Arbeitsstiefeln, Platz nahm.

David Reimer war einunddreißig, sah aber mindestens zehn Jahre jünger aus. Der Grund dafür war sein spärlicher Bartwuchs mit den wenigen Flaumhaaren am Kinn, aber auch ein feiner Schwung seiner markanten Wangenknochen und seines spitz zulaufenden Kinns. Im Übrigen entsprach sein Aussehen und Gebaren völlig seinem Alter und seinen Lebensverhältnissen. Er war Fabrikarbeiter mit Highschool-Bildung, dessen liebstes Freizeitvergnügen darin bestand, am Wochenende mit seinem Vater am nahe gelegenen Fluss zu angeln oder im Garten hinter dem Haus mit Frau und Kindern zu grillen. Ein ruppiger, aber freundlicher junger Mann, bei dem sich die Gespräche um das Herumbasteln an seinem defekten Automotor, um Probleme am Arbeitsplatz und um die Schwierigkeit drehte, mit weniger als 40 000 Dollar Jahreseinkommen drei Kinder großzuziehen.

Ich war nach Winnipeg gekommen, um so viel wie möglich über David Reimer herauszufinden. Mein Hauptinteresse jedoch galt seiner Kindheit. Als ich dieses Thema anschnitt, ging eine abrupte und dramatische Veränderung mit ihm vor. Das Lächeln verschwand aus seinem Gesicht, ebenso der scherzhafte Ton seiner Stimme. Die Stirn über seiner kleinen, geraden Nase legte sich in Falten, seine Augen blinzelten unruhig, und sein Kinn schob sich trotzig nach vorn, kampfbereit. Seine Stimme, ein tiefer, schnarrender Bariton, nahm eine andere Färbung an. David sprach jetzt in eindringlichem Ton, in einem hämmernden Rhythmus, und in seine deutlich wahrnehmbare Kränkung und Wut mischte sich das Flehentliche eines Menschen, der sich verzweifelt bemüht, seinem Gesprächspartner Gefühle mitzuteilen, die, wie er befürchtet, dieser niemals wird verstehen können. Ob er selbst sich über diese Gefühle völlig im Klaren war, wurde nicht auf Anhieb deutlich. Das bemerkte ich, als David Ereignisse beschrieb, die vor seinem fünfzehnten Geburtstag lagen. Er vermied es, »ich« zu sagen, und verwendete stattdessen das distanzierte »man«, beinahe als spräche er über eine andere Person. Und in gewisser Weise war er das auch.

»Es war wie eine Gehirnwäsche«, sagte er und zündete sich die erste einer endlosen Reihe von Zigaretten an. »Was würde ich dafür geben, wenn ein Hypnotiseur meine ganze Vergangenheit auslöschen könnte. Denn sie ist eine unerträgliche Qual. Was sie einem körperlich angetan haben, ist mitunter nicht annähernd so schlimm wie das, was man geistig erdulden musste … es war ein Psychokrieg im eigenen Kopf.«

David sprach über die Ereignisse, die an einem Aprilmorgen dreißig Jahre zuvor ihren Anfang genommen hatten, als er im Alter von acht Monaten bei einer missglückten Vorhautbeschneidung seinen Penis verloren hatte. Nach dieser irreparablen Verletzung brachten ihn seine Eltern zu einem hoch angesehenen

Spezialisten in dem bekannten Johns-Hopkins-Krankenhaus in Baltimore. Dort erklärte man den Eltern, für ihren Sohn sei es das Beste, eine chirurgische Geschlechtsumwandlung vornehmen zu lassen. Dazu sollte das Kleinkind einer Kastration und weiteren operativen Maßnahmen unterzogen werden. In den nächsten zwölf Jahren sollte dann eine soziale, mentale und hormonelle Konditionierung erfolgen, um die Geschlechtsumwandlung in seiner Psyche zu verankern. Die Behandlung wurde in medizinischen Publikationen als uneingeschränkter Erfolg bewertet, und der Patient ging als eines der berühmtesten (wenn auch anonymen) Fallbeispiele in die Annalen der modernen Medizin ein.

Dieser Ruhm gründete zum einen auf der Tatsache, dass der medizinische und operative Geschlechtswechsel von einem Jungen in ein Mädchen nachweislich die erste jemals an einem normal entwickelten Kind vorgenommene Geschlechtsneuzuweisung war. Der Fall erhielt zum anderen aber auch deshalb eine besondere Bedeutung, weil der Junge als eineiiger Zwilling zur Welt gekommen war. Sein einziger Bruder war in diesem Experiment gleichsam eine eingebaute Kontrollinstanz – ein genetischer Klon, der mit einem intakten Penis und intakten Hoden als Junge aufwuchs. Dass aus den Zwillingen angeblich glückliche und unauffällige Kinder unterschiedlichen Geschlechts wurden, erschien als unanfechtbarer Beweis dafür, dass die Umwelt größeren Einfluss auf die geschlechtliche Differenzierung hat als die Biologie. Medizinische und sozialwissenschaftliche Lehrbücher wurden im Hinblick auf diesen Fall neu geschrieben. Fortan galt er als Präzedenzfall kindlicher Geschlechtsneuzuweisung und das Verfahren wurde zur Standardbehandlung Neugeborener mit verletzten oder fehlgebildeten Genitalien. Der Fall David Reimer wurde aber auch von der Frauenbewegung der Siebzigerjahre aufgegriffen und immer wieder als maßgeblicher Beweis dafür angeführt, dass die Unterschiede zwischen den Geschlechtern das Ergebnis kultureller Konditionierung und nicht biologisch vorgegeben seien. Für den Arzt und Psychologen Dr. John

Money, der das Experiment durchgeführt hatte, wurde der so genannte »Zwillingsfall«, der eine so enorme öffentliche Aufmerksamkeit erregt hatte, zur Krönung seiner 40-jährigen beruflichen Laufbahn. Im Jahr 1997 wurde Dr. Money als »einer der größten Sexualforscher des Jahrhunderts« gefeiert.

Doch der junge Mann, der mir an jenem Junimorgen des Jahres 1997 gegenübersaß, war der lebende Beweis dafür, dass das Experiment misslungen war. Bekannt geworden war dies aber erst im Frühjahr desselben Jahres durch eine Publikation in der medizinischen Fachzeitschrift *Archives of Pediatrics and Adolescent Medicine*. Dr. Milton Diamond, Biologe an der Universität von Hawaii, und Dr. Keith Sigmundson, Psychiater aus Victoria, British Columbia, hatten hier in einem wissenschaftlichen Aufsatz dokumentiert, wie sich David von Anfang an gegen die ihm aufgezwungene weibliche Identität auflehnte und im Alter von 15 Jahren zu der Geschlechtsidentität zurückkehrte, die in seinen Genen und Chromosomen festgeschrieben war. Der Aufsatz hatte unter Fachleuten in aller Welt Entsetzen ausgelöst und eine heftige Debatte über die gängige Praxis der Geschlechtsneuzuweisung bei Kindern entfacht (die übrigens sehr viel häufiger durchgeführt wird, als der Laie denkt). Der Aufsatz warf auch die verstörende Frage auf, warum in den Medien in dieser Weise über den Fall berichtet worden war und warum es fast zwanzig Jahre gedauert hatte, bis die Folgen der Behandlung offen gelegt wurden. Man fragte sich, weshalb nicht Dr. Money oder das Johns-Hopkins-Krankenhaus den Fall weiter verfolgt hatte, sondern außenstehende Forscher aktiv werden mussten. Alle diese Fragen führten zu Antworten, die das Geheimnis der Geschlechtsidentität in ein faszinierendes neues Licht rückten. Ans Licht kam aber auch ein dreißig Jahre währender Disput zwischen bedeutenden Sexualforschern – eine erbitterte Rivalität, die dazu führte, dass diese erschütternde medizinische Tragödie schließlich doch noch enthüllt wurde –, und die vielleicht ursprünglich den Anstoß zu dem Experiment gegeben hatte.

Was sich für die Medizin als brisanter Skandal entpuppte, in den einige der bedeutendsten Sexualforscher verwickelt waren, stellte für David Reimer schlicht eine persönliche Katastrophe dar. Abgesehen von zwei Fernsehinterviews im Sommer 1997 (bei denen sein Gesicht überblendet und seine Stimme verändert worden war), hatte er nie zuvor einem Journalisten seine ganze Geschichte erzählt. Er hatte sich bereit erklärt, mit mir zu sprechen, denn ich wollte einen Artikel für die Zeitschrift *Rolling Stone* schreiben – allerdings unter der Bedingung, dass ich wesentliche Details seiner Identität geheim hielt. Deshalb verschwieg ich den Ort, wo er geboren wurde, aufgewachsen war und heute noch lebt, und ich erfand Pseudonyme für seine Eltern Ron und Janet und für seinen Zwillingsbruder Brian. Die Ärzte, die ihn in Winnipeg behandelt hatten, bezeichnete ich mit den Anfangsbuchstaben ihres Namens. David nannte ich »John« beziehungsweise »Joan«. Das waren die Pseudonyme, die ihm Diamond und Sigmundson in ihrem Fachartikel gegeben hatten und die jenes makabre Doppelleben sinnfällig zum Ausdruck brachten, das er hatte führen müssen. Vorsichtshalber vermied ich jeden auch nur versteckten Hinweis auf Davids Aufenthaltsort und verzichtete sogar darauf, den denkwürdigen Blizzard zu erwähnen, der am Morgen der missglückten Vorhautbeschneidung Winnipeg lahm legte: den unheimlich anmutenden Schneesturm Ende April, eines jener düsteren Naturwunder, die in griechischen Dramen und bei Shakespeare stets Vorboten von Furcht und Schrecken sind.

Mein Artikel in der Zeitschrift *Rolling Stone* erschien im Dezember 1997. Mit gut fünfzig Manuskriptseiten war er so gründlich recherchiert, wie es im Rahmen der räumlichen Beschränkung und unter dem journalistischen Termindruck überhaupt möglich war. Doch auch als mein Artikel in den Druck ging, war mir eins klar: Davids Leben und die wissenschaftlichen Machenschaften, die so großen Einfluss auf dieses Leben hatten, waren derart komplex, wissenschaftlich bedeutsam und in ihrer menschlichen

Tragik so brisant, dass sie nur in einem Buch hinreichend genau dargestellt werden konnten. David war unterdessen zu demselben Schluss gelangt und wünschte sich, dass ich dieses Buch schreiben sollte. Ich musste ihm aber eine Bedingung stellen, ohne die das Projekt unmöglich realisierbar war: Er musste seine Maske John/Joan ablegen.

Ich konnte mir nicht vorstellen, ein Buch zu schreiben, in dem die Hauptfigur, seine Familie, Freunde, Ärzte und andere nur unter Pseudonym vorkommen und in dem der Schauplatz des Geschehens als »eine Stadt irgendwo im Mittleren Westen« bezeichnet wird. Gleichzeitig wusste ich, dass auch genauere Angaben über den Ort und seine Bewohner für ein richtiges Verständnis des Falles nötig waren. In einem Bericht, in dessen Zentrum der Konflikt Natur gegen Kultur, Genetik gegen Umwelt, Veranlagung gegen Erziehung stand, erschien es mir unabdingbar, das soziale und kulturelle Milieu, in dem David aufwuchs, so genau wie möglich zu beschreiben. Als Schriftsteller schließlich wusste ich, wie viel von der atmosphärischen Eigenart der Begebenheiten verloren ging, sollte David tatsächlich auf seiner Anonymität bestehen. Mit Pseudonymen hätte man auch nicht erzählen können, wie David sich mit 14 Jahren am Anfang seines schwierigen Weges zurück zu seiner männlichen Identität einen anderen Vornamen zulegte, statt auf Bruce, seinen Geburtsnamen, zurückzugreifen. Er wählte sich einen Namen, der eine nüchtern männliche Unmittelbarkeit zum Ausdruck brachte und überdies von seinem Sieg über jene Kräfte zeugte, die sich in den ersten 14 Jahren seines Lebens gegen ihn verschworen hatten und ihm einreden wollten, er sei ein anderer als der Mensch, als der er sich innerlich fühlte. Auf Grund dieses heldenhaften, geradezu unglaublichen Sieges entschloss er sich, sich nach David aus der biblischen Geschichte zu benennen, der den angeblich unbesiegbaren Goliath geschlagen hatte. Dieses und viele andere Beispiele zeigten, dass mit der Beibehaltung von Pseudonymen manches hätte geopfert werden müssen, was nicht nur Licht in diese Geschichte bringt, sondern auch für Davids Selbstverständnis wichtig ist.

Mit den Interviews, die er Diamond und Sigmundson Anfang 1993 für ihren Aufsatz gegeben hatte, und mit den Gesprächen, die ich mit ihm für den *Rolling Stone*-Artikel geführt hatte, war David bereits ein Stück weit aus dem Schattendasein von Scham und Geheimhaltung herausgetreten, in dem er bis dahin gelebt hatte. Als ich ihm riet, die Maske John/Joan abzulegen, hatte er schon einen Großteil des Weges hinter sich. Nachdem er den Vorschlag mit seiner Frau, seinen Eltern und seinem Bruder beraten und die Sache überschlafen hatte, teilte er mir mit, er sei bereit, mit seinem wahren Ich an die Öffentlichkeit zu treten.

Bei der Rekonstruktion seiner Vergangenheit verschloss mir David keine Tür und versperrte mir keinen Weg. Im Laufe von zwölf Monaten stand er mir über 100 Stunden lang für Interviews zur Verfügung, er unterschrieb Vollmachten, mit denen er mir Zugang zu einer Vielzahl von persönlichen Dokumenten, Therapieaufzeichnungen, Berichten der Erziehungsberatungsstelle, IQ-Tests, Krankenakten und psychologischen Gutachten gewährte, die sich im Laufe seiner Kindheit angehäuft hatten. Er war mir behilflich, die Lehrer und Mitschüler ausfindig zu machen, die ihn als Kind gekannt hatten – eine aufwändige detektivische Spürarbeit, weil er nichts aus seiner Schulzeit aufbewahrt hatte, sich nur noch an wenige Familiennamen seiner Mitschüler erinnerte und in den vergangenen 15 Jahren jedem aus dem Weg gegangen war, der ihn in seiner vorherigen Existenz als Mädchen gekannt hatte. Und das Allerwichtigste: David war mir behilflich, mit allen seinen Familienangehörigen Gespräche zu führen – auch mit seinem Vater, der wegen der überaus schmerzlichen Geschehnisse über 20 Jahre lang mit niemandem über die Vergangenheit gesprochen hatte. Nur dem Mut und der Offenheit der Familie Reimer ist es zu verdanken, dass jetzt endlich die ganze Geschichte von John/Joan erzählt werden kann. Darin geht es hauptsächlich um David Reimer und seine

Lebenserfahrung in beiden Geschlechtsbereichen, sie handelt aber auch von einem jungen Paar, das im Alter von 20 Jahren die folgenreiche Entscheidung traf, eines ihrer Kinder diesem unerhörten und letztlich gescheiterten Experiment zu unterziehen.

»Meine Eltern fühlen sich schuldig, als sei das Ganze ihr Fehler gewesen«, erklärte mir David bei meinem ersten Besuch in Winnipeg. »Aber das stimmt ja nicht. Was sie taten, geschah aus guter Absicht, aus Liebe und Verzweiflung. Und wenn man verzweifelt ist, macht man nicht unbedingt alles richtig.«

Teil I

Ein Sciencefictionspiel

I

Die Ironie des Schicksals bestand darin, dass Ron und Janet Reimers gemeinsames Leben so vielversprechend begonnen hatte. Dass sie ungeachtet aller leidvollen Erfahrungen zusammenblieben, war wohl auch ihrem gemeinsamen ethnischen und religiösen Hintergrund zu verdanken, der geprägt war von Zähigkeit und Beharrlichkeit gerade angesichts von Sorgen und Schmerz.

Ron Reimer und Janet Schultz stammten aus mennonitischen Familien. Die Mennoniten, eine Sekte der Wiedertäufer, war im 16. Jahrhundert in den Niederlanden gegründet worden. Wie die Amish, so waren auch Rons und Janets mennonitische Vorfahren Pazifisten gewesen, die einen einfachen, dem weltlichen Genuss abgeneigten Lebensstil pflegten und sich an den Grundsätzen der Bergpredigt orientierten. Zurzeit der Inquisition wurden die Mennoniten gefoltert und zu Tausenden ermordet. Die Überlebenden flüchteten, und so begann eine 300 Jahre dauernde Suche nach einem Land, in dem sie ein abgeschiedenes Leben gemäß ihrer Religion, ihren Sitten und Gebräuchen führen konnten. Viele gingen nach Russland und wurden Bauern, Ende des 18. Jahrhunderts wanderte eine große Zahl von ihnen in die Neue Welt aus. Einige siedelten sich in Nebraska und Kansas an, aber die größte Gruppe ließ sich in Kanada nieder, wo die Bundesregierung im Zuge der Besiedelung der westlichen Ebenen den Mennoniten uneingeschränkte Religionsfreiheit, eigene Schulen und Freistellung vom Kriegsdienst zusicherte. Die ersten Mennoniten kamen im Jahr 1874 in den Süden von Manitoba. Binnen fünf Jahren folgten ihnen mehr als 10 000. Ganze russische Dörfer wurden in die kanadische Prärie verpflanzt. Mit dieser Einwanderungswelle gelangten auch Rons und Janets Urgroßeltern nach Manitoba. Sie waren niederländische Mennoniten und direkte Nachfahren der ersten Anhänger dieser Sekte.

Zur gleichen Zeit erreichte die Canadian Pacific Railway Winnipeg, und die kleine und abgeschiedene Pelztierjägersiedlung und Handelsniederlassung an der Hudson Bay wandelte sich rapide. Innerhalb von drei Jahrzehnten entwickelte sich die Siedlung zu einem der größten Weizenmärkte des nordamerikanischen Mittleren Westen. »Alle Straßen führen nach Winnipeg«, schrieb im Jahr 1911 der *Chicago Record Herald* und prognostizierte: »Die Stadt wird sich in Zukunft zu einem der größten Handelszentren des Kontinents und zu einem bedeutenden Industriezentrum entwickeln.«

Diese hoch gesteckten Erwartungen hat Winnipeg zwar nicht erfüllt, doch in der ersten Hälfte des 20. Jahrhunderts wuchs die Stadt rasch im Hinblick auf ihre Größe, ihr kulturelles Niveau und ihre Bedeutung. Hier entstand das größte nationale Ballettensemble und Symphonieorchester. Heute hat Winnipeg über 600 000 Einwohner und das Stadtzentrum, durch das sich der Red River schlängelt, verfügt über eindrucksvolle moderne Hochhäuser neben großartigen Bauten aus viktorianischer Zeit.

Die Mennoniten in den umliegenden Prärien wurden vom Reichtum der Stadt angelockt und die assimilierteren Familien zogen nach dem Zweiten Weltkrieg nach Winnipeg und fanden Arbeit in Fabriken, im Handel und im Baugewerbe. Zu ihnen gehörten auch Ron Reimers Eltern Peter und Helen, die im Jahr 1949 ihre Farm im nahe gelegenen Deloraine verkauften und in das Viertel St. Boniface in Winnipeg zogen. Hier fand Peter Arbeit in einem Schlachthaus, während Helen die vier Kinder aufzog.

Ron, der älteste Sohn, war ein pflichtbewusster, hart arbeitender Junge. Die für ihn typische Mischung aus Zurückhaltung und verbissenem Fleiß verblüffte selbst seine Mutter immer wieder. »Er war so ein schüchternes und ruhiges Kind«, erinnert sich Helen Reimer, »aber er war auch sehr umtriebig. Ich musste mir immer etwas einfallen lassen, um ihn vor Schwierigkeiten zu bewahren. Ich brachte ihm das Kochen bei. Er wollte immer etwas mit Essen und Kochen machen.« Diese Vorliebe bewahrte er sich sein Leben lang. Später als Erwachsener verdiente er den Lebensunterhalt für seine Frau und seine beiden Kinder, indem er mit seinem Lastwagen Baustellen im Umkreis von Winnipeg mit Kaffee, Sandwiches und anderen Fertiggerichten versorgte.

Im Jahr 1957 – Ron war inzwischen ein Teenager geworden – gelangte die Musik von Elvis Presley, Chuck Berry und Little Richard auch nach Winnipeg, und Ron begann sich für Autos, Mädchen, Bier und Rock'n' Roll zu interessieren. Für Mennoniten aus der Generation von Rons Eltern hatte dieser atemberaubende kulturelle Wandel der späten Fünfzigerjahre etwas Bedrohliches. Dabei waren sie selbst nicht übermäßig fromm – sie hatten ja erst zehn Jahre zuvor eine fast rein mennonitische bäuerliche Gemeinschaft verlassen, in der die alltäglichen Normen und Werte noch immer denen des ländlichen Russland am Ende des 19. Jahrhunderts weit mehr ähnelten als denen des städtischen Nordamerika im 20. Jahrhundert. Mit ihrer Rückwanderung waren die Reimers eine von zahlreichen Mennonitenfamilien, die sich bemühten, sich dem erschütternden kulturellen Wandel in der Stadt zu widersetzen und ihre Familien zu ihren kulturellen Wurzeln in der Prärie zurückzuführen. Im Jahr 1959 kaufte Rons Vater eine Farm in einer von Mennoniten besiedelten Gegend unweit der Stadt Kleefeld, etwa sechzig Meilen von der Stadt entfernt, und zog mit seiner Familie dorthin.

Dem damals 15-jährigen Ron widerstrebte dieser Umzug. Kleefeld selbst bestand praktisch nur aus ein paar heruntergekommenen Häusern und Geschäften entlang einer wenige hundert Meter langen kiesbedeckten Straße (ein Getreidehändler, die Post und ein Krämerladen), und Ron hatte keine Möglichkeit, seinen immensen Arbeitseifer auszuleben. Er kaufte Zoo Pfund Felsenbirnen, die er für 25 Cent pro Pfund weiterverkaufte – ein zermürbender Aufwand, der nur wenig Geld einbrachte. Kein Vergleich zu dem, was er in der Stadt hätte verdienen können. Und Rons Vater forderte auch noch das bisschen Geld, das der Sohn verdiente, weil er es brauchte, nämlich um das alte, schindelgedeckte Bauernhaus und das kümmerliche Stück Land instandzuhalten. Geplagt von Langeweile und den wachsenden Spannungen mit seinem autoritären Vater, nahm der 17-jährige Ron eine Einladung seines Freundes Rudy Hildebrandt an, gemeinsam mit ihm Rudys Freundin in der nahe gelegenen Stadt Steinbach zu besuchen. Rudys Freundin wohnte mit Janet zusammen, einem hübschen Mädchen, das Ron vielleicht gefallen würde.

Wie Ron war auch Janet in Winnipeg aufgewachsen. Sie war das älteste Kind mennonitischer Eltern, die wie viele andere nach dem Krieg aus der Prärie in die Stadt abgewandert waren. Janet wurde in dem Viertel St. Vital groß und war lebhaft und wissbegierig. Ihre Leidenschaft für Bücher (anfangs Kinderbücher von C. Keene und F. W. Dixon, später Thriller und schließlich Psychologiebücher) eröffnete ihr eine Lebensperspektive jenseits der traditionellen Wertvorstellungen ihrer Eltern, insbesondere ihrer Mutter, mit der sie ständig Streit hatte. »Ich wollte etwas lernen, aber meine Mutter bestand darauf, dass ich arbeitete und Geld nach Hause brachte«, sagt Janet. Schließlich musste sie nach der neunten Klasse die Schule abbrechen und als Näherin in einer Fabrik arbeiten. Janet lieferte den Lohnscheck bei ihrer Mutter ab, was wenig zu einem guten Verhältnis beitrug. Die Kluft zwischen Mutter und Tochter vertiefte sich, als Janet sich weigerte, den Gottesdienst in der Mennonitenkirche zu besuchen. »Ich fand es so bedrückend«, sagt sie. »Ich konnte mir nicht vorstellen, dass das den Grundsätzen der Bibel entsprach. Sie sagten, Lächeln sei eine Sünde. Das konnte ich nicht akzeptieren.« Mit 15 fing Janet an, sich über die Frömmigkeit ihrer

Eltern lustig zu machen. »Warum lieben sich Mennoniten nie im Stehen?«, fragte sie ihre Freundinnen. »Weil man meinen könnte, sie *tanzen*!« Janet selbst ging gern tanzen und Rollschuh laufen, und weil sie mit ihren braunen Augen und ihrer guten Figur außergewöhnlich hübsch war, hatte sie jede Menge Verehrer.

Da ihre Eltern das Gefühl hatten, dass ihr ältestes Kind, ihre einzige Tochter, sich ihrer Aufsicht auf gefährliche Weise entzog, schlossen sie sich ebenso wie die Eltern von Ron Reimer dem Strom der mennonitischen Rückwanderer von der Stadt aufs Land an. Im Jahr 1960, als Janet 14 war, ließen sich die Schultz' in New Bothwell nieder, einer kleinen Siedlung inmitten von Silos und Weizenfeldern, 45 Meilen von Winnipeg entfernt. Janet vermisste die Stadt mit ihren Kinos, Restaurants, Rollschuhbahnen und Tanzhallen, und schon bald war sie bereit, mit jedem Jungen auszugehen, der ein Auto besaß und sie wenigstens für kurze Zeit von der Farm entführte. Janets Mutter versuchte dieses Verhalten ihrer Tochter zu verhindern, ohne Erfolg. Kurz nach Janets fünfzehntem Geburtstag verkündete ihr die Mutter, sie müsse von zu Hause ausziehen. Erleichtert packte Janet ihre Sachen. Sie zog in die nahe gelegene Stadt Steinbach, wo sie in einer Textilfabrik Arbeit fand und sich mit ihrer Cousine Tina ein Apartment in einer Pension teilte. Kurze Zeit später brachte Tinas Freund einen jungen Mann mit, einen blonden 17-jährigen Jungen mit großen blauen Augen, der sie schüchtern ansah. Er hieß Ron Reimer. »Ich flirtete mit Ron«, erzählt sie lachend, »und ich dachte: Er reagiert überhaupt nicht, und so zog ich den Schluss, dass er mich nicht leiden konnte.«

Ron konnte sie sehr wohl leiden, aber er war zu schüchtern, um vor dem anderen Paar seine Gefühle zu zeigen. Deshalb bat er Janet, sich sein Auto am Straßenrand anzusehen, und lud sie fürs nächste Wochenende ins Kino ein. Das Geld für dieses Rendezvous verdiente er sich, indem er das Getriebe eines schrottreifen Ford ausbaute und für zehn Dollar an einen Freund verkaufte. An jenem Wochenende sahen sich Ron und Janet den Film *Gidget Goes Hawaiian* an. »Ich habe keine fünf Minuten vom Film gesehen«, erzählt Janet lachend. »Ich war viel zu sehr damit beschäftigt, ihm schöne Augen zu machen. Oh, er war so sexy!«

Im Laufe des Sommers trafen sie sich oft und gingen mit Tina und Rudy gemeinsam aus – meist unternahmen sie nur eine Spazierfahrt auf einer der wenig befahrenen Landstraßen, wo sie parkten, einen Sixpack Bier tranken, schmusten und sich unterhielten. Als sie einander ihre Geschichten erzählten, entdeckten sie überrascht, wie viele Gemeinsamkeiten sie hatten. Dadurch wurden sie eng zusammengeschweißt; aber paradoxerweise fühlten sie sich auch durch ihre Gegensätze verbunden. Janet spornte Ron an, der oft passiv zögerte, wenn Entscheidungen zu treffen waren, und Ron mit seiner langsamen und bedächtigen Sicht des Lebens bremste Janets tollkühne Begeisterung und ungestümes Wesen. Gemeinsam waren sie stärker.

Als Janet beschloss, wieder nach Winnipeg zu ziehen, stand es außer Frage, dass Ron sie begleiten würde. Sie bezogen zwar keine gemeinsame Wohnung (Anfang der Sechzigerjahre war eine solche Verwegenheit undenkbar für zwei Teenager), aber Ron verbrachte viel Zeit in Janets Pension. Hier schliefen sie auch zum ersten Mal miteinander. Für beide war es das erste Mal. Wenig später blieb Janets Periode aus. Sie war gerade achtzehn geworden. Ron stand kurz vor seinem zwanzigsten Geburtstag. Zum Heiraten waren sie noch sehr jung, aber sie hatten schon trotzdem von der Ehe gesprochen. Die Schwangerschaft war für die beiden ein Zeichen, sich für ihre Verbindung so schnell wie möglich den offiziellen Segen geben zu lassen. Sie heirateten am 19. Dezember 1964 in Steinbach. Da Janets und Rons Eltern die Entscheidung ihrer Kinder missbilligten, mussten sie jetzt auf eigenen Füßen stehen und lehnten es daher ausdrücklich ab, in einer der 20 mennonitischen Kirchen der Stadt zu heiraten.

Das frisch getraute Paar bezog eine winzige Wohnung ohne fließendes warmes Wasser in der Innenstadt von Winnipeg. Etwas Besseres konnten sie sich nicht leisten. Janet arbeitete für wenig Geld als Kellnerin im Restaurant Red Top, und Ron schuftete in einer Fensterfabrik, wo er auch nicht viel verdiente. Sie brauchten mehr Geld, das stand fest, vor allem, als Janet bei einer Untersuchung erfuhr, dass sie Zwillinge erwartete. Ron war nervös, aber Janet wollte sich ihren Optimismus nicht nehmen lassen. »Ich war so aufgeregt«, sagt sie, »weil ich mein Leben lang davon geträumt hatte. Es wäre doch wunderbar, Zwillinge zu haben!«

In diesem Juni – Janet war im fünften Monat schwanger – bekam Ron einen Job nach Tarifvertrag in einem der größten Schlachthäuser der Stadt und verdiente damit doppelt so viel wie zuvor. Jetzt konnten sie es sich leisten, in eine Dreizimmerwohnung Ecke Dubuc/Des Meurons Street zu ziehen. Dann geschah etwas, das beide in Panik versetzte. In der letzten Phase ihrer Schwangerschaft bekam Janet eine schwere Toxämie, eine schwangerschaftsbedingte Form von Bluthochdruck, die unbehandelt für den Fötus gefährlich werden konnte. Ihr Arzt empfahl, die Geburt einzuleiten.

Am 22. August 1965, vier Wochen vor dem eigentlichen Entbindungstermin, wurde Janet ins St.-Boniface-Krankenhaus eingeliefert. Während seine Frau in den Wehen lag, saß Ron nervös im Warteraum. Nach mehreren Stunden kam eine Krankenschwester herein und verkündete, alles sei gut verlaufen und er sei Vater von eineiigen Zwillingen. In seiner Aufregung und Erleichterung darüber, dass Janet und die Babys gesund und wohlauf waren, hatte Ron gar nicht richtig zugehört. Als er jetzt den Gang entlang in den Säuglingssaal eilte, um seine Kinder zu sehen, kam ihm eine Krankenschwester entgegen, die ihm lächelnd zurief: »Junge oder Mädchen?«

»Ich weiß nicht!«, rief Ron zurück. »Ich weiß nur, dass es zwei sind.«

Sie nannten die Zwillinge Bruce und Brian. Die Kinder sahen sich so ähnlich, dass die Leute sie nicht auseinander halten konnten. Aber wie die meisten Eltern eineiiger Zwillinge konnten Janet und Ron ihre Babys leicht unterscheiden. Bruce, der zwölf Minuten älter war, hatte leichtes Untergewicht und musste daher noch ein paar Tage länger im Krankenhaus bleiben, um ein wenig aufgepäppelt zu werden. Als er zu seinem Zwillingsbruder nach Hause kam, war klar, dass er der Aktivere von beiden war, er war sehr viel zappeliger und nervöser und wachte nachts häufiger auf als sein Bruder Brian, ein friedliches, weniger anstrengendes Kind. Beide hatten mit ihren Stupsnasen und ihrem kleinen runden Mund eine verblüffende Ähnlichkeit mit Janet.

Als die Jungen sechs Monate alt waren, hatte Janet inzwischen beim Beruhigen ihrer Babys, beim Füttern und Windelwechseln sichere Routine. Ron hatte erneut eine Lohnerhöhung bekommen, und so zog die Familie in ein noch größeres und schöneres Heim, ein richtiges Haus in der Metcalfe Street, nicht weit von ihrer früheren Wohnung entfernt. Das Leben bot der jungen Familie erfreuliche Perspektiven.

Nur eines beunruhigte Janet. Kurz nach dem siebten Lebensmonat bemerkte sie, dass die Zwillinge beim Wasserlassen Schmerzen hatten. Zunächst dachte sie, die Babys weinten, weil sie nasse Windeln hatten. Dann aber entdeckte sie, dass sie auch dann weinten, wenn ihre Mutter gerade die Windeln gewechselt hatte. Sie untersuchte den Penis und sah, dass die Öffnung der Vorhaut verklebt war und so das Wasserlassen erschwert war. Daraufhin brachte sie die Zwillinge zum Kinderarzt, der ihr erklärte, es handle sich um eine so genannte Phimose, durchaus keine seltene Erkrankung, die durch eine Zirkumzision, eine Vorhautbeschneidung, ohne weiteres behoben werden könne. Janet besprach die Sache mit Ron und beschloss dann, im St.-Boniface-Krankenhaus an dem Jungen eine Vorhautbeschneidung vornehmen zu lassen.

Die Operation war auf den Morgen des 24. April angesetzt, aber weil Ron im Schlachthof Nachtschicht hatte, beschlossen er und Janet, die Kinder schon am Abend vorher ins Krankenhaus zu bringen, was kein Problem war. Abgesehen von der normalen elterlichen Sorge vor einem solchen Eingriff hatten Ron und Janet keine besonderen Bedenken. Wozu auch? St. Boniface war ein ausgezeichnetes, hochmodernes Krankenhaus, an dem auch Ärzte ausgebildet wurden. Das sechsstöckige Gebäude verfügte über 700 Betten, eine kardiologische Abteilung und eine Kinderklinik. Mitte der Sechzigerjahre kamen dort jährlich rund 2600 Babys zur Welt, und es wurden rund 1000 Vorhautbeschneidungen durchgeführt, ohne dass es je zu Unfällen gekommen war.

»Wir machten uns keine Sorgen«, sagt Janet. »Wir wussten gar nicht, dass wir Anlass zur Sorge hatten.«

Normalerweise wurde die Zirkumzision von erfahrenen Kinderärzten vorgenommen. Am Morgen des 27. April jedoch, als die Reimer-Zwillinge ihren Operationstermin hatten, war aus heute nicht mehr zu ermittelnden Gründen der Dienst habende Arzt nicht im Haus. Der Eingriff sollte daher von Dr. Jean-Marie Huot vorgenommen werden, einem 46-jährigen praktischen Arzt.

Als eine Krankenschwester geschickt wurde, das erste der beiden Kinder zu holen, war es purer Zufall, dass sie zuerst Bruce aus dem Bettchen nahm.

Als alle Vorbereitungen getroffen waren und das Baby auf dem Operationstisch lag, trat der Anästhesist Dr. Max Cham in Aktion. (Bei Neugeborenen wurde zwar die Beschneidung gewöhnlich ohne Betäubung durchgeführt, aber ein acht Monate altes Kind wie den kleinen Bruce konnte man nicht bei Bewusstsein operieren.) Über das, was dann passierte, sind in den Quellen leicht differierende Angaben zu finden. In den Gerichtsakten zur Ermittlung gegen den Operateur, das Krankenhaus und drei Dienst habende Krankenschwestern ist von einer »Arterienklemme« die Rede, die jenes Stück der Vorhaut fixieren sollte, das entfernt werden sollte. Eine Arterienklemme aber war bei einem solchen Eingriff ein eher unübliches Instrument. Dr. Cham zufolge, mit dem ich im Winter 1997 sprach, benutzte Dr. Huot die übliche Gomco-Klemme. Sie war speziell zur Vorhautbeschneidung entwickelt worden und sollte eine übermäßige Blutung verhindern. Dabei wird die Vorhaut über eine glockenförmige Metallhülle geschoben; eine runde Klemme schließt sich über der so gedehnten Vorhaut und drückt sie gegen die Glocke, sodass die Vorhaut vor der Resektion mit dem Skalpell blutleer wird.

Unabhängig von der Frage, welche Klemme benutzt wurde, besteht kein Zweifel, dass Dr. Huot zur Resektion von Bruce' Vorhaut kein Skalpell, sondern einen Elektrokauter verwendete, bei dem ein Generator ein scharfes, nadelähnliches Schneideinstrument mit elektrischem Strom versorgt, das bei der Beschneidung die Blutgefäße verätzt und Nachblutungen verhindert – was relativ überflüssig war, falls Huot tatsächlich eine Gomco-Klemme verwendete. Und es war überdies gefährlich, weil auf diese Weise elektrischer Strom dem Penis bedrohlich nahe kam und von der Metallglocke weitergeleitet werden konnte, die das Geschlechtsorgan umschloss. Wenn gleichzeitig die Stromzufuhr der Nadel auf das Maximum erhöht wurde, waren die möglichen Folgen katastrophal.

Späteren Zeugenaussagen des im Operationssaal anwesenden Personals zufolge wurde der Elektrokauter eingeschaltet und die Anzeige, die die Temperatur der Nadel reguliert, auf das Minimum gestellt. Dr. Huot berührte mit der Nadel Bruce' Vorhaut. Ein späterer Test ergab, dass das Gerät korrekt funktionierte. Ob auf Grund einer mechanischen Fehlfunktion oder auf Grund falscher Handhabung trennte die Nadel die Haut nicht durch. Die Stromstärke wurde erhöht. Erneut wurde das Gerät der Vorhaut angenähert und erneut versagte der Mechanismus. Daraufhin wurde die Stromstärke des Elektrokauters weiter erhöht. Wieder wurde die Nadel mit der Vorhaut in Kontakt gebracht.

»Ich hörte ein zischendes Geräusch«, erinnert sich Dr. Cham, »wie wenn ein Steak angebraten wird.«

Ein Rauchkringel stieg aus der Leistengegend des Babys auf. Geruch von gegrilltem Fleisch erfüllte die Luft.

Rasch wurde ein Urologe geholt. An diesem Morgen hatte Dr. Earl K. Vann Dienst. Er prüfte das Gerät und untersuchte das Geschlechtsorgan. Es war eigenartig hell. Er betastete den Penis mit der Hand, über die er einen Handschuh gestreift hatte, und bemerkte, dass er ungewöhnlich fest war. Daraufhin versuchte Vann, eine Sonde durch die Öffnung am Ende des Penis in die Harnröhre einzuführen. Das gelang nicht. Vann teilte dem OP-Personal mit, er müsse einen Noteingriff, eine suprapubische Zystostomie, vornehmen und dem Kind einen Katheter zur Harnableitung einsetzen. Er machte einen Schnitt unterhalb des Nabels des Babys und führte eine Röhre durch die Muskelwand in die Blase ein, die fixiert wurde. Am freien Ende des Katheters wurde ein Urinbeutel angebracht. Dann wurde das Baby auf die Station für Brandverletzungen gefahren.

Man beschloss, auf eine Vorhautbeschneidung des Zwillingsbruders zu verzichten. Wenn Ron Nachtschicht hatte, bereitete Janet abends das Essen vor, und sie aßen gemeinsam, wenn Ron kurz nach Mitternacht von der Arbeit nach Hause kam. Sie unterhielten sich über den vergangenen Tag, schauten dann vielleicht noch ein bisschen fern und kamen selten vor zwei, drei Uhr früh ins Bett. Gewöhnlich schliefen sie bis Mittag. Am Morgen des 27. April schliefen sie noch, als das Telefon läutete.

Janet nahm den Hörer ab. Es war die Klinik.

»Sie sagten, wir sollten kommen und mit dem Arzt sprechen«, erinnert sich Janet. »Es sei ein kleiner Unfall passiert, und sie müssten uns sofort sprechen.« Ron ging ans Telefon und fragte, was genau vorgefallen sei. »Sie sagten nur, wir sollten gleich kommen«, sagt Ron. »Kein Wort davon, dass etwas Schlimmes passiert war.«

Aber Ron und Janet merkten an der Stimme des Anrufers, dass

etwas Ungewöhnliches geschehen sein musste. Sie zogen sich an, um in ihr Auto zu steigen. Als sie die Haustür öffneten, sahen sie, dass die Stadt, in die schon seit ein paar Wochen der Frühling eingekehrt war, von einem Blizzard heimgesucht worden war. Der Weg bis zum Bordstein war völlig zugeschneit, und das Auto steckte bis zur Stoßstange im Schnee. Aus einem blassen Himmel fielen noch immer dicke Flocken.

Ron schaufelte das Auto frei, dann machten sie sich im dichten Schneetreiben auf den Weg durch die vom Schneesturm verstopften Straßen. Es ging fünf Häuserblocks nach Norden auf der St. Mary's Road, dann nach rechts auf die Tache Avenue und weitere acht Häuserblocks entlang zum Krankenhaus. Im Autoradio hörten sie, dass der Flugverkehr eingestellt worden war. Im Laufe des Tages wurden noch 20 Zentimeter Neuschnee erwartet. Laut Wetterbericht war dies einer der schlimmsten Blizzards in der Geschichte der Stadt. Noch 30 Jahre später erinnerten sich die Einwohner an diesen Sturm.

Als sie die eine Meile von ihrem Haus bis zum St.-Boniface-Krankenhaus endlich geschafft hatten, eilten Ron und Janet hinein, nur um dann im Sprechzimmer des Arztes endlos lange zu warten. Dr. Huot trat ein. In geschäftsmäßigem Ton teilte er den Reimers mit, dass bei Bruce' Beschneidung ein Unfall passiert sei.

»Was meinen Sie mit ›Unfall‹?«, sagte Janet.

Dr. Huot erklärte, Bruce' Penis sei verbrannt worden.

»Ich erstarrte«, erinnert sich Janet. »Ich weinte nicht. Ich erstarrte zu Stein.« Als sie endlich wieder sprechen konnte, fragte sie, ob man auch ihr zweites Kind verbrannt habe.

»Nein«, sagte Dr. Huot. »Wir haben Brian nicht angerührt.«

Ron und Janet wollten ihr verletztes Kind sofort sehen. Der Arzt jedoch sagte, Bruce sei auf dem Weg der Besserung, nachdem man ihm operativ einen Katheter eingesetzt habe. Die Reimers sollten sich nicht beunruhigen, sie könnten ihr Kind am nächsten Tag sehen. Also nahmen sie ihr unversehrtes Kind

Brian und fuhren durch den unaufhörlich fallenden Schnee nach Hause.

Am folgenden Tag kehrten Ron und Janet ins Krankenhaus zurück. Dr. Vann brachte sie zu ihrem Baby. Die Erinnerung an diesen Anblick bringt noch heute, 30 Jahre später, Janets Blut in Wallung. Sie stand neben Bruce' Bettchen in der Station für Verbrennungen und sah auf seinen Penis – oder vielmehr das, was davon übrig war.

»Er war ganz schwarz, irgendwie dünn wie eine Schnur. Und zwar der ganze Penis, bis zum Ansatz.« Für Ron sah der Penis »völlig verkohlt aus. Ich wusste, dass er sich davon nie mehr erholen würde.«

Trotzdem fragte Janet den Urologen: »Wird der Penis weiter wachsen, und wird er zumindest einen *kleinen* Penis haben?«

Der Arzt schüttelte den Kopf. »Ich glaube nicht. So funktioniert es nicht«.

In den nachfolgenden Tagen trocknete Bruce' Penis und brach in Stücken ab. Und bald war von dem Geschlechtsorgan keine Spur mehr zu sehen.

Bruce blieb im Krankenhaus, während Ron und Janet beobachteten, wie die Top-Spezialisten der Stadt kamen, um ihr Kind zu untersuchen. Die Ärzte machten ihnen wenig Hoffnung. Die Phallusrekonstruktion, noch heute ein eher primitiver Notbehelf, war zu Beginn der Sechzigerjahre noch ganz am Anfang, was der plastische Chirurg Dr. Desmond Kernahan nicht verhehlte, er legte die beschränkten Möglichkeiten eines Penis dar, der aus einem Transplantat aus Bruce' Oberschenkel oder Unterleib gebildet werden sollte. »Ein solcher Penis hätte in Farbe, Struktur und Erektionsfähigkeit mit einem normalen Geschlechtsorgan wenig zu tun«, schrieb Kernahan in seinem Untersuchungsbericht. »Er würde als Harnleiter fungieren, das ist aber auch alles.« Dr. M. Schwartz zufolge war auch das noch zu optimistisch gedacht. Der Urologe untersuchte das Kind ebenfalls: »Was das künftige Aussehen betrifft«, schrieb er, »ist eine Rekonstruktion des Penis als funktionierendes Organ völlig undenkbar.« Dr. G. L. Adamson, Chefarzt der Abteilung für Neurologie und Psychiatrie an der Winnipeg Clinic, beurteilte Bruce' psychische und emotionale Zukunft folgendermaßen: »Man kann prognostizieren«, schrieb Adamson, »dass er mit Beginn der Pubertät kein normales Sexualleben führen wird; dass er weder die Ehe vollziehen noch eine normale heterosexuelle Beziehung haben kann; er wird akzeptieren müssen, dass er unvollständig und mit körperlichen Mängeln behaftet ist und dass er allein leben muss.«

Auch der Kinderarzt Dr. Harry Medovoy wurde hinzugezogen. Obwohl Medovoy ausschließlich in Manitoba als Arzt tätig war, genoss er internationalen Ruf. Er gehörte zu den Herausgebern der amerikanischen Zeitschrift *Pediatrics* und hatte eine Kinderklinik im Winnipeg Health Sciences Center gegründet, das heute seinen Namen trägt. Medovoy war zwar ein engagierter Verfechter einer eigenständigen kanadischen Medizin, doch war er der Meinung, das Kind müsse in einer der größeren US-amerikanischen Kliniken untersucht werden. Er empfahl die Mayo Clinic in Rochester, Minnesota, die in einem halben Tag mit dem Zug zu erreichen war. Nach Bruce' Entlassung aus dem Krankenhaus am 7. Juni, sechs Wochen nach seiner Einlieferung ins St.-Boniface-Krankenhaus, brachten Ron und Janet das Kind mit dem Zug nach Rochester.

In der Mayo Clinic wurde Bruce von einem Ärzteteam untersucht. Sie empfahlen die Konstruktion eines künstlichen Penis kurz vor seiner Einschulung. Wie die Ärzte in Winnipeg, so machte man auch in der Mayo Clinic klar, dass die Phalloplastik kein bewährtes Verfahren war. Zahlreiche Operationen im Laufe der Kindheit mussten durchgeführt werden, und die kosmetischen und funktionellen Resultate waren keineswegs vielversprechend.

Ron und Janet konnten kaum glauben, dass das alles war, was

ihnen die Mayo Clinic anzubieten hatte. Wozu der ganze Aufwand dieser langen Reise in dieses berühmte Krankenhaus, nur um dasselbe zu hören, was man ihnen schon in Kanada mitgeteilt hatte?

Mit dem Gefühl, alle ihre Möglichkeiten ausgeschöpft zu haben, kehrten Ron und Janet nach Winnipeg zurück und versuchten sich mit dem Gedanken abzufinden, dass sie einen Sohn aufziehen mussten, der (unabhängig davon, wie erfolgreich die Penisrekonstruktion verlaufen würde) »allein leben« musste.

Die *Winnipeg Free-Press* und ihr Konkurrenzblatt *Tribune* bekamen bald Wind von der Geschichte. Beide Zeitungen veröffentlichten einen Artikel über ein Kind, dessen Penis im St.-Boniface-Krankenhaus verbrannt worden war. Der Name der Reimers wurde jedoch nicht genannt, sodass Ron und Janet den furchtbaren Unfall, den ihr Kind erlitten hatte, vor den Nachbarn geheim halten konnten. Als Janet von anderen jungen Müttern aus der Nachbarschaft Einladungen zum Nachmittagskaffee annahm, saß sie schweigend da, während die anderen sich glücklich über ihre Kinder austauschten. Erst als sie wieder zu Hause war, brach sie in Tränen aus und haderte mit Gott. Ihr wortkarger Ehemann gestattete sich solche Gefühlsausbrüche in aller Regel nicht. Ron hatte einmal versucht ein paar Arbeitskollegen ins Vertrauen zu ziehen, aber sie hatten sich nur lustig gemacht. »Ich sprach nicht mehr mit diesen Leuten«, sagt Ron. »Ich sprach überhaupt mit niemandem mehr.« Es trug nur noch mehr zum Kummer des jungen Paares bei, dass Brians Phimoseproblem von selbst verschwand. Sein gesunder Penis war eine bleibende Erinnerung daran, dass die verheerende Vorhautbeschneidung eine völlig überflüssige Maßnahme gewesen war.

Der erste Geburtstag der Zwillinge am 22. August 1966 war für Ron und Janet ein düsterer Tag. Sie fühlten sich wie Gefangene im eigenen Haus. Nicht einmal ins Kino konnten sie gehen, falls sie überhaupt Lust dazu hatten, weil ihre Angst zu groß war, die Babysitterin würde den tragischen Vorfall überall herumerzählen. Im Februar schreckte Ron mitten in der Nacht immer wieder aus Träumen auf, in denen er Dr. Huot erwürgte.

Eines Sonntagabends Mitte Februar, zehn Monate nach Bruce' Unfall, sahen Ron und Janet etwas, das sie aus ihrer Verzweiflung herausriss. Sie hatten auf ihrem kleinen Schwarzweißfernseher zufällig eine populäre Sendung der Canadian Broadcasting Corporation eingeschaltet, die den Titel trug *This Hour Has Seven Days*. Darin trat ein gewisser Dr. John Money auf, ein freundlicher charismatischer Mann Ende vierzig, mit Brille und den fein geschnittenen Gesichtszügen eines Filmschauspielers der Dreißigerjahre. Dr. Money sprach über die Wunder der Geschlechtsumwandlung am Johns-Hopkins-Krankenhaus in Baltimore.

Heute, da die operative Geschlechtsumwandlung ein geläufiges Thema von Nachmittagstalkshows ist, kann man sich kaum mehr vorstellen, wie fremdartig an jenem Februarabend des Jahres 1967 diese Vorstellung anmuten musste. 1952, fünfzehn Jahre zuvor, hatte der amerikanische Ex-GI George Jorgensen Furore gemacht, weil er aus einer geschlechtsverändernden Operation als Frau mit Namen Christine hervorgegangen war. Der in Dänemark durchgeführte Eingriff war von amerikanischen Kliniken, die es abgelehnt hatten, die Operation vorzunehmen, scharf kritisiert worden. Danach war das Thema aus dem Blickfeld der öffentlichen Aufmerksamkeit geraten – bis zu dem Augenblick, als das Johns-Hopkins-Krankenhaus die Durchführung von zwei Transformationsoperationen bei Mann-zu-Frau-Transsexuellen bekannt gab. Hier war die weltweit erste Klinik entstanden, die ausschließlich Geschlechtsumwandlungen bei Erwachsenen durchführte. Die treibende Kraft hinter dem umstrittenen Unternehmen war der Mann, der jetzt bei den Reimers im Fernsehen auftrat: Dr. John Money.

Der Name kam Ron und Janet bekannt vor. Kurz nach Bruce' Unfall hatte einer der plastischen Chirurgen gesagt, er habe diesen Fall bei einem Ärztekongress in den Vereinigten Staaten einem führenden Sexualforscher vorgetragen. Dieser schlug vor, Ron und Janet sollten Bruce als Mädchen aufziehen. Die Ärzte an der Mayo Clinic hatten Ron und Janet ebenfalls etwas von einem Mann in Baltimore erzählt, der ihnen helfen könnte, aus Bruce ein Mädchen zu machen. An der Mayo Clinic selbst hatte man dies nicht empfohlen, sondern nur gesagt, die Reimers sollten sich diesen Gedanken durch den Kopf gehen lassen. Bis zu diesem Zeitpunkt hatten Ron und Janet die Möglichkeit einer Geschlechtsumwandlung nicht einmal erwogen. Jedenfalls nicht bewusst. Mit Dr. Moneys Auftritt wurde ihnen klar, dass sie der Gedanke daran nie losgelassen, sondern sich in ihrem Kopf festgesetzt hatte »wie ein Samenkorn, das man in die Erde steckt«, wie Ron sich ausdrückt. Als sie jetzt Dr. Money im Fernsehen sahen und reden hörten, war es, als wäre dieses Samenkorn gekeimt und das Pflänzchen erblüht.

Am meisten beeindruckte sie sein Selbstvertrauen. Selbst unter dem Druck der auf ihn gerichteten Fernsehkameras und der versammelten Studiogäste sprach Dr. Money in einem gepflegten, britisch klingenden Akzent ungewöhnlich eloquent. Er stockte kein einziges Mal, auch nicht, als der Moderator, ein angriffslustiger junger Mann namens Alvin Davis, unverblümt fragte, warum einige Psychiater der von Dr. Money doch so angepriesenen Methode »so viel Widerstand entgegensetzen«.

»Ich glaube«, sagte Money, »es ist eine Tatsache, dass es viele Leute gibt, die das Gefühl haben, es handle sich nicht um eine psychiatrische Behandlung; denn Psychiatrie wird ja üblicherweise als Psychotherapie und Gesprächstherapie verstanden. Es gibt aber einen kleinen Kreis von Leuten, die es wie ich für gerechtfertigt halten, wenn wir ständig daran arbeiten, anderen Menschen mit immer besseren Mitteln zu helfen und genau zu beobachten, was dabei herauskommt, wenn – sagen wir – zwanzig oder dreißig Patienten fünf bis zehn Jahre lang betreut werden, nachdem sie eine solche Behandlung hinter sich haben.«

»Aber ist es nicht eine Tatsache«, beharrte Davis, »dass Sie allein beziehungsweise zusammen mit einem Gremium am Johns-Hopkins-Krankenhaus die Entscheidung treffen, ob ein Homosexueller kastriert werden soll oder nicht, wenn er zu Ihnen kommt und sagt: ›Ich möchte kastriert werden‹?«

»Stimmt«, gab Dr. Money versöhnlich zu. »Wenn Sie es so ausdrücken wollen, dann haben Sie Recht.«

»Und das gilt nicht nur für die Kastration«, fuhr Davis fort und erhob seine Stimme wie ein Staatsanwalt, »sondern auch für die Hormonspritze und praktisch für die Umwandlung dieses Menschen nicht in eine Frau, sondern in einen Mann mit weiblichen Geschlechtsmerkmalen. Maßen Sie sich da nicht Entscheidungen an, die nicht nur Psychiater missbilligen, sondern vielleicht auch Gott?«

»Nun«, sagte Dr. Money und der Anflug eines Lächelns unterstrich den trockenen Sarkasmus in seiner Stimme, »möchten Sie hier etwa den Anwalt Gottes spielen?«

»Nein«, sagte Davis, »ich möchte lediglich wissen, ob Sie glauben, dass Gott hier keine Rolle spielt.«

Dr. Moneys Stimme wurde wieder so ruhig und gelassen wie zuvor, und er erwiderte mit geduldiger Herablassung: »Ich bin mir nicht sicher, ob das tatsächlich eine so relevante Frage ist, auch wenn andere durchaus dieser Meinung sind. Darf ich Ihnen mit den Geistlichen in Baltimore antworten, die von der Presse interviewt wurden, nachdem die ganze Sache dort in die Zeitungen gekommen war? Alle dreizehn Geistliche waren sich der Tragweite des Problems bewusst, vor allem, was die Auswirkungen auf das Leben der Betroffenen angeht. Und sie hielten es ethisch für gerechtfertigt, als Versuch, diesen Menschen zu helfen. Nur einer von ihnen schob eine Stellungnahme zu dem Thema auf, und das war ein Vertreter der römisch-katholischen Kirche.«

»Warum werden diese Operationen dann nicht hier in Kanada durchgeführt?«, wollte Davis wissen. Und dann wiederholte er seine frühere Frage: »Und warum sind so viele Psychiater hier so vehement dagegen?«

»Tja«, meinte Money fast gleichgültig, »doch wohl aus demselben Grund, aus dem in fast allen Bereichen ein so starker Traditionalismus herrscht. Ich brauche Ihnen wohl nicht zu sagen, dass in vielen Bereichen, in der Medizin, in den Naturwissenschaften, ja sogar in der Führung eines einfachen Haushalts oder auch in der Landwirtschaft, die Tendenz besteht, an der Vergangenheit festzuhalten, sich regelrecht an die Vergangenheit zu klammern.«

»Und da sind Sie der Pionier?«, fragte Davis.

»In bescheidenem Maße vielleicht«, meinte Dr. Money, »ja.«

Hier schwenkte die Kamera von Dr. Money und seinem Interviewer ab zu einer blonden Frau, die auf das Set zuschritt. Sie trug einen engen Rock, Stöckelschuhe und eine zum Rock passende, eng geschnittene Jacke und nahm auf dem Stuhl gegenüber den beiden Männern Platz. Ihr rundes, hübsches Gesicht wurde in Großaufnahme gezeigt. Es war sorgfältig im Stil der Sechzigerjahre geschminkt – dick aufgetragener Eyeliner, Wimperntusche und Make-up, stark bemalte Lippen.

»Das ist Mrs. Diane Baransky«, sagte der Moderator. »Bis vor vier Jahren hieß sie Richard.«

Ron und Janet starrten auf den Bildschirm. Sie hatten noch nie zuvor einen leibhaftigen Transsexuellen gesehen. Dr. Money über Geschlechtsumwandlung abstrakt sprechen zu hören war eine Sache, es mit eigenen Augen zu sehen eine andere. Ron und Janet konnten es kaum glauben. Wenn man ihnen nicht gesagt hätte, dass Mrs. Baransky als Mann geboren worden war, wären sie nie darauf gekommen. Auch jetzt, da sie es wussten, konnten sie es nur schwer glauben. Sie machte den Eindruck einer attraktiven Frau, ja sie sah sogar sexy aus. Wie sie sich bewegte, ging und dasaß … und auch ihre etwas heisere Stimme hatte das Timbre einer Frauenstimme, so wie sie ihren Gastgeber und den anderen Gast begrüßte.

Nach ein paar einleitenden Fragen von Davis ergriff Dr. Money das Wort und lenkte das Gespräch geschickt in die gewünschte Richtung.

»Diane«, sagte er, »ich glaube, es würde die Zuschauer sehr interessieren, wenn Sie uns erklärten, was Ihnen diese ganze Prozedur gebracht hat. Welcher Unterschied besteht zwischen Ihrem alten und Ihrem neuen Leben?«

»Es ist ein riesiger Unterschied«, sagte Mrs. Baransky. »Es war eine Selbstfindung. Ich bin jetzt ein Teil der Gesellschaft, man wird in einer normaleren Gesellschaft akzeptiert.« Die Diskrepanz zwischen ihrem anatomischen Ich als Mann und ihrem inneren Selbstgefühl als Frau, fuhr sie fort, sei für sie als Heranwachsende enorm schwer gewesen. »Als Teenager oder junger Mensch hat man es nicht leicht, wenn man anders ist als alle anderen.« Die Umwandlung in eine Frau habe alle ihre Probleme gelöst, jetzt mache man sich nicht mehr lustig über sie oder betrachte sie als Sonderling. Bis zu ihrem Geschlechtswechsel habe sie sich ganz allein gefühlt. Jetzt werde sie als Frau akzeptiert und habe erst vor kurzem einen Berufskollegen geheiratet, der wie sie Friseur sei. »Ich war anders«, sagte sie. »Ich habe mich nie als vollständiger Mensch gefühlt. Ich war weder ein Mann noch eine Frau.«

»Und jetzt fühlen Sie sich als vollständige Frau?«, fragte Davis.

Ihre Antwort war unzweideutig. »Oh ja, auf jeden Fall. Ja. Vollständig – körperlich und geistig.«

Dann wurde das Publikum aufgefordert, Fragen zu stellen. Gegen Ende der Sendung stellte ein junger Mann die Frage, die auch Janet auf den Nägeln brannte. Er fragte nach der »anderen Gruppe von Patienten«, die Dr. Money behandelte, Neugeborene mit – wie sich Dr. Money ausgedrückt hatte – »unvollständig ausgebildeten Genitalien«, Babys, deren Geschlechtsteile bei der Geburt weder männlich noch weiblich waren. In seiner Antwort erklärte Dr. Money, dass er und seine Kollegen am Johns-Hopkins-Krankenhaus durch Operation und Hormonbehandlung dem Kind das jeweils günstigere Geschlecht geben könnten. Dieses Kind würde dann als glücklicher Mensch mit dem ihm zugeordneten Geschlecht aufwachsen. »In solchen Fällen«, so Dr. Money, »stimmt das psychologische Geschlecht nicht unbedingt immer mit dem genetischen Geschlecht und auch nicht mit den männlichen beziehungsweise weiblichen Geschlechtsdrüsen überein.«

Trotz all der großen Worte und trotz der Schnelligkeit, mit der Dr. Money sprach, begriffen Janet und Ron eins: Dr. Money hatte gesagt, das Geschlecht, mit dem Babys geboren wurden, spiele keine Rolle. Man konnte das Geschlecht eines Babys umwandeln.

»Ich glaube«, wandte sich Janet an Ron, »ich sollte diesem Dr. Money schreiben.«

Ron war einverstanden. Als wenige Minuten später die Sendung zu Ende war, schrieb Janet einen Brief an Dr. Money, in dem sie darlegte, was mit Bruce geschehen war. Dr. Moneys Antwort kam postwendend. Er äußerte sich sehr optimistisch über das, was man für Bruce im Johns-Hopkins-Krankenhaus tun könne, und drängte Janet, das Kind unverzüglich nach Baltimore zu bringen.

Nach so vielen Monaten düsterer Aussichten, trüber Prognosen und tiefer Hoffnungslosigkeit waren Dr. Moneys Worte wie Balsam. »Endlich«, sagte Janet, »endlich hat uns jemand zugehört.«

2

Dr. Money hörte tatsächlich zu. Man könnte sogar sagen, er hatte während seiner ganzen beruflichen Laufbahn auf Janets Hilferuf gewartet.

In der Zeit, als er mit dem Problem der Familie Reimer zu tun bekam, war John Money bereits ein weltweit angesehener, wenn auch nicht unumstrittener Sexualforscher. Geboren 1921 in Neuseeland, war er im Alter von 25 Jahren nach Amerika gekommen, hatte an der Universität Harvard in Psychologie promoviert und war dann an das Johns-Hopkins-Krankenhaus gekommen, wo er als Wissenschaftler und Spezialist für Sexualwissenschaft einen kometenhaften Aufstieg nahm. 15 Jahre nach seinen Anfängen am Johns-Hopkins-Krankenhaus war er bereits weithin bekannt als der Mann, der den Begriff der »Geschlechtsidentität« geprägt hatte, um das Selbstgefühl eines Menschen als männlich oder weiblich zu beschreiben. Er galt als die weltweit unangefochtene Autorität, wenn es um die psychologischen Auswirkungen uneindeutiger Genitalien ging, und machte mit seiner Gründung des Instituts für transsexuelle Operationen innerhalb des Johns-Hopkins-Krankenhauses weltweit Schlagzeilen.

Wie sein gekonnter Auftritt in *This Hour Has Seven Days* zeigte, war Money auch ein beredter PR-Mann in eigener Sache. »Er kann unheimlich gut reden, ist gut organisiert und kann einen Fall sehr überzeugend darlegen«, meint der Kinderpsychiater Dr. John Hampson, der Mitte der Fünfzigerjahre zusammen mit seiner Frau Joan zahlreiche bahnbrechende Aufsätze Moneys über die geschlechtliche Entwicklung mitverfasst hatte. »Er hatte, glaube ich, viele Neider. Eine so charismatische Persönlichkeit wie er ist eben bei manchen nicht beliebt.«

Money hatte sich allerdings sein oftmals übersteigertes Selbstvertrauen hart erkämpft. Seine Kindheit und Jugend im ländlichen Neuseeland war von Ängsten, persönlichen Tragödien und frühem Scheitern geprägt. Er war der Sohn eines australischen Vaters und einer englischen Mutter, die der Brethren Church angehörten – ein schmächtiges, zartes Kind. Aufgewachsen in einer streng religiösen Atmosphäre, die er später spöttisch als »hermetisch dicht und religiös dogmatisch« bezeichnete, entwickelte er schon früh ein Gefühl der geistigen Überlegenheit. An seinem ersten Schultag im Alter von fünf Jahren wurde er von Rowdys überfallen, vor denen er sich zu einer Cousine in die Spielhütte der Mädchen flüchtete, wo todsicher niemand einen Jungen vermutete. »Da ich keine Kämpfernatur war«, schrieb Money später, »musste ich die anderen Kinder durch schulische Leistungen übertrumpfen. Das fiel mir leichter als den meisten anderen.«

Moneys Schwierigkeiten in der Kindheit wurden durch eine problematische Beziehung zu seinem Vater noch verstärkt. Sechzig Jahre später beschrieb er seinen Vater mit kaum verhohlenem Hass als einen brutalen Kerl, der mitleidlos die Vögel abschoss und tötete, die in seinen Obergarten eindrangen, und der seinen vierjährigen Sohn wegen einer zerbrochenen Fensterscheibe einem »schikanösen Verhör« unterzog und »auspeitschte«. Dieses Erlebnis, so Money, prägte seine lebenslange Abneigung gegen »männliche Brutalität«.

Money war acht Jahre alt, als sein Vater an einem chronischen Nierenleiden starb. »Mein Vater starb, ohne dass ich in der Lage gewesen wäre, seine ungerechtfertigte Grausamkeit zu vergessen oder zu vergeben«, schrieb Money. Erst drei Tage nachdem der Vater ins Krankenhaus gebracht worden war, erfuhr er von dessen Tod. Money erlitt einen Schock, der sich nur noch verstärkte, als ihm ein Onkel sagte, er müsse jetzt der Mann im Haus sein. »Eine schwere Aufgabe für einen Achtjährigen«, schrieb Money. »Für mich war es eine ungeheure Belastung.« Als Erwachsener lehnte er die Rolle als »Mann im Haus« strikt ab. Nach einer kurzen Ehe, die Anfang der Fünfzigerjahre durch Scheidung endete, blieb er unverheiratet, und er hatte auch keine Kinder.

Nach dem Tod seines Vaters wuchs Money ausschließlich unter Frauen auf. Verantwortlich für seine Erziehung waren seine Mutter und seine unverheirateten Tanten, deren männerfeindliche Ausfälle ebenfalls eine bleibende Wirkung auf den Jungen ausübten. »Ich litt unter der Schuld, männlichen Geschlechts zu sein«, schrieb er. »Ich trug die Kainsmale der abscheulichen männlichen Sexualität«: Penis und Hoden. Im Licht von Moneys späterem Ruhm auf dem Gebiet der Geschlechtsumwandlung von Erwachsenen und Kindern gewinnt seine folgende Bemerkung etwas Verstörendes: »Ich fragte mich, ob die Welt für Frauen nicht ein besserer Ort wäre, wenn man nicht nur die Tiere auf dem Bauernhof, sondern auch Menschen männlichen Geschlechts kastrieren könnte.«

Als Heranwachsender zog er sich zurück und hegte eine Leidenschaft für Astronomie und Archäologie. Er hatte auch musikalische Ambitionen, musste aber enttäuscht feststellen, dass er es nie weiter als zu einem begabten Amateurmusiker bringen würde. Als Student an der Victoria-Universität in der neuseeländischen Hauptstadt Wellington entdeckte er eine neue Leidenschaft, auf die er jetzt seine verhinderte Kreativität lenkte: die Psychologie. Wie viele Studenten, die Geist und Gefühle des Menschen wissenschaftlich erforschen wollen, suchte auch Money in diesem Fach Antworten auf bohrende Fragen über sich selbst. Seine erste ernst zu nehmende Arbeit in Psychologie, seine Magisterarbeit, schrieb er über das Thema »Kreativität bei Musikern«. »Ich fing an«, so Money, »meinen geringen Erfolg auf diesem Gebiet durch den Vergleich mit anderen Musikstudenten zu erforschen.«

Seinem wenig später gefassten Entschluss, sich auf die Sexualpsychologie zu spezialisieren, lagen ähnliche persönliche Motive zu Grunde. Er hatte dem religiösen Glauben seiner Eltern radikal den Rücken gekehrt und reagierte mit zunehmender Schärfe auf das, was er als die repressive religiöse Engstirnigkeit seiner Erziehung betrachtete. Das Studium der Sexualität, das selbst die absonderlichsten sexuellen Praktiken der moralischen Beurteilung enthob und in das »reine« Reich der wissenschaftlichen Forschung hinüberführte, war für Money ein Akt der Befreiung. Ab Mitte zwanzig war er ein glühender Verfechter der Erforschung und Erkundung der Sexualität. Mitte der Siebzigerjahre, auf dem Höhepunkt der sexuellen Revolution, trat Money als Befürworter der offenen Ehe, des Nudismus und anderer, raffinierterer Formen sexueller Freizügigkeit auf. »Es gibt zahllose Beweise dafür, dass bisexueller Gruppensex eine ebenso große persönliche Befriedigung verschaffen kann wie eine Paarbeziehung, vorausgesetzt, die Partner sind auf dieselbe Wellenlänge eingestellt«, behauptete er in seinem Buch *Sexual Signatures*. An anderer Stelle beschrieb er sein eigenes Intimleben als zwanglos und eklektizistisch, als »ein Nehmen und Geben in flüchtigen sexuellen Beziehungen und wohl wollender Gemeinschaft mit gleich gesinnten Partnern, Frauen wie Männern«.

In seiner Rolle als »*agent provocateur* der sexuellen Revolution« (wie ihn die New York Times im Jahr 1975 nannte) schwelgend, ließ Money kaum eine Gelegenheit aus, sein Evangelium der sexuellen Befreiung zu verkünden; etwa als er einer Studentin nach einem Vortrag an der Universität von Nebraska von der gesteigerten sexuellen Lust unter Schwarzlicht vorschwärmte; als er vor Gericht als Sachverständiger auftrat und den 1973 entstandenen pornografischen Film *Deep Throat* als »Läuterung« pries und behauptete, der Film könne Ehen kitten; oder als er für die *New York Times* Kolumnen schrieb, in denen er eine »neue Moral des Freizeitsex« forderte. Ein in den Siebzigerjahren von Money wegen einer seltenen Hormonstörung behandelter Patient erinnert sich, dass der Psychologe ihn einmal beiläufig fragte, ob er schon einmal eine »goldene Dusche« erlebt habe. Der sexuell unerfahrene Jugendliche wusste gar nicht, was Money meinte. »Wenn man vollgepinkelt wird«, verkündete Money unbekümmert und mit einem augenzwinkernden, viel sagenden Lächeln, mit dem er solche absichtlich provozierenden Bemerkungen gern zum Besten gab.

Überzeugt, dass das Tabu bestimmter Wörter die Prüderie fördert, nahm er die Wörter »ficken«, »Schwanz« und »Fotze« in sein normales Vokabular im Umgang mit Kollegen und Patienten auf. Dr. Fred Berlin, Professor für Psychiatrie an der Medizinischen Fakultät der Johns-Hopkins-Universitätsklinik und ein Kollege, der Money zu seinen wichtigsten Mentoren rechnet, verteidigt Moneys Vorliebe für sexuelle Freimütigkeit. »Er hält es für wichtig, die Leute beim Gespräch über sexuelle Themen zu desensibilisieren«, sagt Berlin. »Er gebraucht manchmal unanständige Wörter, die für andere etwas Anstößiges haben. Vielleicht könnte er manchmal etwas kompromissbereiter sein, aber John ist eben ein eigenwilliger Mensch, der keinen Anlass sieht, die Dinge anders zu machen als so, wie er es für richtig hält.«

Während Moneys Ideen über den optimalen Umgang mit Fragen der Sexualität Mitte der Siebzigerjahre nur Erstaunen hervorriefen, schlug ihm zu Beginn der konservativeren Achtzigerjahre eine Welle der Entrüstung entgegen, als er sich in Bereiche vorwagte, die auch viele verwegene Sexualforscher mit Skepsis betrachteten. 1986 veröffentlichte er *Lovemaps*, eine umfassende Studie zu bestimmten Praktiken wie Sadomasochismus, Koprophilie, Amputationsfetischismus, Selbststrangulierung und andere Verhaltensweisen, die er nicht als Perversionen, sondern als »Paraphilien« bezeichnete, um sie zu enttabuisieren und zu entkriminalisieren. Ganz besonders interessierte er sich für Pädophilie, ein Thema, das er mit sichtlichem Vergnügen in der Öffentlichkeit erörterte.

»Eine sexuelle Kindheitserfahrung«, erklärte er dem *Time Magazine* im April 1980, »etwa als Partner eines Verwandten oder einer älteren Person, muss sich auf das Kind nicht unbedingt negativ auswirken.« Auch der dänischen Zeitschrift für Pädophilie *Paidika*, die Werbeanzeigen für die nordamerikanische Man-Boy Love Association und andere pädophile Gruppen druckt, gab er ein Interview. »Wenn ich mit dem Fall eines zehn- oder zwölfjährigen Jungen zu tun hätte, der sich zu einem zwanzig- oder dreißigjährigen Mann stark hingezogen fühlt, und wenn diese Beziehung und auch die Bindung absolut auf Gegenseitigkeit beruht, würde ich dies keinesfalls pathologisch nennen«, erklärte er der Zeitschrift. Und weiter: »Wenn eine Beziehung auf einer so positiven und liebevollen Basis steht, sollte sie nicht voreilig abgebrochen werden.« Im Jahr 1987 schrieb Money ein lobendes Vorwort zu einem ungewöhnlichen, in Dänemark erschienenen Buch mit dem Titel *Jungen und ihre Kontakte mit Männern*, herausgegeben von dem niederländischen Professor Theo Sandfort. Es enthält angeblich mündliche Aussagen von 11-jährigen Jungen, die die sexuelle Lust mit 60-jährigen Männern überschwänglich beschreiben. »Wir«, schrieb Money, »werden für die Menschen, die nach dem Jahr 2000 geboren werden und aufwachsen, Geschichte sein, und sie werden sich über unsere wichtigtuerische, moralistische Unkenntnis der Grundprinzipien der sexuellen und erotischen Entwicklung in der Kindheit wundern.« Und er schloss mit dem Satz: »Dies ist ein äußerst wichtiges und äußerst positives Buch.«

Auf Kritik an solchen öffentlichen Äußerungen reagierte Money stets mit einem Gegenangriff. Er machte seine Kritiker lächerlich, da sie einem nach seiner Meinung überholten sexuellen Puritanismus anhingen. In einem autobiografischen Aufsatz, der 1985 in dem Sammelband *Venuses, Penuses* erschien, bezeichnete er sich selbst als »Missionar« des Sex und schrieb stolz: »Es ist für die Gesellschaft nicht so einfach, sich zu ändern, wie für mich im ländlichen Neuseeland, als ich mich von dem Erbe des Fundamentalismus und Viktorianismus löste, das im 20. Jahrhundert fortgedauert hatte.«

Moneys experimentelle, Tabus brechende Einstellung zur Sexualität spiegelte sich auch darin, wie er seine Karriere als Wissenschaftler verfolgte. Er mied die ausgetretenen Trampelpfade der Sexualforschung und suchte sich exotische Nischen. 1948, in seinem ersten Promotionsstudienjahr im Fach Psychologie in Harvard, entdeckte er einen solchen relativ unerforschten Bereich der Humansexualität. In einem »Feldforschung und Seminar in klinischer Psychologie« genannten Tutorenseminar bekam Money es mit dem Fall eines Fünfzehnjährigen zu tun, der genetisch männlich geboren wurde, aber keinen Penis, sondern nur einen knötchengroßen Phallus hatte, der eher einer Klitoris ähnelte. In der Pubertät bekam der Junge Brüste. Es war Moneys erste Begegnung mit dem Hermaphroditismus, auch als Intersexualität bekannt – ein Begriff zur Klassifizierung von angeborenen Anomalien der inneren und äußeren Geschlechtsorgane. Laienhaft oft als halb Mann, halb Frau beschrieben, erhielt der Hermaphrodit seinen Namen von den griechischen Göttern Hermes und Aphrodite. Das Phänomen taucht schätzungsweise bei einer von 2000 Geburten auf. Das Erscheinungsbild variiert, angefangen mit Extremformen wie einem genetisch weiblichen Kind mit penisgroßer Klitoris und zusammengewachsenen, einem Hodensack ähnelnden Schamlippen, oder einem männlichen Kind, dessen Genitalien bei der Geburt denen eines Mädchens so sehr ähneln, dass man sein wirkliches biologisches Geschlecht erst in der Pubertät erkennt, wenn die Menstruation ausbleibt. Daneben gibt es zahlreiche Zwischenformen.

Money war von dem Phänomen des Hermaphroditismus fasziniert und schrieb über dieses Thema seine Dissertation. Bis dahin war das Phänomen fast ausschließlich aus biologischer Perspektive untersucht worden. Money näherte sich ihm von der Psychologie her und untersuchte die geistigen und emotionalen Folgen, wenn ein Mensch anatomisch gesehen weder als Junge noch als Mädchen aufwächst. Seine Dissertation mit dem Titel »Hermaphroditismus: Eine Untersuchung über das Wesen eines menschlichen Paradoxons« wurde 1952 fertig gestellt und brachte ihm einen Ruf an das Johns-Hopkins-Universitätskrankenhaus ein, wo die weltweit erste und größte Klinik zur Erforschung und Behandlung intersexueller Phänomene entstanden war. Der Direktor der Klinik Lawson Wilkins, ein Pionier im Bereich der Kinderendokrinologie, stellte ein Team zusammen, in dem neben Money das Psychiaterehepaar Joan und John Hampson arbeiteten. Die Aufgabe dieser drei Wissenschaftler, gemeinsam für die neu geschaffene Psychohormonal Research Unit, die Psychohormonale Forschungsabteilung, zuständig, war die Erforschung der geistigen und emotionalen Veranlagung intersexueller Patienten, die in der Klinik behandelt wurden.

In den folgenden sechs Jahren untersuchten Money und die

Hampsons 131 Intersexuelle vom Kleinkind bis zum Erwachsenen. Money (Forschungsleiter der Abteilung und Hauptautor der Publikationen des Teams) behauptete, er habe eine verblüffende Beobachtung bei Intersexuellen gemacht, die mit identischen genitalen Unregelmäßigkeiten und identischem Chromosomensatz geboren, aber einmal als Mädchen und einmal als Junge aufwuchsen: Mehr als 95 Prozent dieser Kinder fühlten sich nachweislich psychisch wohl, ungeachtet dessen, ob sie als Junge oder als Mädchen aufwuchsen. Money bezeichnete diese Patientengruppe als »Vergleichspaare« und behauptete, sie seien der Beweis dafür, dass der maßgebliche Faktor, der die Geschlechtsidentität eines intersexuellen Kindes bestimme, nicht die Veranlagung, sondern die Erziehung sei. Er zog daraus den Schluss, dass diese Kinder in ihrem psychologischen Geschlecht vollkommen undifferenziert seien und erst im Laufe ihrer Erziehung eine Vorstellung von sich als männlich oder weiblich entwickelten.

Diese Theorie war die Grundlage für Moneys Empfehlung an Chirurgen und Endokrinologen des Johns-Hopkins-Krankenhauses, intersexuelle Neugeborene operativ und hormonell nach Belieben in Richtung männliches oder weibliches Geschlecht zu lenken. Zu den operativen Eingriffen gehörten die Verkleinerung der vergrößerten Klitoris bei geringfügig intersexuellen Mädchen, aber auch die totale Geschlechtsumwandlung intersexueller Jungen, die mit einem unentwickelten Penis zur Welt gekommen waren. Diese Umwandlungen in Mädchen waren vom technischen Entwicklungsstand der Chirurgie vorgegeben: Für einen Operateur war es einfacher, eine Vagina zu konstruieren als einen künstlichen Penis. Die einzige Vorbedingung, die Money stellte, lautete, solche »Geschlechtsneuzuweisungen« und Geschlechtskorrekturen müssten innerhalb der ersten zweieinhalb Lebensjahre vorgenommen werden. Danach, so Moneys Theorie, sei die psychosexuelle Orientierung des Kindes weniger leicht zu beeinflussen. War über das Geschlecht des Kindes erst

47

einmal entschieden, durften Ärzte und Eltern die einmal getroffene Entscheidung keinesfalls mehr in Frage stellen, weil sonst eine fatale Desorientierung des kindlichen Bewusstseins zu befürchten sei.

Dieses von Money konstruierte, scheinbar solide psychologische Fundament für derartige Behandlungen ermöglichte den Ärzten eine relativ einfache operative Lösung für ein irritierendes und emotional hoch besetztes Rätsel der Medizin: die Frage nämlich, wie man mit einem intersexuellen Neugeborenen umgehen sollte. »Man kann wohl kaum nachvollziehen, wie sich Eltern fühlen, wenn der Arzt auf die erste Frage ›Ist es ein Junge oder ein Mädchen?‹ antworten muss, er wisse es nicht genau«, sagt Dr. Fred Berlin. »John Money gehörte zu denen, die schon lange bevor man überhaupt anfing, darüber zu diskutieren, alles taten, um den betroffenen Familien zu helfen und zu versuchen, zu einer Klärung dieser schwierigen Situation beizutragen.«

Money aber interessierte sich in erster Linie gar nicht für Intersexuelle. Wie er bereits in seiner Promotionsarbeit in Harvard ausgeführt hatte, sah er intersexuelle Patienten vorrangig als »natürliche Experimente«, deren Wert darin bestand, als Kohorte von Forschungsobjekten Licht auf die Frage der geschlechtlichen Entwicklung *normaler* Individuen zu werfen und vielleicht eine der ältesten Fragen der Wissenschaft zu beantworten: ob es in erster Linie die Natur oder die Kultur und die Gesellschaft ist, die unsere geschlechtliche Identität bestimmt. In den ersten Forschungsberichten, die er am Johns-Hopkins-Krankenhaus veröffentlichte, verallgemeinerte Money seine Theorie, wonach der Mensch als psychosexuell neutrales Wesen zur Welt kommt, und weitete sie von Hermaphroditen auf *alle* Kinder aus – auch auf solche, die mit uneindeutigen Genitalien zur Welt kamen.

»Die zahlreichen Fallbeispiele von Hermaphroditen«, schrieb er 1955, »legen die Schlussfolgerung nahe, dass das Sexualverhalten sowie die männliche beziehungsweise weibliche Orientierung keine angeborene, instinktive Grundlage besitzt. Die Untersuchungen von Hermaphroditen stützen nicht die Theorie einer angeborenen, instinktgesteuerten Männlichkeit oder Weiblichkeit, sondern die Auffassung, dass die Geschlechtlichkeit bei der Geburt psychologisch nicht differenziert ist und erst im Laufe von Lernerfahrungen als männlich beziehungsweise weiblich differenziert wird.« Kurz, Money vertrat die Ansicht, dass der Mensch ein Gefühl für sich als männlich oder weiblich dadurch erwirbt, dass er hellblaue oder rosa Kleidungsstücke und einen männlichen oder weiblichen Vornamen bekommt, dass er Hosen oder Röcke trägt und mit Gewehren oder mit Barbiepuppen spielt. Viele Jahre später beschrieb Money, wie er zu einigen seiner radikaleren Thesen über menschliches Sexualverhalten kam. »Ich spiele oft mit allen möglichen Vorstellungen und erarbeite verschiedene Hypothesen. Es ist wie bei einem Sciencefictionspiel.«

Während Moneys Theorie, derzufolge ein neugeborenes Kind psychosexuell ein unbeschriebenes Blatt ist, den heutigen Leser als Sciencefiction anmuten könnte, stieß sie damals, Mitte der Fünfzigerjahre, bei Ärzten und Forschern auf fast einhellige Zustimmung – ein Phänomen, das im Kontext der damaligen Zeit ganz plausibel ist. Die Erklärungsmodelle zu den Geschlechtsunterschieden tendierten bereits seit Jahrzehnten in Richtung Gesellschaft als entscheidenden Faktor. Vorher hatte das Pendel in die andere Richtung ausgeschlagen, nachdem man Ende des 19. Jahrhunderts die so genannten männlichen und weiblichen Hormone Testosteron und Östrogen entdeckt hatte. Nach der Entdeckung dieser biochemischen Wirkstoffe betrachteten die Biologen das Rätsel der sexuellen Differenzierung als gelöst: Testosteron machte aus dem Individuum einen Mann, Östrogen eine Frau. Sie prognostizierten siegessicher, dass männliche Homosexuelle einen Überschuss des »weiblichen« Hormons und einen Mangel am »männlichen« Hormon im Blut hätten. Die sorgfältige Untersuchung von Urin- und Blutproben erwachsener homosexueller Männer jedoch ergab kein solches hormonelles Ungleichgewicht. Unter dem Mikroskop betrachtet sind die körpereigenen Wirkstoffe von heterosexuellen und homosexuellen Männern identisch. Andere Experimente zum Nachweis der hormonellen Begründung der Geschlechtsidentität scheiterten ebenfalls, und mit dem Fehlschlag dieser Experimente schwand auch die Begeisterung für eine biologische Erklärung der Geschlechtsidentität. In der ersten Hälfte des 20. Jahrhunderts, als sich in der Nachfolge Freuds die moderne Psychologie entwickelte, wuchs die Zahl der sozialen Lernmodelle zur Begründung menschlichen Verhaltens. Vor diesem Hintergrund kamen die Schlussfolgerungen der Forschergruppe am Johns-Hopkins-Krankenhaus, die Geschlechtsidentität und -orientierung sei ausschließlich ein Produkt von Eltern und Gesellschaft, dem Zeitgeist entgegen, der von verhaltenspsychologischen Theorien geblendet war. Auch die Tatsache, dass die Veröffentlichungen das Imprimatur des Johns-Hopkins-Krankenhauses trugen, eines weltweit führenden medizinischen Forschungsinstituts, kam der Rezeption nur zugute.

Die Veröffentlichungen des Forschungsteams des Johns-Hopkins-Krankenhauses über Intersexualität im Jahr 1955 wurden rasch zu Klassikern und gewannen im selben Jahr den Hofheimer-Preis der American Psychiatric Association. John und Joan Hampson verließen bald darauf das Johns-Hopkins-Krankenhaus. Sie gingen an die Washington State University und wandten sich im Jahr 1961 anderen Forschungsbereichen zu. Damit wurde Money gleichsam zum Alleinerben der berühmten und preisgekrönten Forschungsberichte. Und als Direktor der Psychohormonal Research Unit (nach dem Tod von Lawson Wilkins im Jahr 1962) wurde er auch zum alleinigen Nutznießer des Erfolgs dieser Abteilung. Im Jahr 1963 erhielt Money Forschungsmittel in Höhe von 205 920 Dollar von den National Institutes of Health – Anfang der Sechzigerjahre eine beträchtliche Summe. Aber es war nur einer von zahlreichen NHI-Zuschüssen, die Money und seine Abteilung in den folgenden 35 Jahren erhielten. Im Jahr 1965 war Money Inhaber der Mead-Johnson-Gastprofessur an der Kinderklinik der Universität von Buffalo und erhielt die »Medaille in Gold« des Kinderkrankenhauses Philadelphia »für seine Beiträge zur Erforschung der psychologischen Entwicklung von Kindern«. Ein Jahr später, als er die Zustimmung des Johns-Hopkins-Krankenhauses erhielt, eine Klinik zur Behandlung und Erforschung erwachsener Transsexueller aufzubauen, wurde er auch außerhalb der akademischen Welt bekannt.

Seit 1952, als die Enthüllungen über Christine Jorgensen in der Presse erschienen, war Money vom Phänomen der Transsexualität fasziniert. Im Fall Jorgensen sah er den unumstößlichen Beweis für seine Theorie, derzufolge die Umwelt und nicht die Veranlagung das psychologische Geschlecht des Menschen determinieren. Denn hier war ein Individuum, das mit offensichtlich normalen männlichen biologischen Geschlechtsmerkmalen und Genitalien geboren wurde, dessen Selbstgefühl sich aber in Richtung Weiblichkeit entwickelt hatte – in direktem Widerspruch zu seinem chromosomalen, gonadalen, hormonellen, reproduktiven und anatomischen Geschlecht. Konnte es einen besseren Beweis dafür geben, dass die Geschlechtsidentität nicht durch die Biologie, sondern durch die Umwelt festgelegt wird? Entschlossen, solche Individuen in möglichst großer Zahl zu untersuchen und zu erforschen, bemühte er sich darum, am Johns-Hopkins-Krankenhaus eine Forschungs- und Behandlungsabteilung für Transsexualität einzurichten, auch wenn diese Idee nach wie vor bei großen Teilen des medizinischen Establishments in Amerika Abscheu hervorrief.

Bei seiner Kampagne, das Johns-Hopkins-Krankenhaus zur führenden Klinik für transsexuelle Operationen in ganz Amerika zu machen, war sich Money bewusst, dass er zunächst einmal einen angesehenen Mediziner für sein Vorhaben gewinnen musste, denn er selbst war Psychologe und besaß keinerlei medizinische Qualifikationen. Er wandte sich zunächst an Dr. Howard Jones, den Gynäkologen des Johns-Hopkins-Krankenhauses, der bei Moneys kindlichen intersexuellen Patienten die chirurgischen Techniken zur Geschlechtszuweisung perfektioniert hatte. »Ich weiß noch«, sagt Jones, »dass John über Monate, ja über Jahre hinweg immer wieder die Frage aufwarf, ob wir nicht im Bereich der Transsexualität arbeiten sollten.« Obwohl sich Jones vorwiegend für experimentelle Medizin interessierte (er verließ schließlich das Johns-Hopkins-Krankenhaus und ging an die Universität von Virginia, wo er die erste US-amerikanische In-vitro-Fertilisationsklinik gründete), widerstrebte ihm der Gedanke, willkürliche Kastrationen beziehungsweise genitale Rekonstruktionen an Erwachsenen vorzunehmen.

Aber Money ließ nicht locker. Schließlich wandte er sich an Dr. Harry Benjamin. Der unbestrittene Doyen der Transsexuellenforschung in Amerika hatte in den vorangegangenen zehn Jahren transsexuelle Patienten stets stillschweigend an Ärzte in Casablanca und Marokko verwiesen, die geschlechtskorrigierende Operationen durchführten. Money überredete drei von Benjamins postoperativen Transsexuellen, das Johns-Hopkins-Krankenhaus aufzusuchen und sich von Jones und dem Kinderendokrinologen Milton Edgerton untersuchen zu lassen. Jones und Edgerton ließen sich schließlich überzeugen. »John brachte zahllose Gründe vor«, sagt Jones, »warum hier etwas getan werden musste.« Passenderweise war es Money, der der neuen Klinik für transsexuelle Operationen Erwachsener einen Namen geben durfte. Er nannte sie Gender Identity Clinic, Klinik für Geschlechtsidentität.

Die erste komplette operative Geschlechtsumwandlung am Johns-Hopkins-Krankenhaus führte Dr. Jones am 1. Juni 1965 durch, als der New Yorker Phillip Wilson zu Phyllis Avon Wilson wurde. Aber das Johns-Hopkins-Krankenhaus musste das Konzept noch der amerikanischen Öffentlichkeit verkaufen. Während einige Mitglieder im Ausschuss für Geschlechtsumwandlung dafür plädierten, die Existenz der Klinik geheim zu halten, sprach sich Money für einen Präventivschlag aus und forderte eine Presseerklärung, um Gerüchten über die Arbeit des Teams vorzubeugen. Money konnte sich schließlich durchsetzen und formulierte in Zusammenarbeit mit der PR-Abteilung der Klinik eine Presseerklärung, die am 21. November 1966 veröffentlicht wurde. Später verriet Money, man habe die strategische Entscheidung getroffen, die Presseerklärung lediglich der *New York Times* zukommen zu lassen. Das Prestige der *Times*, so hoffte das Team des Johns-Hopkins-Krankenhauses, würde die Vorgabe für die Berichterstattung in allen anderen Medien liefern. »Der Plan«, schrieb Money später, »funktionierte ganz wie erhofft.«

Die *New York Times* behandelte die Neuigkeit nicht mit der Empörung, die der Fall Jorgensen 1952 ausgelöst hatte. Es erschien ein Leitartikel, in dem John Hoopes, der Vorsitzende der Gender Identity Clinic, zitiert wurde – mit einem Satz, der wortwörtlich der Presseerklärung des Johns-Hopkins-Krankenhauses entnommen war. Die Behandlung wurde als humane und effektive Lösung für ein schwieriges psychosexuelles Problem dargestellt. Ähnlich zustimmende Berichte erschienen in allen drei Wochenzeitungen *Time, Newsweek* und *U.S. News & World Report*. Im April 1967 brachte *Esquire* ein ausführliches Feature über das Johns-Hopkins-Krankenhaus, in dem Money mit lobenden Bemerkungen zitiert wurde. Von der gesamten Berichterstattung, die Ende 1966 und Anfang 1967 über den bahnbrechenden Vorstoß des Johns-Hopkins-Krankenhauses in den Bereich der Transsexualitätschirurgie erschien, war *This Hour Has Seven Days* von CBC bei weitem der kritischste Beitrag. In der Sendung stellte der Moderator Alvin Davis Money ernste Fragen über die ethischen Folgerungen und die Wirksamkeit einer Geschlechtsumwandlung. Bis auf eine einzige scharfe Erwiderung (»Möchten Sie hier etwa den Anwalt Gottes spielen?«) hatte Money sich gehütet, den Köder zu schlucken. Damit setzte er für seine Kollegen an der Gender Identity Clinic den Maßstab dafür, wie man mit Frontalangriffen umzugehen hatte. Sein gelassener, kluger Auftritt war eine Glanzleistung in Public Relations und umso beeindruckender für jeden, der wusste, mit welcher Schärfe Money im Alltag selbst auf den geringsten Widerspruch reagierte.

In einem 1990 verfassten Aufsatz gab er selbst zu: »In meiner psychohormonellen Forschungspraxis habe ich wenig Geduld mit Dummköpfen.« Das war eine Untertreibung. Die heftigen Reaktionen des Psychologen auf sachlichen Widerspruch waren legendär. »John war ein ungewöhnlich brillanter Kopf«, sagt Dr. Donald Laub, ein Vorkämpfer geschlechtsumwandelnder Operationstechniken bei Erwachsenen, der Money seit dreißig Jahren kennt. »Er ist vielleicht der klügste Mensch, dem ich jemals begegnet bin. Er war so klug, dass es zum Problem wurde – weil er wusste, dass alle anderen dumm waren.« Übereinstimmenden Auskünften zufolge hatte Money keinerlei Bedenken, andere seine geringe Meinung über ihr geistiges Potenzial spüren zu lassen. »Auch wenn John um ein Feedback bat, wollte er immer nur Zustimmung«, sagt der Psychologe Dr. Howard Devore, der seine Doktorarbeit Mitte der Achtzigerjahre unter Money in der Psychohormonal Research Unit machte. Blieb diese Zustimmung aus, scheute sich Money nicht, seinen Unmut zu zeigen. Schon Mitte der Fünfzigerjahre war er bei Kollegen, Untergebenen und Studenten berüchtigt für seine Wutanfälle; und dieser Ruf eilte ihm auch später in der akademischen Welt voraus.

»Wo immer ich danach [nach dem Johns-Hopkins-Krankenhaus] hinkam«, sagte Devore, »fragte man mich im Vertrauen, wie es denn sei, mit John Money zu arbeiten, und ob er denn wirklich ›so schlimm ist, wie die Leute sagen‹. Ich war erstaunt, dass man sich weltweit ein so übereinstimmendes Urteil über ihn gebildet hatte. Und ehrlich gesagt, John gab sich auch gar keine Mühe, gewisse Formen zu wahren. Einmal wurde ich Zeuge, wie er bei einer wissenschaftlichen Tagung aufstand und die Diskussionsleiterin niedermachte, weil er nicht mit dem einverstanden war, was sie sagte.«

Im Februar 1967, als Ron und Janet John Money zum ersten Mal im Fernsehen sahen, war er in jeder Hinsicht unangreifbar und von unantastbarem Ruf. Dr. Benjamin Rosenberg, selbst führender Psychologe auf dem Gebiet der Geschlechtsidentität, berichtet, Money sei »der Wortführer gewesen – der Spitzenreiter in allem, was mit uneindeutiger Geschlechtlichkeit und Hermaphroditismus, mit den Implikationen von Homosexualität und ähnlichen Themen zu tun hatte.«

Moneys Einfluss und Bedeutung in der akademischen und wissenschaftlichen Welt prägte die Forschungslandschaft über Jahrzehnte hinweg, ja bis zum heutigen Tag. Viele seiner Studenten und Schützlinge, die in seinen Theorien über die psychosexuelle Differenzierung ausgebildet wurden, haben an einigen der angesehensten Universitäten, Forschungsinstituten und Wissenschaftszeitschriften in den Vereinigten Staaten Spitzenpositionen inne. Zu seinen ehemaligen Studenten zählen Dr. Anke Ehrhardt, heute Professorin an der Columbia-Universität; Dr. Richard Green, Leiter der Gender Identity Clinic in London; Dr. June Reinisch, jahrelang Leiterin des berühmten Kinsey-Instituts; und Dr. Mark Schwartz, Leiter der einflussreichen Masters and Johnson Clinic.

Im klinischen Bereich war Moneys Einfluss womöglich noch größer. Seine Theorien über die psychosexuelle Flexibilität des Menschen bei der Geburt legten den Grundstein für ein medizinisches Spezialgebiet, die Kinderendokrinologie. Professor Suzanne Kessler behauptet in ihrem 1998 erschienenen Buch *Lessons from the Intersexed*, Moneys Ansichten und deren Schlussfolgerungen für die Behandlung von geschlechtlich uneindeutigen Babys habe unter Ärzten einen »Konsens geschaffen, der im wissenschaftlichen Bereich selten anzutreffen ist«.

Mitte der Sechzigerjahre gab es aber immerhin einen Forscher, der gewillt war, John Moneys Theorien in Frage zu stellen, einen jungen Absolventen der Universität von Kansas.

Milton Diamond, von seinen Freunden Mickey genannt, war der Sohn armer jüdischer Emigranten aus der Ukraine. Er wuchs in der Bronx auf, wo er der Versuchung widerstand, Mitglied in der örtlichen Streetgang zu werden, und sich stattdessen auf Schule und Studium konzentrierte. Als Student mit dem Schwerpunkt Biophysik am City College von New York interessierte Diamond besonders für die Rolle, die Hormone für das menschliche Verhalten spielen. Auf der Suche nach einer geeigneten Universität wählte er Kansas, wo der Anatom William C. Young (der in den Dreißigerjahren mit seinen bahnbrechenden Forschungen über die Bedeutung von Hormonen für das Paarungsverhalten bekannt geworden war) ein Labor hatte. Es war ein Glücksfall, dass Diamonds Studienbeginn in Kansas im Herbst 1958 damit zusammenfiel, dass ein dreiköpfiges Forscherteam um Young – Charles Phoenix, Robert Goy und Arnold Gerall – unmittelbar vor der Entdeckung der geschlechtsdifferenzierenden Rolle von Hormonen stand; diese Entdeckung sollte die Wissenschaft und die Erforschung der geschlechtlichen Entwicklung grundlegend und nachhaltig verändern.

Die Enttäuschung über frühere Untersuchungen zu diesem Thema hatten viele Sexualwissenschaftler, auch Youngs Team, veranlasst, ihren Forschungsschwerpunkt auf die Bedeutung der Hormone im Mutterleib zu verlagern.

Ausgehend von den Untersuchungen der sowjetischen Sexualforscherin Wera Dantschakow mit Meerschweinchen 20 Jahre zuvor, erforschte das Team in Kansas die Rolle der Hormone, denen das sich entwickelnde Gehirn und Nervensystem eines Fötus ausgesetzt ist. Frühere Untersuchungen hatten gezeigt, dass beim Menschen im Anfangsstadium der Schwangerschaft die inneren und äußeren Geschlechtsorgane des männlichen und des weiblichen Fötus exakt identisch sind. Zwischen der sechsten und der elften Lebenswoche jedoch finden Veränderungen statt. Wenn die Fötuszellen die männlichen Chromosome (XY) enthalten, entwickeln sich die Gonaden des Fötus als Hoden, die

Testosteron zu produzieren beginnen. Dieses vorgeburtliche Androgen ist der Stoff, der die äußeren Geschlechtsmerkmale des sich entwickelnden Fötus zu männlichen Genitalien macht, indem die undifferenzierte genitale Schwellung zum Penis wird, der offene Sinus genitalis entlang der Mittellinie zusammenwächst und den Hodensack bildet, in den die Hoden hinabsteigen. Durch das Testosteron entwickeln sich gleichzeitig die inneren männlichen Fortpflanzungsorgane, und das Wachstum der Samenleiter beginnt (während ein anderes Hodensekret das Wachstum der rudimentären weiblichen inneren Fortpflanzungsorgane unterdrückt). Wenn aber der Fötus die weiblichen Chromosomen trägt (XX), entwickeln sich die Gonaden als Eierstöcke, die kein Testosteron produzieren, sodass sich weibliche äußere Genitalien und eine weibliche innere Anatomie entwickelt; der genitale Schwellkörper entwickelt sich zur Klitoris, der genitale Sinus bleibt offen und wird zum Vaginaleingang, und die inneren Fortpflanzungsorgane entwickeln sich zu Eileitern und Gebärmutter.

Die Frage für das Team in Kansas lautete, ob sich diese vorgeburtlichen Auswirkungen der Hormone auf die Anatomie des Menschen auch im Gehirn widerspiegeln. Um das herauszufinden, züchteten sie hermaphroditische Meerschweinchen, indem sie den trächtigen Muttertieren hohe Dosen Testosteron injizierten. Waren Meerschweinchen in einer entscheidenden Phase der Entwicklung des Fötus dem Testosteron ausgesetzt, wurden die weiblichen Meerschweinchen mit penisgroßer Klitoris geboren. Die Forscher wollten herausfinden, ob die Vermännlichung der weiblichen Anatomie auch eine Vermännlichung ihres Sexualverhaltens zur Folge hatte.

Bei der Entwicklung der hormonbehandelten weiblichen Meerschweinchen von der Kindheit bis zur Reife beobachtete das Team ein erstaunliches Phänomen. Nicht nur zeigten die hormonbehandelten Weibchen eine gegenüber ihren nichtbehandelten Schwestern gesteigerte körperliche Aktivität; sie präsentierten in Anwesenheit normaler Männchen auch nicht ihre Genitalregion zur sexuellen Penetration, wie es bei läufigen Weibchen der Fall ist; dieses Verhalten wird als Lordose bezeichnet. Die mit Testosteron behandelten Weibchen (auch solche, die keine vergrößerte Klitoris hatten) versuchten im Gegenteil sogar, ihre nicht hormonbehandelten Schwestern zu bespringen.

Kurz vor seinem Tod im Jahr 1999 sprach ich mit Robert Goy, einem Forscher aus dem Team, über diesen Durchbruch in seiner wissenschaftlichen Laufbahn. Seine Stimme klang so aufgeregt, als hätte er die Entdeckung erst am Abend zuvor gemacht: »Wir konnten die Tests gar nicht schnell genug durchführen«, erzählte er. »Wir führten jeden Abend Tests durch, Abend für Abend, und gewannen Befunde, die wir dann immer wieder neu analysierten.«

Milton Diamond war dabei und experimentierte mit den trächtigen Meerschweinchen, um herauszufinden, ob und, wenn ja, welchen Einfluss das Testosteron auf den Nachwuchs hatte. Diamond war nach Kansas gekommen, um neue, interessante Erkenntnisse über die Wirkung von Hormonen auf das Verhalten zu gewinnen. Jetzt aber nahm er an einem bahnbrechenden biologischen Versuch teil, der die Sexualforschung des 20. Jahrhunderts maßgeblich beeinflusste.

Die Teammitglieder machten sich Gedanken darüber, wie William Young, ihr Professor, auf die Ergebnisse reagieren würde. Sie wussten, dass er ein Verfechter der Theorie der psychosexuellen Neutralität war, die vier Jahre zuvor von der Gruppe um John Money am Johns-Hopkins-Krankenhaus vorgetragen worden war. »Young war ein begeisterter Anhänger von John Money und den Hampsons«, erklärte mir Goy. »Er war bis dahin der Meinung gewesen, dass das organisierende Prinzip des Sexualverhaltens die Erfahrung sei. Durch diese Ergebnisse wurde sein Weltbild erschüttert. Aber er war bereit umzudenken. Die Wahrheit hatte für ihn absoluten Vorrang. Das ist bei einem Wissenschaftler höchst ungewöhnlich. Die meisten verlieben sich in ihre eigenen Ideen und Theorien, von denen sie nichts und niemand abbringen kann. Aber Will Young war anders.«

Tatsächlich war es Young, der den Streit in seinem Forscherteam schlichtete, als es darum ging, die Ergebnisse schriftlich zu formulieren. Sie waren unsicher, wie sie das Verhalten der hormonbehandelten weiblichen Meerschweinchen bezeichnen sollten (ob als »männliche Mimikry« oder als »Pseudodifferenzierung«), und Young setzte sich durch. Er war der Meinung, die Forscher hätten nicht nur die Rolle entdeckt, die das pränatale Testosteron für eine *Simulation* männlichen Verhaltens spiele, sondern für das männliche Verhalten überhaupt. Deshalb entschied er, die Forscher müssten in aller Deutlichkeit betonen, dass sie beim Fötus des Meerschweinchens das organisierende Prinzip für erwachsenes männliches Sexualverhalten entdeckt hätten.

»Young war Anatom«, erklärte Goy, »und wenn man weiß, wie Anatomen den Begriff *Organisation* verwenden, dann wird deutlich, dass es für ihn zu diesem Begriff keine Alternative gab. Anatomen sind überzeugt, dass die Körperorgane durch Gewebestrukturen organisiert sind, die sich auf eine ganz bestimmte Art differenzieren und so kombiniert werden, dass daraus eine bestimmte Funktion oder Dysfunktion dieses Organs entsteht. Das bedeutete für ihn der Begriff *Organisation*. Für ihn waren die Gewebearten, die dem Sexualverhalten zu Grunde liegen (seien es periphere Strukturen, Gehirngewebe, das Blut oder die Muskeln), zu einem Ganzen organisiert. Diese Organisation, die entweder männlich oder weiblich ist, wird dem Organismus zu Grunde gelegt, wenn er vor der Geburt Hormongaben erhält. Er war auch überzeugt, dass wir das Prinzip entdeckt hatten, das das Gewebe in einer männlichen Art und Weise organisiert.«

Und dennoch, als das Team über seine Ergebnisse berichtete – der Aufsatz erschien 1959 in der Zeitschrift *Endocrinology* –, warnte Young davor, die Resultate der Tierexperimente zur sexuellen Differenzierung unmittelbar auf den Menschen zu übertragen – hauptsächlich aus Respekt für Moneys und Joan und John Hampsons Arbeiten. Das Team war einverstanden, die Aussagen zur Übertragbarkeit seiner Forschung auf den Menschen abzuschwächen: »Wir erklärten, das bei den Meerschweinchen gewonnene Bild könne möglicherweise dazu beitragen, das Bild des Menschen zu ›vervollständigen‹ oder zu ›ergänzen‹, indem ›Diskrepanzen‹ berücksichtigt würden«, sagte Goy.

Nicht alle, die an dem Laborversuch mitarbeiteten, waren mit dieser Entscheidung zufrieden. Das jüngste Mitglied, Mickey Diamond, hatte das Gefühl, Young und die anderen seien übervorsichtig, wenn sie darauf verzichteten, die Ergebnisse ihrer Tierversuche direkt auf den Menschen zu übertragen. »Ich glaube an die Evolution«, sagt Diamond und lacht leise. »Ich konnte keinen Grund erkennen, weshalb der Mensch sich in dieser Hinsicht von anderen Säugetieren unterscheiden sollte.« Diese Überlegungen beschäftigten ihn so stark, dass er bei seiner Bewerbung um ein Stipendium für sein letztes Studienjahr in Kansas einen Aufsatz vorlegte, in dem er die Theorie Moneys und der Hampsons über die psychosexuelle Neutralität des Menschen bei der Geburt in Frage stellte.

In dem Aufsatz mit dem Titel »Eine kritische Bewertung der Ontogenese menschlichen Sexualverhaltens« lehnte Diamond die Theorie des Johns-Hopkins-Teams rundweg ab. Unter Hinweis auf die Ergebnisse der Experimente mit den Meerschweinchen erklärte er, eine Theorie, die besagt, der Mensch habe sich »seines evolutionären Erbguts vollkommen entledigt«, sei »irreführend«, und stellte die Behauptung auf, die vorgeburtlichen Faktoren setzten der Steuerung der menschlichen Geschlechtsidentität durch Kultur, Lernprozesse und Umwelt bestimmte »Grenzen«. Anhand von Beispielen aus Biologie, Psychologie, Psychiatrie, Anthropologie und Endokrinologie versuchte er zu belegen, dass praktisch schon kurz nach der Empfängnis die Geschlechtsidentität im Gehirn ausgeprägt ist. Dieser Aufsatz war ein mutiger Angriff auf Moneys Autorität.

Unter Verweis auf die Theorie der psychosexuellen Flexibilität von Intersexuellen betonte Diamond, dass solche Individuen im Mutterleib ein »genetisches oder hormonelles Ungleichgewicht« erfahren hätten, und behauptete, selbst wenn menschliche Hermaphroditen als Neugeborene auf das eine oder das andere Geschlecht hingesteuert werden *könnten* (wie es ja Money behauptet), sei das noch kein Beweis für ihre geschlechtliche Neutralität bei der Geburt. Es könnte auch einfach nur bedeuten, dass ihr Nervensystem und ihr Gehirn im Uterus eine ähnlich uneindeutige Organisation erfahren hatten wie ihre Genitalien. Kurzum, sie hatten die angeborene neurologische Fähigkeit, sich in beide Richtungen zu entwickeln – eine Fähigkeit (wie Diamond sich beeilte zu betonen), die genetisch normale Kinder mit Sicherheit nicht teilten. In Bezug auf Transsexuelle, die keine beobachtbare anatomische geschlechtliche Uneindeutigkeit aufwiesen, postulierte Diamond, auch sie könnten eine bisher noch unentdeckte biologische Konditionierung besitzen, die womöglich ihr Gehirn auf ein Programm einstellt, das ihren körperlichen Merkmalen zuwiderläuft. Diese Möglichkeit konnte Diamond durch Fallbeispiele einer nicht weniger bedeutenden Autorität wie Dr. Harry Benjamin untermauern, der kurz zuvor berichtet hatte, in 47 von 87 Fällen habe er bei seinen Patienten »keinen Hinweis darauf finden können, dass die Konditionierung in der Kindheit« Einfluss auf ihre Überzeugung hätte, sie lebten im falschen Körper.

Hätte er damals davon Kenntnis gehabt, hätte Diamond auch eine unbekannte Studie aus dem Ausland heranziehen können, die bereits sechs Jahre zuvor die Falldarstellungen des Johns-Hopkins-Krankenhauses zur Behandlung Intersexueller in Zweifel gezogen hatte. In einer Ausgabe des *Canadian Psychiatric-Association Journal* aus dem Jahr 1959 hatten drei Ärzte aus Toronto, Daniel Cappon, Calvin Ezrin und Patrick Lynes, auf gravierende Mängel bei der statistischen Auswertung und den Forschungsmethoden des Hopkins-Teams hingewiesen. »Diese

Forscher«, so die Kanadier, hätten »nicht das physische und psychische Gesamtbild der Individuen miteinander in Bezug gebracht, sondern lediglich Teilbereiche verglichen, ohne diese Ergebnisse mathematisch auszuwerten«. Bei ihrer eigenen Untersuchung einer Gruppe von siebzehn intersexuellen Patienten trafen die kanadischen Ärzte Vorkehrungen, die das Team am Johns-Hopkins-Krankenhaus nicht getroffen hatte. Um eine subjektive Einfärbung der Ergebnisse zu verhindern, teilten die Kanadier ihr Forschungsteam in zwei Hälften; die eine untersuchte die Patienten aus endokrinologischer, die andere aus psychologischer Perspektive. Zu Vergleichszwecken führte das kanadische Team zusätzlich noch Untersuchungen an einer Kontrollgruppe von Nichthermaphroditen sowie an Homosexuellen und Transvestiten durch.

Dabei stellte sich heraus, dass es tatsächlich gefährlich war, anzunehmen, es bestünde kein Zusammenhang zwischen der biologischen Veranlagung eines intersexuellen Kindes und seiner Geschlechtsidentität. Die Art der Chromosomen, Gonaden und Hormone könnte, so das Team, ein hermaphroditisches Kind tatsächlich dafür prädisponieren, sich als Erwachsener mehr mit dem einen Geschlecht als mit dem anderen zu identifizieren. Die Kanadier stellten fest, dass die Empfehlungen, die das Johns-Hopkins-Team den Ärzten gab, auf einer »wackeligen Theorie« gründeten, und brachten insbesondere ihr Unbehagen über die Empfehlung zum Ausdruck, männliche Neugeborene mit einem winzigen oder fehlenden Penis ausnahmslos zu kastrieren und in Mädchen umzuwandeln. Solche geschlechtlich transformierten Kinder, warnten die Kanadier, »wachsen in einem tragischen Missverhältnis zu ihrem vorrangigen somatischen Geschlecht auf«.

Die Forschungsergebnisse des kanadischen Teams hätten Diamonds weitausholende theoretische Kritik wesentlich gestützt, aber er erfuhr von der Existenz dieser Publikation erst, nachdem sein eigener Aufsatz bereits veröffentlicht war (und zitierte seitdem die kanadische Studie in seinen eigenen Publikationen). »Die Studie der Kanadier ist irgendwie untergegangen«, sagt Diamond, »in der Versenkung verschwunden. Vielleicht weil sie verglichen mit den Forschungen des Johns-Hopkins-Krankenhauses aus der tiefsten Provinz kam.« Im Jahr 1965 erschien jedoch Diamonds Aufsatz in einer profilierten amerikanischen Zeitschrift, der *Quarterly Review of Biology*, wo er nicht so leicht übersehen werden konnte – am wenigsten von John Money, denn die *Quarterly Review* wurde damals von der Johns-Hopkins-Universität veröffentlicht.

Ich saß mit Diamond in seinem chaotischen, fensterlosen Büro auf dem Campus der Medizinischen Fakultät der Universität von Hawaii, als er mir von den Anfängen seiner 30 Jahre währenden wissenschaftlichen Debatte mit John Money erzählte. Es war im Juni 1997, zwei Monate nachdem Diamonds und Sigmundsons Aufsatz über »John/Joan« dem alten Rivalen einen empfindlichen Schlag versetzt hatte. Diamond, ein freundlicher Vierundsechzigjähriger mit ergrauendem Haar und Bart, war sichtlich erschöpft von den endlosen Telefonaten, Faxen und Briefen von Reportern und Forscherkollegen, die ausführlichere Informationen oder ein Interview mit John/Joan erbaten. Er trug ein hellblaues, ausgewaschenes und löchriges T-Shirt, Jeans und abgetragene Turnschuhe und sagte mir, die Professoren der Universität von Hawaii würden »mit Sonnenschein« für ihre Arbeit bezahlt. Seine blasse Gesichtsfarbe verriet allerdings, dass er sein volles Gehalt bisher noch nicht in Anspruch genommen hatte. Diamond hatte in der Tat die meiste Zeit seines 30-jährigen Aufenthalts in Honolulu bei Experimenten oder, über seinen Computer gebeugt, in seinem winzigen Arbeitszimmer verbracht, das er seine »Höhle« nannte. Er hatte bisher mehr als 100 Fachartikel sowie acht Bücher über Sexualität geschrieben. An der Wand neben ihm hing ein Schnappschuss seiner vier Töchter, und auf dem unordentlichen Schreibtisch vor ihm häuften sich Aufsätze, Bücher, Zeitschriften sowie Kassetten mit Musik von Robert Johnson und Bach.

Diamond betont, dass er nichts gegen John Money persönlich hatte, als er 1965 seinen Artikel schrieb, und dass er nicht beabsichtigte, ihn in Verlegenheit zu bringen. Er sagt, sein Aufsatz sei lediglich aus dem Bemühen heraus entstanden, die Forschung in der bewährten wissenschaftlichen Tradition von These und Antithese voranzubringen. Nach dem Erscheinen des Artikels, so Diamond, habe er sich sogar an Money gewandt und ihm vorgeschlagen, gemeinsam einen Artikel zu schreiben. Obwohl ihm klar war, dass sie in der Natur-Kultur-Debatte gegensätzliche Standpunkte vertraten, glaubte Diamond, gerade deshalb könne ihre Zusammenarbeit von besonderem Wert sein. Diamond schüttelt den Kopf und lächelt über seine Naivität, dass er als einfacher Doktorand es gewagt hatte, einem der führenden Forscher auf diesem Gebiet, einem Wissenschaftler, den er soeben in einer angesehenen Zeitschrift angegriffen hatte, eine Zusammenarbeit anzubieten. »Ich habe tatsächlich gedacht, es sei vernünftig betrachtet eine gute Idee«, sagt Diamond. Money sah das anders. »Er vertrat den Standpunkt: Warum sollte ich ausgerechnet mit dir zusammenarbeiten?«, sagt Diamond. »Wer kennt dich schon?« Diamond gibt zu, dass ihn diese Reaktion nicht übermäßig überraschte. »Ich hatte seine Theorie in Frage gestellt, und das nahm er persönlich. Aber so war es nicht gemeint.«

Doch auch einen weniger dünnhäutigen Forscher als John Money hätte die gelassen vorgetragene, unerbittliche Logik von Diamonds Kritik geschmerzt. Am Ende seines Aufsatzes trug Diamond nämlich den grundsätzlichen Einwand gegen die ungeprüfte Übernahme von Moneys Theorie der psychosexuellen Neutralität bei normalen Kindern vor: »Wir kennen kein Beispiel für ein normales Individuum, das als eindeutig männlich geboren wurde und erfolgreich als weibliches Wesen aufwuchs, mit dem eine solche Theorie gestützt werden könnte.« Und weiter: »Falls es ein solches Individuum gibt, haben es jedenfalls die Verfechter der Theorie der geschlechtlichen Neutralität des Menschen bei der Geburt nicht herangezogen. Vermutlich ist ein solches Individuum schwer zu finden.«

Schwer war es durchaus, aber wie sich erweisen sollte, nicht unmöglich. Denn ein Jahr und acht Monate nachdem Diamond mit seinem Artikel in der *Quarterly Review of Biology* diesen Fehdehandschuh geworfen hatte, erhielt Dr. John Money den Brief einer jungen Mutter aus Winnipeg, Kanada, die den furchtbaren Unfall schilderte, den einer ihrer eineiigen Zwillinge bei der Vorhautbeschneidung erlitten hatte.

3

Ron und Janet Reimer suchten das Johns-Hopkins-Krankenhaus in Baltimore zum ersten Mal Anfang 1967 auf, kurz nachdem sie Dr. Money im Fernsehen erlebt hatten. Das junge Paar, 20 und 21 Jahre alt, war von Ehrfurcht ergriffen, als es vor der weitläufigen, von einer Kuppel überwölbten Klinik stand, die sich auf einer Anhöhe in der Monument Street erhob. Dr. Moneys Psychohormonal Research Unit befand sich in der Psychiatrischen Klinik Henry Phipps, einem düsteren Gebäude aus viktorianischer Zeit, das versteckt in einem Hinterhof lag. Die Büroräume der Abteilung im dritten Stock erreichte man mit einem klapprigen Aufzug aus der Jahrhundertwende. Die Einrichtung von Moneys Büro, wo in den folgenden elf Jahren die Begegnungen mit den Reimers stattfanden, spiegelten den exzentrischen Geschmack des Psychologen wider. Das Zimmer war mit einer Couch, orientalischen Teppichen sowie üppig wuchernden Topfpflanzen ausgestattet, über Sessellehnen hingen farbenprächtige afghanische Kelims, auf einem Sims stand eine Sammlung von Aborigines-Skulpturen, die erigierte Phallen, Vaginen und Brüste darstellten, und die Wände waren mit primitiven Blasrohren, Pfeilen und Masken geschmückt. So etwas hatten die Reimers nie zuvor gesehen, aber Dr. Money in seiner verbindlichen und kompetenten Art, ganz zu schweigen von den Diplomen an den Wänden, vermittelte ihnen das Gefühl, endlich in den besten Händen zu sein. »Ich schaute zu ihm auf wie zu einem Gott«, sagt Janet. »Ich akzeptierte alles, was er sagte.« Und was Dr. Money zu sagen hatte, war auch das, was die Reimers hören wollten.

In seiner vielfach veröffentlichten Schilderung dieses ersten Gesprächs berichtete Dr. Money davon, wie er dem jungen Paar die Vorteile erläuterte, die eine Geschlechtsneuzuweisung für ihr Baby bedeute. Er vermied »technische Fachbegriffe und zeigte ihnen Diagramme und Fotos von Kindern, die eine solche Geschlechtsneuzuweisung hinter sich hatten«. Er versicherte ihnen, ihr Baby könne eine perfekt funktionierende Vagina bekommen, die geeignet sei »für Geschlechtsverkehr und sexuelle Lust einschließlich Orgasmusfähigkeit«. Er erklärte ihnen auch, dass ihr Kind, wenn es ein Mädchen würde, zwar selbst keine Kinder bekommen könnte, sich aber psychisch als Frau fühlen und auf Männer erotische Anziehungskraft ausüben würde. Als verheiratete Frau könne sie dann auch Kinder adoptieren.

Aus Moneys schriftlichen Berichten über diese Begegnung geht nicht hervor, ob sich Janet und Ron, die nur neun beziehungsweise sieben Jahre die Schule besucht hatten, tatsächlich darüber im Klaren waren, dass eine solche Prozedur noch vollkommen unerprobt war. Denn obwohl Money und seine Kollegen am Johns-Hopkins-Krankenhaus bei kindlichen Hermaphroditen durchaus geschlechtskorrigierende Operationen durchführten, war eine solche Geschlechtsneuzuweisung bis dahin noch nie bei einem Kind vorgenommen worden, das wie Bruce mit normalen Genitalien und einem normalen Nervensystem geboren worden war. Heute sagen Ron und Janet, diesen Unterschied hätten sie erst viele Jahre später begriffen. Der entscheidende Punkt, den sie den Ausführungen von Dr. Money entnahmen, war dessen Überzeugung, dass dieser Eingriff die besten Chancen auf Erfolg hatte. Janet erinnert sich noch an

Moneys Worte: »Ich sehe keinen Grund, weshalb das nicht funktionieren sollte.«

Wie sehr Money darauf erpicht war, diesen Schritt zu wagen, zeigt sich noch in seiner Schilderung dieses Gesprächs fast zehn Jahre später. »Hatten sich die Eltern einmal entschlossen, eine Geschlechtsneuzuweisung durchführen zu lassen«, schrieb er in *Sexual Signatures*, »konnten die Hoden operativ entfernt und sofort weibliche äußere Geschlechtsorgane konstruiert werden. Im Alter von elf, zwölf Jahren konnten dem Mädchen dann weibliche Hormone verabreicht werden.«

Dr. Money hatte es tatsächlich sehr eilig. Er erklärte Ron und Janet, dass sie sich rasch zu entscheiden hätten. Denn seiner Theorie zufolge tritt das Kind im Alter von zweieinhalb bis drei Jahren durch das »Tor zur Geschlechtsidentität« *(gender identity gate)*, nach Money der Zeitpunkt, von dem an ein Kind in seiner männlichen oder weiblichen Identität fest verankert ist. Bruce war inzwischen neunzehn Monate alt. »Das Kind war immer noch klein genug, sodass sich bei jeglicher Geschlechtszuweisung das erotische Interesse später auf das jeweilige Gegengeschlecht richten würde«, berichtet Money, »aber die Zeit für eine endgültige Entscheidung war bereits knapp geworden.«

Ron und Janet waren jedoch nicht darauf vorbereitet, Bruce sofort ins Krankenhaus zu bringen. Sie mussten über etwas so Folgenschweres wie eine operative Geschlechtsumwandlung ihres Kindes eine Weile nachdenken. Deshalb erklärten sie Dr. Money, sie müssten sich zu Hause alles noch einmal durch den Kopf gehen lassen. Janet sagt, Money habe aus seiner Ungeduld über diese Verzögerung keinen Hehl gemacht. Nach ihrer Rückkehr nach Winnipeg erhielt das Paar Briefe von ihm, in denen er zu einer Entscheidung drängte. »Er schrieb, wir würden die Sache ›verschleppen‹«, erinnert sich Janet, »aber wir wollten es langsam angehen, weil uns alles vollkommen neu war.«

Zu Hause holten Ron und Janet auch andere Meinungen ein. Ihr Kinderarzt riet von einem solchen drastischen Schritt ab und bekräftigte seinen früheren Ratschlag, zu warten, bis das Kind im Vorschulalter war, um dann mit dem langwierigen Prozess der Phalloplastik zu beginnen. Janets Mutter Betty neigte eher dazu, dem Experten aus Baltimore zu vertrauen, hatte aber im Grunde keine eigene Meinung. Ron legte seinen Eltern das Problem gar nicht erst dar, weil er sicher sein konnte, dass sie dagegen waren.

Schließlich erkannten Ron und Janet, dass nur sie ganz allein über das Schicksal ihres Kindes entscheiden konnten. Sie allein lebten mit der Erinnerung an seine schreckliche Verletzung, die bei jedem Windelwechsel neu aufflammte. Janet sah durchaus die Vorteile, die die Verwandlung ihres Sohnes in eine Tochter hatte. »Ich hatte damals nicht viel Ahnung«, sagt sie, »und ich dachte, Frauen seien das sanftere Geschlecht. Zu Unrecht. Seither habe ich gelernt, dass Frauen unverwüstlich und zäh sind. Meiner Erfahrung nach sind *Männer* das bei weitem sanftere Geschlecht. Aber ich dachte, bei seiner Verletzung wäre es für Bruce einfacher, als Mädchen aufzuwachsen, eben sanft aufzuwachsen. Er würde nichts beweisen müssen wie ein Mann.«

Auch Ron sah die Vorteile einer Geschlechtsumwandlung. »Man weiß ja, wie kleine Jungs sind«, sagt Ron. »*Wer kann am weitesten pinkeln?* Den Pimmel herausholen und gegen den Zaun pinkeln. Da würde Bruce nicht mitmachen können, und dann würden sich die anderen Jungs fragen, wieso nicht.« Und dann natürlich Bruce' Sexualleben. Ron mochte sich die Demütigung und die Zurückweisungen gar nicht vorstellen, die sein Sohn würde erdulden müssen. Als Mädchen und Frau dagegen würde Bruce von all dem verschont bleiben. Wenn das stimmte, was Dr. Money ihnen gesagt hatte, konnte er als Mädchen ein normales Leben führen, konnte heiraten und glücklich werden.

Schon wenige Tage nach ihrer Rückkehr aus Baltimore hörten Ron und Janet auf, dem Baby die Haare zu schneiden, und ließen ihm die weichen hellbraunen Locken über die Ohren wachsen. Janet machte mit ihrer Nähmaschine aus Bruce' Pyjamas mädchenhafte Nachthemden. Für Ron und Janet war aus ihrem

Sohn eine Tochter geworden. Dr. Money beriet sie bei der Namengebung. Am besten wäre ein Name, der mit demselben Buchstaben beginnt wie ihr früherer Name und nicht mit dem eines weiblichen Familienmitglieds identisch ist, um Verwechslungen zu vermeiden. Dr. Moneys Anweisungen folgend, nannte Janet ihr neues Töchterchen Brenda Lee.

Selbstverständlich war eine weitere Hürde zu nehmen. In jenem Sommer ließen Ron und Janet Brendas Zwillingsbruder Brian bei einem Onkel und einer Tante und flogen mit ihrer neuen Tochter nach Baltimore. Sie war zwar inzwischen 22 Monate alt, damit aber immer noch innerhalb der Zeitspanne, die Money für eine Geschlechtsumwandlung bei einem Kind als ungefährlich erachtete. Am Montag, dem 3. Juli 1967, wurde an Brenda in einem gynäkologischen Operationssaal im Krankenhaus der Johns-Hopkins-Universität eine operative Kastration vorgenommen. Der Operateur war Dr. Howard Jones, der Mitbegründer von Moneys Gender Identity Clinic. Heute sagt Jones, er könne sich nur noch an wenige Einzelheiten dieses Falles erinnern. Alle Entscheidungen bezüglich der Geschlechtsneuzuweisung hätten in den Händen Moneys und des Kinderendokrinologen Dr. Robert Blizzard gelegen.

»Mein Schwerpunkt war das physische Umfeld und die Operationstechniken«, sagt Jones, »die Frage etwa, ob der Patient gesund und in der Lage war, eine solche Operation zu überstehen. Der Fall war ziemlich gut vorbereitet, bevor ich überhaupt zugezogen wurde.« Für Jones war die Operation von Brenda Reimer eine routinemäßige Kastration, wie er sie in den vergangenen zwölf Jahren immer wieder an kindlichen Hermaphroditen vorgenommen hatte – die Leitung des Johns-Hopkins-Krankenhauses sah die Operation offenbar ähnlich. Von offizieller Seite wurde zwar jeglicher Kommentar zu dem Fall abgelehnt, aber die Pressesprecherin des Johns Hopkins, JoAnne Rodgers, sagte mir im Winter 1998: »Bei allen Operationen, die in den Sechzigerjahren als experimentell angesehen wurden, gab es Protokolle zur Begutachtung der jeweiligen Maßnahme durch Fachkommissionen und Ausschüsse.« Dr. Jones kann sich allerdings nicht erinnern, dass man bei dem historisch einmaligen Fall der Umwandlung von Bruce Reimer in ein Mädchen die zuständige Kommission oder den zuständigen Ausschuss zu Rate gezogen hätte.

Bei dem Eingriff wurde im Wesentlichen eine bilaterale Orchidektomie vorgenommen, also beide Hoden entfernt. Wie aus Jones' OP-Aufzeichnungen hervorgeht, wurde das Baby unter Narkose in Rückenlage auf den OP-Tisch gelegt und die Füße fixiert, sodass den Ärzten die Leistengegend zugänglich war. Am Hodensack wurden drei Klammern befestigt und beiderseits der Mittellinie jeweils zwei Schnittlinien gezogen. Mit einer Schere resezierte Dr. Jones entlang einem 1,5 cm langen Streifen die markierte Hodenhaut und präparierte somit die beiden Hoden und die Samenstränge frei. Dann schnitt er mit einem Skalpell den rechten sowie den linken Hoden ab und band mit einem Catgut-Faden die Blutgefäße und die Samenleiter ab, die sonst im Erwachsenenalter Sperma in die abgetrennte Harnröhre transportiert hätten.

Beim Schließen des Hodensacks formte Jones sodann unter Verwendung der verbleibenden Hodenhaut eine rudimentäre äußere Vagina; dabei zog er die Hodenhaut vom unteren Rand hoch, verband sie mit dem oberen Einschnittende und vernähte sie so, dass nicht ein einziger leerer Sack, sondern zwei symmetrische Lappen entstanden. »Ein gerollter Gazestreifen wurde in die Mitte gelegt, sodass eine Mittelfurche und auf beiden Seiten große Schamlippen gebildet wurden«, heißt es in Tones' OP-Bericht.

Ron und Janet sagen, sie hätten, als sie sich damals entschlossen, an ihrem Kind eine klinische Kastration vornehmen zu lassen, jeden Zweifel an der Effizienz der Behandlung ausgeschlossen. Das war der entscheidende Aspekt, denn Dr. Money zufolge war es »unbedingt notwendig«, dass die Eltern eines geschlechtsumgewandelten Kindes keine Zweifel hegten, die der Selbstidentifikation des Kindes als Junge oder Mädchen im Wege stehen könnten.

Ob Dr. Money selbst seine Zweifel an der weiteren Entwicklung des Kindes ausschließen konnte, bleibt fraglich. Am 28. August 1967, mehr als einen Monat nach Brendas Geschlechtsumwandlung, schrieb er einen Brief, in dem er sich bezüglich einer Prognose für das Kind sehr zurückhaltend äußert. Das kann kaum verwundern, schließlich war der Brief an den Anwalt in Winnipeg gerichtet, den Ron und Janet beauftragt hatten, gegen das St.-Boniface-Krankenhaus und den Arzt zu klagen, der die Vorhautbeschneidung verpfuscht hatte.

»Die Geschlechtsneuzuweisung wird bei Babys gewöhnlich nur bei einer angeborenen Missbildung der Genitalien vorgenommen«, schrieb Money. »Dann wird üblicherweise erwartet, dass die psychosexuelle Differenzierung des Kindes mit dem Geschlecht, in dem es aufwächst, übereinstimmt. In keinem Fall jedoch kann eine absolut sichere Prognose gegeben werden.«

Im Sommer 1967, als Bruce Reimer der Kastrationsoperation unterzogen wurde, hatte Dr. Money allen Grund, von einer »absolut sicheren Prognose« über die psychosexuelle Entwicklung des Patienten Abstand zu nehmen. Zwei Jahre zuvor hatte er versucht herauszufinden, ob die vermännlichenden Auswirkungen der vorgeburtlichen Gabe von Testosteron, die vom Forscherteam der Universität Kansas bei Meerschweinchen beobachtet wurden, auch beim Menschen auftreten. Unter Moneys Leitung hatte eine seiner Promotionsstudentinnen, Anke Ehrhardt, eine Gruppe von zehn Mädchen im Alter zwischen drei und vierzehn Jahren untersucht, die im Mutterleib einer hohen Dosis Testosteron ausgesetzt waren, weil ihre Mütter das synthetische Steroid Progestin eingenommen hatten, um eine drohende Fehlgeburt zu verhindern. Wie bei den Meerschweinchen in der Studie des Teams in Kansas waren neun von zehn Mädchen mit vermännlichten Genitalien zur Welt gekommen: einer übergroßen

Klitoris und in manchen Fällen auch teilweise zusammengewachsenen Schamlippen. Wie Interviews mit den Kindern und ihren Eltern zeigten, war bei allen neun Mädchen zu beobachten, was Money und Ehrhardt in einem sechs Monate vor Bruce Reimers Kastration veröffentlichten Artikel als »Wildfangverhalten« bezeichnet hatten. Dieses Verhalten, so die Autoren des Artikels, äußere sich in einer deutlichen Vorliebe für »maskuline« Kleidung und für »Spiele im Freien«, einem »ausgeprägten Interesse an Jungenspielzeug« (u. a. Gewehre und Spielzeugsoldaten), einer Bevorzugung von »Krafttrainingsübungen und -spielen« und einem »mangelnden Interesse an Schmuck, Parfüm und Frisuren, an Puppenspiel, Bemuttern und Hausarbeit«.

Ein zentraler Punkt von Dr. Moneys Programm der Geschlechtsneuzuweisung bei Hermaphroditen war seine Behauptung, sehr kleine Kinder wüssten nichts über ihre bei der Geburt uneindeutige Geschlechtszugehörigkeit. Auch bei dem Baby Brenda Reimer stellte Money dieselbe Behauptung auf. »Er trug uns auf, nicht darüber zu sprechen«, sagt Ron, »und Brenda nicht die ganze Wahrheit zu sagen. Sie sollte nicht erfahren, dass sie kein Mädchen war.«

Kurz nach der Rückkehr der Reimers aus Baltimore und nicht lange vor dem zweiten Geburtstag der Zwillinge zog Janet Brenda zum ersten Mal ein Kleidchen an, das sie aus dem weißen Satin ihres Hochzeitskleides genäht hatte. »Es war besonders hübsch und mit Spitzen versehen«, erinnert sich Janet. »Sie zerrte daran herum und versuchte, es sich vom Leib zu reißen. Ich weiß noch, dass ich dachte: O mein Gott, sie weiß, dass sie ein Junge ist, und will keine Mädchenkleider tragen. Sie möchte kein Mädchen sein. Aber dann dachte ich: Vielleicht kann ich ihr beibringen, ein Mädchen sein zu wollen. Vielleicht kann ich sie dazu erziehen, dass sie ein Mädchen sein will.«

Ron und Janet taten ihr Bestes. Sie kauften ihr Puppen zum Spielen; sie versuchten, ihr beizubringen, sauber und ordentlich zu sein, und bemühten sich, Brenda in ihrer weiblichen Identität zu bestärken. Als zum Beispiel – die Zwillinge waren inzwischen vier Jahre alt geworden – Brian seinem Vater beim Rasieren zusah und ihn fragte, ob er sich auch rasieren dürfe, gab Ron ihm einen Rasierer ohne Klinge sowie ein bisschen Rasierschaum, um damit herumzuspielen. Als Brenda ebenfalls einen Rasierer wollte, sagte Ron zu ihr: »Mädchen rasieren sich nicht.«

»Ich sagte ihr, Mädchen müssten sich nicht rasieren.« Janet bot ihr an, Make-up ins Gesicht zu tupfen, aber Brenda wollte kein Make-up.

»Ich weiß noch, wie ich sagte: ›Oh, darf ich mich auch rasieren?‹«, erzählt David über diesen Zwischenfall, seine früheste Kindheitserinnerung an sein Leben als Brenda. »Mein Dad sagte: ›Nein, nein. Geh du zu deiner Mutter.‹ Ich fing an zu weinen: ›Warum darf *ich* mich nicht rasieren?‹«

Brian sagt, diese Episode sei typisch für die Art und Weise gewesen, wie die Eltern versuchten, ihn und seine Schwester Brenda in gegensätzliche Geschlechterrollen zu drängen – und wie diese Versuche zum Scheitern verurteilt waren. »Ich betrachtete Brenda als meine Schwester«, sagt Brian. »Aber sie hielt sich nie an ihre Rolle.«

Heute, da die Zwillinge wieder dasselbe Geschlecht haben, bekunden die auffallenden körperlichen Unterschiede zwischen ihnen auf geradezu gespenstische Weise, was David durchgemacht hat. Als David mich im Sommer 1997 erstmals mit Brian bekannt machte, nahm ich instinktiv an, der Mann, der mich mit festem Händedruck begrüßte, sei ein *älterer* Bruder, so sehr unterschied sich dieser Mann mit dem schütteren Haar, dem dunklen Bart und der imposanten Gestalt von seinem jugendlich schlanken Bruder mit seinem bartlosen Gesicht. Erst als ich mir Brian etwas genauer ansah, erkannte ich die verblüffende Ähnlichkeit der Augen und Nase und den markant geformten Mund: Mir stand Davids eineiiger Zwilling gegenüber, der jüngere von beiden (wenn auch nur um lächerliche zwölf Minuten).

Als Kinder waren ihre körperlichen Unterschiede zwar weniger deutlich ausgeprägt, aber ebenso trügerisch. Fotos von ihnen im Vorschulalter zeigen zwei außergewöhnlich liebreizende Kinder: einen kleinen Jungen mit großen Augen und Bürstenhaarschnitt und ein schlankes Mädchen mit braunen Augen und kastanienbraunen Locken, die ein Gesicht von zarter Schönheit umrahmen. Doch nach übereinstimmender Auskunft von nahen und fernen Verwandten, Lehrern und pädagogischen Betreuern verflüchtigte sich dieser trügerische Eindruck von zwei Kindern unterschiedlichen Geschlechts, sobald man sah, wie Brenda sich bewegte, sprach, ging oder gestikulierte.

»Wenn ich sage, dass Brenda nichts Weibliches an sich hatte«, lacht Brian, »dann meine ich es genauso. Sie bewegte sich wie ein Junge. Lümmelte sich mit gespreizten Beinen. Sprach über Jungenssachen und interessierte sich kein bisschen für die Hausarbeit, fürs Heiraten oder für Schminke. Wir spielten beide gern mit anderen Jungen, bauten Burgen, veranstalteten Schneeballschlachten und spielten Soldaten. Sie hatte ein Hüpfseil bekommen, das wir ausschließlich dafür verwendeten, andere zu fesseln und auszupeitschen. Sie spielte mit meinen Spielsachen: mit Holzbauklötzchen, Baggern und Kränen. Die Spielzeugnähmaschine rührte sie nicht an.« Bis zu dem Tag, so erinnert sich David, an dem Brenda, die immer alles auseinander nahm, um zu sehen, wie es funktionierte, einen Schraubenzieher aus dem Werkzeugkasten ihres Vaters stibitzte und das Ding auseinander baute.

Dass sie zu den Pfadfinderinnen musste, war für sie furchtbar. »Ich weiß noch, als wir Kränze aus Gänseblümchen geflochten haben, da dachte ich: Wenn das das Aufregendste ist bei den Pfadfinderinnen, dann vergiss es«, sagt David. »Ich dachte immer nur daran, wie viel Spaß mein Bruder bei den Pfadfindern hatte.« Mit den Puppen, die sie zu Weihnachten und zum Geburtstag bekam, wollte sie nicht spielen. »Was kann man mit einer Puppe schon anfangen?«, sagt David heute, und in seiner Stimme schwingt die Enttäuschung mit, die er damals empfunden haben musste. »Du schaust sie an. Du ziehst sie an. Du ziehst sie aus. Kämmst ihr die Haare. Schrecklich langweilig! Mit einem Auto dagegen kann man überallhin fahren. Ich wollte Autos haben.« Brenda wollte auch Spielzeugpistolen haben. Im Alter von etwa acht Jahren ging sie einen Regenschirm kaufen. Als sie an der Kasse in der Schlange stand, entdeckte sie ausgestellte Spielzeugmaschinenpistolen. Nach kurzem Zögern stellte sie den Regenschirm zurück und kaufte eine Maschinenpistole. Mit zehn konnte Brenda ausgezeichnet mit der Schrotflinte schießen, die Ron und Janet für Brian gekauft hatten – und für die sich Brian selbst paradoxerweise kaum interessierte.

Brenda wollte stets Brians Spielzeug und Anziehsachen haben, was unvermeidlich zu Streitigkeiten führte. »Ständig rauften die beiden miteinander«, sagt Janet. »Verglichen mit Brenda war Brian ein Schwächling. Sie war zäh. Und meistens war sie die Siegerin. Und der arme Brian fühlte sich miserabel, weil er von einem Mädchen besiegt worden war.«

Ron und Janet waren von Brendas männlichem Verhalten zwar beunruhigt, aber da ihnen Dr. Money dringend geraten hatte, keine Zweifel an der Weiblichkeit ihrer Tochter zuzulassen, bemühten sie sich, seinem Rat zu entsprechen – auch aus Angst, dass sonst alles nur noch schlimmer würde. Daher konzentrierten sie sich auf die Augenblicke, in denen Brendas Verhalten als typisch weiblich gedeutet werden konnte. »Manchmal«, sagt Janet, »wenn sie mir schön tun wollte, konnte sie durchaus weiblich sein. Dann war sie nicht so grob, sondern sauber und ordentlich und half mir ein bisschen in der Küche.«

In den Briefen an Dr. Money, in denen Janet ihm über Brendas Fortschritte berichtete, hob sie diese Momente besonders hervor, um dem Psychologen zu verstehen zu geben, dass die Eltern sich größte Mühe gaben, seine Pläne in die Tat umzusetzen. Sie teilte Money auch die männlichen Neigungen ihrer Tochter mit, aber der Psychologe versicherte ihr, das sei nur »Wildfangverhalten« – eine Erklärung, die Janet beruhigte und an der sie viele Jahre lang festhielt. »Ich habe in meinem Leben alle möglichen Frauen gesehen«, sagt sie, »und bei manchen hätte man schwören können, dass es Männer waren. Also dachte ich, das ist kein Problem, weil es ja viele Frauen gibt, die nicht gerade weiblich wirken. Vielleicht funktionierte es ja. Ich wollte, dass es funktioniert.«

Rons und Janets Eltern fiel auf, dass Brenda sich seltsam verhielt. »Wenn ein Mädchen zum Spielen zu ihr kam«, sagt Rons Mutter Helen, »spielten sie keine Mädchenspiele. Sie erklärte ihrer Mutter, das Mädchen solle nach Hause gehen.«

»Mir fiel etwas auf, als sie mit dem Jungen von gegenüber Streit hatte«, sagt Janets Mutter Betty. »Der Junge versuchte sie zu schlagen. Aber Brenda schlug zurück.«

Janets Onkel Johnny und ihre Tante Evelyn konnten über bestimmte Beobachtungen, die sie an ihrer Nichte machten, gleichfalls nicht hinwegsehen. Vielleicht hätten sie sich gesagt, dass Brenda eben ihren Bruder Brian imitierte, aber sie wussten es besser. Sie kannten Brian besonders gut, weil sie in den drei Wochen auf ihn aufgepasst hatten, als Ron und Janet mit Brenda zur Operation in Baltimore waren. Ohne seine Schwester war Brian ein ruhiger, sanfter und sensibler Junge gewesen – und nicht der kleine Teufel, der mit Brenda in Rons und Janets Haus Unfug aussheckte. Johnny und Evelyn waren im Stillen der Meinung, Brenda sei diejenige, die bei den Zwillingen den Ton angab und Brian zu diesem jungenhaft wilden Verhalten anstachelte. »Sie war die Antreiberin«, sagt Johnny. Das behielten Johnny und Evelyn aber für sich. »Wir spielten mit«, erklärt Evelyn. »Wir wollten keinen Unfrieden stiften.«

Aber auch Brenda hatte ihre Zweifel. »Man wacht mit viereinhalb Jahren nicht einfach auf, schaut auf die Uhr und sagt: »Hoppla, jetzt fühle ich mich als Junge«, erklärt David. »Man ist einfach noch zu jung.« Gleichzeitig habe er aber gewusst, dass irgendetwas nicht stimmte, noch bevor er überhaupt eine Vorstellung davon hatte, was Jungen und Mädchen sind. »Ich dachte, ich bin meinem Bruder sehr ähnlich. Nicht so sehr, dass ich ein Junge war, sondern dass wir *Brüder* waren. Dass ich ein Kleidchen trug, spielte dabei keine Rolle.«

Brian stellte das jungenhafte Verhalten seiner Schwester nicht in Frage, bis sie zur Schule gingen. »Ich war in der ersten oder zweiten Klasse«, sagt er, »und da sah ich die anderen Mädchen, wie sie sich die Haare kämmten oder ihre Puppen im Arm hielten. Brenda war anders. Total anders.« Damals äußerte Brenda den Wunsch, sie wolle Müllmann werden. »Sie meinte, das sei ein leichter, gut bezahlter Job«, erzählt Brian. »Ich fand das irgendwie absonderlich – meine Schwester als Müllmann.« Brian war von dem unkonventionellen Verhalten seiner Schwester schließlich so irritiert, dass er mit seiner Mutter darüber sprach. »Brenda ist eben ein Wildfang«, sagte Janet zu ihm, und damit fand er sich ab.

Aber es war keine Erklärung, mit der sich Brendas Mitschüler zufrieden gegeben hätten. Als Brenda in den Kindergarten von Woodlawn kam, unweit von ihrem Wohnhaus, wurde sie zum Gespött der Jungen und Mädchen. »Wenn sie mich sahen, fingen sie an zu kichern«, erinnert sich David. »Nicht einer, sondern die ganze Gruppe. So ging das jeden Tag. Der ganze Kindergarten machte sich ständig über mich lustig.«

»Es begann am ersten Tag im Kindergarten«, sagt Janet. »Auch die Kindergärtnerin akzeptierte Brenda nicht. Sie ahnte, dass irgendetwas nicht stimmte.«

In der Tat. Als ich 26 Jahre danach mit der Kindergärtnerin der Zwillinge, Audrey McGregor, Verbindung aufnahm, berichtete sie, sie habe weder vorher noch nachher ein Mädchen wie Brenda kennen gelernt. Auf den ersten Blick sah sie aus wie die Tausende anderer Mädchen, mit denen Audrey McGregor zu tun hatte. Aber das Wilde und Rüpelhafte an Brenda, ihre Entschlossenheit und nachdrückliche Dominanz sowie das völlige Fehlen weiblicher Interessen waren Audrey McGregors Erfahrung zufolge etwas Einzigartiges. Und da war noch etwas. McGregor erwähnte einen Zwischenfall kurz nach Beginn des Kindergartenjahrs. »Ein Mädchen aus Brendas Gruppe kam zu mir«, erinnert sich McGregor, »und fragte: ›Wieso pinkelt Brenda im Stehen?‹«

Seit Janet den Zwillingen beigebracht hatte, die Toilette zu benutzen, hatte sie alles getan, um ihre Tochter zu überzeugen, beim Pinkeln nicht mit dem Gesicht zur Kloschüssel zu stehen. Aber nichts half. Janet sprach das Problem Dr. Money gegenüber an, aber er versicherte ihr, es sei normal, dass Mädchen im Stehen pinkeln wollten, das Problem werde sich mit der Zeit von allein lösen. Aber das geschah nicht. Für Janet wurde Brendas stures Beharren, beim Urinieren zu stehen, zum Alptraum, weil Brendas Urinstrahl, der aus der durchtrennten Harnröhre nach vorne, beinahe im rechten Winkel zu ihrem Körper, herausschoss, über den Toilettensitz hinwegging. Dass Brendas hartnäckige Weigerung, im Sitzen zu pinkeln, damit zusammenhing, dass die Behandlung erfolglos blieb, war für die Mutter ein unerträglicher Gedanke.

Die Kindergärtnerin Audrey McGregor, ungeschult in Moneys Theorien der kindlichen Entwicklung, bildete sich ihre eigene Meinung zu Brenda. »Sie war von ihrem Wesen her mehr ein Junge«, sagt Audrey McGregor, die darüber hinaus überzeugt ist, dass Brenda dies auf einer unbewussten Ebene selbst ahnte. »Ich glaube nicht, dass sie das Gefühl hatte, ein Mädchen zu sein.«

Ihre Vermutung war richtig. Als Brenda in die nach Geschlechtern getrennte Welt der Schule kam, wurde ihr klar, dass bei ihr etwas Schwerwiegendes anders war. »Im Allgemeinen hat man ja eine Vorstellung davon, was ein Mädchen und was ein Junge ist«, sagt David. »Und alle sagen dir, dass du ein Mädchen bist. Aber du selbst denkst dir: Ich fühle mich gar nicht wie ein Mädchen. Ich wollte das machen, was Jungs machen. Und das passte nicht zusammen. Dann denkst du, dass da irgendetwas nicht stimmt. Wenn ich so sein soll wie dieses Mädchen hier, ich mich aber wie dieser Junge verhalte, dann muss ich wohl ein Es sein.«

Brendas Schwierigkeiten mit sich selbst zeigten sich bereits im Kindergarten. In der Leistungsbewertung am Ende der Vorschulerziehung wurde sie in allen Kategorien mit ungenügend bewertet: soziales Verhalten, Arbeitshaltung, die Fähigkeit zuzuhören, Sprech- und Lesefähigkeit. Die Schule drohte damit, Brenda um ein Jahr zurückzustellen.

Bei ihrem nächsten Besuch im Johns-Hopkins-Krankenhaus beklagte sich Janet bei Dr. Money darüber. Dieser ließ daraufhin einen IQ-Test machen. Zwei Tage lang führte seine Assistentin Nanci Bobrow den Wechsler-Intelligenztest (den Standard-IQ-Test) durch. Brenda kam auf einen Wert um die 90, und damit gehörte sie zu jenen 50 Prozent der Bevölkerung, die über eine durchschnittliche Intelligenz verfügen. Drei Wochen später schickte Dr. Money die Ergebnisse an Brendas Schule. In seinem Begleitbrief bezeichnete er Brendas Probleme als vorübergehend. Sie würden sich geben, wenn sie das überwand, was er »verspielten Negativismus« nannte – eine Folge der »nachteiligen emotionalen Situation durch ihre frühe Hospitalisierung«.

»Im vorliegenden Fall«, schloss er, »befürworte ich vehement den Schuleintritt, weil die beobachteten schlechten Leistungen das Kind psychisch zusätzlich beeinträchtigen würden, wenn es im Kindergarten bleibt.«

Als die Schulbehörden in Winnipeg Dr. Moneys Brief erhielten, korrigierten sie ihre Empfehlung, und im September 1971 wurde Brenda in einer Schule namens Minnetonka eingeschult.

Doch Brendas Probleme verschlimmerten sich nur noch mehr. Am 29. Oktober, knapp drei Monate nach Schulbeginn, schrieb ihre Lehrerin Sharyn Froome in einer Mitteilung an die Erziehungsberatungsstelle des Bezirks: »Es ist außerordentlich schwierig, Brenda für Spiele oder andere Aktivitäten zu interessieren.« Für sie war Brendas negatives Verhalten alles andere als »verspielt«. Sie beschrieb sie als »sehr trotzig« und stellte fest, dass das Kind von ihren Altersgenossen völlig isoliert sei. Brenda tue »genau das Gegenteil von dem, was alle anderen Kinder tun«.

Die Mitarbeiterin der Erziehungsberatungsstelle Joan Nebbs beobachtete Brendas Verhalten zu jener Zeit. »Ihre Mutter schickte sie sehr sauber und adrett gekleidet zur Schule«, erinnert sich Nebbs. »Sie hatte ein hübsches Gesichtchen und Locken – ein hübsches Kind mit großen braunen Augen. Aber ihr Benehmen passte überhaupt nicht dazu. Sie machte sich immer schmutzig. Sie raufte mit den anderen Kindern und spielte im Dreck. Brenda war wirklich ein kleiner Rabauke. Sie konnte nicht mit einem Buch in der Hand stillsitzen. Lieber spielte sie Kampfspiele oder Polizei.« Joan Nebbs meint, Brenda habe manchmal versucht, mit Mädchen zu spielen, aber mit wenig Erfolg. »Sie versuchte, die anderen Mädchen dazu zu bringen, das zu tun, was ihr in den Sinn kam. Sie wollte angeben. Sie wollte Cowboy und Indianer oder Fangen spielen und Rabatz machen – was den anderen Mädchen nicht gefiel.«

Ron und Janet, die gehofft hatten, Brendas Krankengeschichte geheim halten zu können, mussten einsehen, dass das unmöglich war. Nach wiederholten Anfragen seitens der Schule und der Erziehungsberatungsstelle und auf die Bitte um Informationen, die Brendas schulische und soziale Schwierigkeiten erklären könnten, unterzeichneten Ron und Janet eine Erklärung. Damit ermächtigten sie ihren Kinderarzt vor Ort, Dr. Mariano Tan, sich mit der Erziehungsberatungsstelle in Verbindung zu setzen.

»Ich hoffe, dass Sie diesen Brief streng vertraulich behandeln«, schrieb Dr. Tan dem Leiter der Beratungsstelle. »Beide Kinder sind seit Oktober 1966 bei mir in Behandlung. Es sind eineiige Zwillinge – beide *männlich* –, nur dass bei einem unglückseligen Unfall bei Bruce' (jetzt Brendas) Vorhautbeschneidung der Penis amputiert wurde.« Dr. Tan berichtete von Brendas Geschlechtsumwandlung im Johns-Hopkins-Krankenhaus.

Durch diese Enthüllungen wurde der Beratungsstelle wie auch der Schule Brenda Reimers Verhalten verständlich. »Ich nahm an, sie sei ein Mädchen, bis ich erfuhr, dass es nicht stimmte«, sagt June Hunnie, Brians Lehrerin in der ersten Klasse. »Als wir die Hintergründe erfuhren, dachten wir: Na ja, kein Wunder. Wie kann man von einem Kind erwarten, dass es stillsitzt und sich auf die Schularbeiten konzentriert, wenn sich im Hintergrund alle diese furchtbaren Dinge abspielen? Das ist unmöglich.«

Es war unmöglich, zumindest für Brenda. Am Ende des Schuljahrs teilte die Schulleitung den Eltern mit, Brian werde im Herbst 1972 in die nächsthöhere Klasse versetzt, Brenda aber müsse (trotz Dr. Moneys optimistischer Prognosen) die Klasse wiederholen.

4

Am 28. Dezember 1972, vier Monate nachdem Brenda Reimer zum zweiten Mal in die erste Klasse eintrat, ging John Money mit seinem »Zwillingsfall« an die Öffentlichkeit. Anlass war die Jahresversammlung der American Association for the Advancement of Science in Washington, D.C. Dort hielt Money vor mehr als tausend Wissenschaftlern, Feministinnen, Studenten und Journalisten den ersten Vortrag eines zweitägigen Symposiums zum Thema »Das Erlernen der Geschlechterrolle in Kindheit und Jugend«. An der Veranstaltung, die im Ambassador Ballroom des Shoreham Hotel stattfand, nahm eine beeindruckende Schar renommierter Forscher aus dem Fachbereich der geschlechtlichen Entwicklung teil. Aber nur Moneys Auftritt machte Schlagzeilen – und zwar dank des ungewöhnlichen Falls, den er an jenem Vormittag geschildert hatte. Ausführlicher, so ließ er seine Zuhörer wissen, beschäftige er sich mit diesem Fall in seinem Buch *Männlich – weiblich. Die Entstehung der Geschlechtsunterschiede*, das er gemeinsam mit Anke Ehrhardt verfasst hatte und das – ein frühes Beispiel für exakt abgestimmtes Marketing – genau am Tag von Moneys Auftritt bei dem Symposium herauskam.

Dieses Buch war im Laufe der vergangenen vier Jahre entstanden. Es enthielt Datenmaterial von den mehreren hundert Hermaphroditen, die seit Anfang der Fünfzigerjahre in seiner Psychohormonal Research Unit behandelt worden waren. Wie Money in seinem Vorwort darlegte, hatten die unterschiedlichsten wissenschaftlichen Disziplinen wie »Genetik, Embryologie, Endokrinologie, Neuroendokrinologie, Neurochirurgie, Anthropologie, Soziologie sowie medizinische, klinische und Sozialpsychologie« einen Beitrag dazu geleistet. Das Buch war ein ehrgeiziges Machwerk wissenschaftlicher Gelehrsamkeit, umso mehr, als es vor oftmals unverständlicher lateinischer Terminologie und komplizierten Satzkonstruktionen nur so strotzte. Die inhaltliche Stoßrichtung jedoch war überraschend klar und ließ sich auf einen einzigen, auf den 300 Seiten des Werkes immer wiederkehrenden Kerngedanken zurückführen, den Money in seinen Aufsätzen zum Thema Intersexualität Mitte der Fünfzigerjahre erstmals vorgetragen hatte: dass die Hauptfaktoren, die zur psychosexuellen Differenzierung des Menschen führen, Lernen und Umwelt und nicht die biologische Veranlagung seien.

Das Buch erschien fünf Jahre nachdem Money und Ehrhardt mit ihren Befunden gezeigt hatten, dass eine hohe Dosis Testosteron in der Gebärmutter bei Mädchen im späteren Leben zu »Wildfangverhalten« führt. Daher kam er nicht umhin, auch hier einen »prägenden Einfluss« pränataler Hormone auf das sexuelle Verhalten Erwachsener zu erwähnen. Money erklärte jedoch, diese Einflüsse seien nicht entscheidend, sondern verliehen dem Verhalten des Mädchens lediglich »ein gewisses Flair«; vorgeburtliche biologische Einflüsse seien bei der Herausbildung der Geschlechtsidentität sekundär gegenüber den nachgeburtlichen Umwelteinflüssen, die bei weitem schwerer wögen. Um die These von der Prädominanz der Gesellschaft und Kultur gegenüber der Natur zu belegen, griff Money wiederholt auf sein Prinzip von hermaphroditischen »Vergleichspaaren« zurück – intersexuellen Patienten mit ähnlichen Syndromen, die aber – erfolgreich, wie er behauptete – mit gegensätzlichem Geschlecht aufwuchsen.

Was den aufmerksamen Leser aber womöglich verblüffte, war Moneys Eingeständnis, dass Hermaphroditen nicht die ganze Geschichte der menschlichen Sexualentwicklung erzählen konnten. Denn etwa in der Mitte des Buches räumte Money frustrierende Zwänge ein, die Sexualforscher daran hinderten, eine bestimmte Art von Experimenten durchzuführen, die auf das Rätsel der psychosexuellen Differenzierung des Menschen schlüssige Antworten liefern könnten. »Den letztgültigen Beweis für die These, dass die Differenzierung der Geschlechtsidentität weder ausschließlich durch die Geschlechtschromosomen noch durch die pränatalen Hormone noch durch die Pubertätshormone vorherbestimmt wird, könnte man nur erbringen, wenn Untersuchungen an Babys ethisch ebenso unbedenklich wären wie Tierexperimente«, schrieb er. »Und da geplante Experimente ethisch undenkbar sind, können wir nur die ungeplanten Variationen der Natur beobachten«, etwa wenn ein normales Kleinkind bei einer missglückten Vorhautbeschneidung seinen Penis verliert.

Dann gab Money bekannt, dass sich ihm eine solche »ungeplante« Gelegenheit, mit einem von seiner Entwicklung her normalen Kind zu experimentieren, geboten und dass er sie ergriffen habe. Money beschrieb, wie die Eltern des verstümmelten Babys ihren Sohn zur chirurgischen Geschlechtsumwandlung in ein Mädchen freigaben, hob aber auch das »Außergewöhnliche« des Falles hervor, war doch das Kind einer von zwei eineiigen männlichen Zwillingen. Die Tragweite dieses besonderen Falles entging weder Moneys Lesern noch seinen Zuhörern. Money erklärte, er habe sein Experiment an Kindern durchgeführt, die biologisch so identisch waren, wie es bei zwei Menschen nur irgend möglich war: an einem Zwillingspaar, dessen Leben mit derselben befruchteten Eizelle begonnen hatte, dessen DNA denselben genetischen Code enthielt und dessen Gehirn und Nervensystem sich unter dem Einfluss derselben pränatalen

Hormone im Mutterleib entwickelt hatte. Kurzum: Dies war das ideale Vergleichspaar.

Dass Money sich des besonderen Ranges bewusst war, den der Fall Brenda Reimer in seiner Arbeit (ja, in der Geschichte der Sexualforschung überhaupt) einnahm, zeigte sich an der Beharrlichkeit, mit der er in seinem Buch immer wieder darauf zu sprechen kommt. Erstmals in der Einleitung erwähnt, wird der Fall an allen Schlüsselstellen des Buches angeführt: in Kapitel 8 über die »Differenzierung der Geschlechtsidentität«, in Kapitel 9 über »Entwicklungsstufen der Geschlechtsidentität«, in Kapitel 10 über »Pubertätshormone«. In Kapitel 7 mit dem Titel »Zuweisungs- und Erziehungsgeschlecht« schildert Money den Fall in aller Ausführlichkeit. Seine Beobachtungen machte er bei dem alljährlichen Besuch der Familie in der Psychohormonal Research Unit sowie mittels Briefen und Telefonaten mit Janet während des Jahres.

Money erwähnte in dem Buch zwar beiläufig auch Brendas »Wildfangverhalten«, tat es aber als bedeutungslos ab, verglichen mit den zahllosen Gelegenheiten, bei denen sie sich den Normen weiblichen Verhaltens anglich. Diese Beispiele entnahm er Janets hoffnungsvoller Bestandsaufnahme von Brendas sporadischen Bemühungen, sich mehr wie ein Mädchen zu verhalten. Money erwähnte Brendas außergewöhnliches Verhalten in der Toilette, aber wie schon gegenüber Janet versicherte er seinen Lesern, dass »viele Mädchen« versuchten, wie Jungen im Stehen zu urinieren, und wies darauf hin, dass Brenda mit fünf Jahren nicht mehr im Stehen urinierte und der eine oder andere sporadische Rückfall in ihre alten Gewohnheiten lediglich Ausdruck ihres Bemühens sei, »ihren Bruder nachzuahmen«. Unerwähnt ließ Money Brendas schulische, soziale und emotionale Schwierigkeiten, die ihn veranlasst hatten, sich eineinhalb Jahre vor Erscheinen des Buches im Namen von Janet bei den Schulbehörden von Winnipeg für Brenda einzusetzen.

Jedenfalls wird das Experiment als uneingeschränkter Erfolg

dargestellt. Den Gegensatz zu ihrem Zwillingsbruder bezeichnet Money als »außergewöhnlich« beziehungsweise »beachtlich«. Brians Interesse an »einer Garage mit Autos, einer Tankstelle und Werkzeug« wird Brendas brennendem Interesse an »Puppen, einer Puppenstube und einem Puppenwagen« gegenübergestellt; Brendas Sauberkeit wurde als Gegenteil von Brians vollkommenem Desinteresse an Körperpflege hingestellt, Brendas Interesse an Küchenarbeit als das Gegenteil von Brians Verachtung für Hausarbeit. Money beschrieb Brenda als den »dominierenden Zwilling«, vermittelte aber den Eindruck, als hätte sich dies im Laufe der Zeit geändert. Mit drei Jahren, so berichtete er, war ihre Dominanz gegenüber Brian »wie die einer Henne zu ihrem Küken«. Alles in allem verkörperten die Zwillinge eine geschlechtsspezifische, geradezu ans Wunderbare grenzende Zweiteilung in Geschmack, Temperament und Verhalten und erschienen als der »letztgültige Beleg« dafür, dass wir zu Jungen und Mädchen gemacht und nicht als solche geboren werden.

Das Bedeutsame dieses Falles entging auch der damals aufkommenden Frauenbewegung nicht, die jahrzehntelang gegen eine biologische Begründung der Geschlechtsdifferenzierung gekämpft hatte. Moneys Aufsätze über die psychosexuelle Neutralität Neugeborener, die seit den Fünfzigerjahren erschienen, waren bereits eine Grundlage des modernen Feminismus geworden. Kate Millet hatte in ihrem 1970 erschienenen Bestseller *Sexus und Herrschaft*, der Bibel des Feminismus, diese Aufsätze als wissenschaftlichen Beweis für die These angeführt, dass die Unterschiede zwischen Männern und Frauen keine biologische Notwendigkeit widerspiegeln, sondern vielmehr gesellschaftliche Erwartungen und Vorurteile. Der Zwillingsfall lieferte einen noch augenfälligeren und scheinbar unwiderlegbaren Beweis für diese These.

»Dieser eindrucksvolle Fall«, schrieb denn auch das *Time Magazine* am 8. Januar 1973, eine Woche nachdem Money ihn auf dem AAAS-Symposium in Washington vorgetragen hatte,

»stützt ganz wesentlich einen der Hauptinhalte der Emanzipationsbewegung: dass nämlich die herkömmlichen Muster männlichen und weiblichen Verhaltens verändert werden können. Er stellt außerdem die Theorie in Frage, dass die wichtigsten geschlechtlichen Unterschiede (psychologische ebenso wie anatomische) bei der Zeugung unveränderlich in den Genen festgelegt sind.«

Die *New York Times Book Review* pries Moneys Werk als das »wichtigste Buch der Sozialwissenschaften seit dem Kinsey-Report«. Die These des Buches vom Vorrang der Kultur über die Natur wird folgendermaßen zusammengefasst: »Wenn man einem Jungen sagt, er sei ein Mädchen, und wenn man ihn als ein Mädchen erzieht, dann wird er sich weiblich verhalten.«

Der Zwillingsfall wurde rasch in unzählige Lehrbücher – von den Sozialwissenschaften bis zur Kinderurologie und -endokrinologie – aufgenommen. »Die klare Botschaft lautet, dass soziale Faktoren wie die Geschlechtszuweisung und die Erziehung eines Kindes biologisch begründete Geschlechtsunterschiede in der Prädisposition des Verhaltens grundsätzlich außer Kraft setzen und aufheben können«, schrieb Alice G. Sargent 1977 in ihrer Frauenstudie *Beyond Sex Roles*. Auch Soziologen waren von dem Fall fasziniert und führten ihn als das bedeutendste Beispiel für die Macht der Gesellschaft an, den fundamentalen Baustein der menschlichen Identität zu formen. Typisch war etwa das erstmals 1977 erschienene Lehrbuch *Sociology*, in dem Ian Robertson behauptete, Moneys Arbeit zeige, »dass Kinder ohne weiteres als Angehörige des gegenteiligen Geschlechts erzogen werden können« und dass die wenigen angeborenen Geschlechtsunterschiede des Menschen »nicht klar umrissen sind und durch den Prozess des kulturellen Lernens außer Kraft gesetzt werden können«. In dem 1979 erschienenen Lehrbuch *Textbook of Sexual Medicine* von Robert Kolodny und den berühmten Sexualforschern Masters und Johnson wurde der Fall als zwingender Beleg für den Vorrang der Kultur über die Natur angeführt: »Die

Kindheitsentwicklung dieses (genetisch männlichen) Mädchens war ausgesprochen weiblich und unterscheidet sich stark vom Verhalten ihres eineiigen Zwillingsbruders. Dass ihre Entwicklung so normal verläuft, kann als wichtiger Hinweis darauf gesehen werden, dass die menschliche Geschlechtsidentität formbar ist und das soziale Lernen und die soziale Konditionierung auf diesen Prozess einen relativ großen Einfluss haben.«

Unterdessen tat Money das Seine, damit der Fall in Fachpublikationen und in der Presse gebührende Beachtung fand. In den Siebzigerjahren machte er den Fall zum Kernstück seiner öffentlichen Äußerungen. Er hielt selten einen Vortrag, in dem er nicht darauf zu sprechen kam. Bald schon verfeinerte er seine publikumswirksame Präsentation des Falls. In einem Vortrag, den er im März 1973 bei dem renommierten Nebraska Symposium an Motivation hielt, zeigte er ein Dia mit einer Großaufnahme von Bruce' Unterleib nach dem Verlust seines Penis und ein Foto der Zwillinge, die neben einem Toreingang stehen. Brian trägt auf diesem Foto ein kurzärmeliges Hemd und eine dunkle Hose, Brenda ein ärmelloses Kleidchen, Söckchen und weiße Schuhe. Money zeigte auch eine Aufnahme von Brenda allein, die Money selbst gemacht hatte. Das Kind sitzt etwas unbeholfen auf dem gemusterten Sofa in seinem Büro. Es trägt ein geblümtes Kleid und Turnschuhe, das nackte linke Knie ist abwehrend der Kamera entgegengehalten, mit der linken Hand verdeckt es absichtlich sein Gesicht. »Auf dem letzten Bild«, erklärte Money dazu seinen Zuhörern, »sehen Sie ein sehr überzeugendes Beispiel für weibliche Körpersprache.«

Bei seinem Vortrag in Nebraska machte Money auch die vielsagende Bemerkung, dass Brendas erfolgreiche Geschlechtsumwandlung den Vorwurf widerlege, »Money untersuche nur atypische Sonderfälle und keine normalen Fälle«. Für alle Eingeweihten war dies ein kaum verhüllter Seitenhieb auf Moneys Widersacher Milton Diamond.

In Wirklichkeit hatte Diamond nichts dagegen, dass Money

die Entstehung von Geschlechtsidentität anhand »atypischer Sonderfälle« untersuchte. Er stellte lediglich die theoretischen Schlussfolgerungen in Frage, die Money daraus zog. Nach dem Erscheinen seines provozierenden Aufsatzes im Jahr 1965 hatte Diamond an der Universität von Louisville in Kentucky eine Dozentur erhalten. Bei seinen Gesprächen mit intersexuellen Patienten, die er im Kinderkrankenhaus von Louisville behandelte, stellte Diamond fest, dass eine Geschlechtszuweisung von außen in der frühen Kindheit keinesfalls das Zaubermittel war, von dem Money in seinen Publikationen sprach.

Diamond hatte mit mehreren Patienten zu tun, die die Behauptung widerlegten, durch die Erziehung nach einem bestimmten Geschlechtsmuster akzeptiere das Kind stets diese Zuweisung. Ein weibliches Kind zum Beispiel, das im Mutterleib einer Überdosis Testosteron ausgesetzt war und von Geburt an als Mädchen erzogen wurde, sagte mit sechs Jahren zu seiner Mutter, es sei »ein Junge«. Ein genetisch männlich Geborener mit einem winzigen Penis, der als Mädchen aufwuchs, kam mit 17 aus freien Stücken ins Kinderkrankenhaus von Louisville und wollte eine Frau-zu-Mann-Geschlechtsumwandlung. »Sie« war bereit, zur Konstruktion eines künstlichen Penis mehr als 25 Operationen über sich ergehen zu lassen, so entschlossen war »sie«, mit dem Geschlecht ihrer Gene und Chromosomen zu leben. Auch durch Fälle, in denen ein intersexuelles Kind das seinen biologischen Vorgaben widersprechende Geschlecht allem Anschein nach akzeptierte, ließ sich Diamond keineswegs davon überzeugen, dass im Kern der Geschlechtsidentität tatsächlich eine Umwandlung stattfand. Solche Fälle »sollten weniger als unumstößliche Prägung durch Erziehung, sondern vielmehr als Beweis für die Flexibilität menschlichen Rollenverhaltens und menschlicher Anpassungsfähigkeit betrachtet werden«, empfahl er in seinem Buch *Perspectives in Reproduction and Sexual Behaviour*, das 1968 erschien.

In den Jahren danach stellte Diamond erfreut fest, dass seine

Ansichten jetzt auch vereinzelt von Wissenschaftlern, Forschern und Ärzten wahrgenommen wurden. In England veröffentlichten die Ärzte Dewhurst und Gordon, die zehn Jahre lang intersexuelle Patienten behandelt hatten, ein Buch mit dem Titel *The Intersexual Disorders*, in dem sie insbesondere Moneys Behauptung anzweifelten, die Erziehung eines Kindes als Junge beziehungsweise als Mädchen führe automatisch zu dessen Identifizierung mit diesem Geschlecht. Sie verwiesen nicht nur auf eine landesweite Umfrage unter englischen Ärzten, deren klinische Erfahrungen mit Intersexuellen Moneys Behauptung widerlegten, sondern auch auf Diamonds Arbeit mit Intersexuellen in Louisville. Ein Jahr später, 1970, schloss sich erstmals ein amerikanischer Kollege Diamond an und widersprach Moneys Theorie der psychosexuellen Differenzierung beim Menschen.

Dr. Bernard Zuger, Kinderpsychiater in Manhattan, bekam durch seine Arbeit mit jungen männlichen Homosexuellen und ihren Familien Zweifel an der herrschenden Sicht, die geschlechtliche Orientierung sei das Ergebnis von Erziehung und Umwelt. Bei der Untersuchung der Familiensituation seiner schwulen Patienten entdeckte er, dass in vielen Fällen das stereotype Muster einer dominanten Mutter und eines distanzierten, feindseligen Vaters zutraf. Als er aber Kinder in ihrem Familienzusammenhang beobachtete, gelangte er zu der Überzeugung, dass eine solche Konstellation nicht die *Ursache* für die Homosexualität des Kindes, sondern deren *Folge* war. Langzeituntersuchungen an 55 Kindern (die Zuger teilweise dreißig Jahre lang beobachtete) ergaben, dass praktisch in allen Fällen die Jungen sehr früh weibliches Spielzeug wählten und weibliche Interessen und weibliches Verhalten zeigten. Die Bemühungen des Vaters, das Kind für männliche Interessen zu begeistern, wurden zurückgewiesen, und der abgelehnte Vater zog sich emotional zurück. Die Mutter sprang ein und füllte die Lücke, und so entstand das beobachtete Muster eines distanzierten Vaters und einer beherrschenden Mutter. Zuger vermutete eine biologische

Grundlage für Homosexualität, die der allgemein anerkannten Sicht von der überragenden Bedeutung der Erziehung widersprach – eine Sicht, die sich, wie er später äußerte, vor allem aus den preisgekrönten Aufsätzen Moneys und der Hampsons über Hermaphroditismus aus den Fünfzigerjahren ableitete. Um zu verstehen, wie das Forscherteam am Johns-Hopkins-Krankenhaus zu seinen Erkenntnissen gelangt war, begann Zuger, sich mit diesen Aufsätzen genauer auseinander zu setzen.

Wie das kanadische Team mehr als zehn Jahre zuvor entdeckte Zuger gravierende Mängel in der Methodik, der Interpretation der klinischen Befunde und der statistischen Analyse der Johns-Hopkins-Forscher. Er bemerkte, dass bei der Beobachtung der Einzelfälle »Angaben beispielsweise über das Alter, den weiteren Verlauf und die Rolle der Substitutionstherapie bei der Aufrechterhaltung der Geschlechtsrolle fehlten«. Er verwies auch auf neue biologische Erkenntnisse der zurückliegenden 15 Jahre, die Zweifel an den Schlussfolgerungen des Johns-Hopkins-Teams aufkommen ließen. Im Unterschied zum kanadischen Team jedoch unterzog er die Daten des Johns-Hopkins-Teams einer neuerlichen Analyse – unter Anwendung geeigneter statistischer Methoden und im Licht der neuen biologischen Erkenntnisse. Er nahm peinlich genau jeden einzelnen Fall auseinander, den Money und die Hampsons angeführt hatten, und bewies, dass Kinder, die angeblich im Widerspruch zu ihrem maßgeblichen biologischen Geschlecht erzogen wurden, eine Geschlechtszuweisung akzeptiert hatten, die durchaus mit dem einen oder anderen jener Faktoren übereinstimmte, die die biologische Veranlagung eines Menschen als männlich oder weiblich konstituieren: den Chromosomen, den Keimdrüsen oder den Hormonen. Zusammenfassend stellte Zuger fest: Von den 65 Beispielen, die die Überlegenheit der Erziehung gegenüber der Veranlagung belegen sollten, hielten nur vier der Überprüfung stand – und selbst diese waren strittig. »Diese vier Fälle«, schrieb Zuger, »könnten mit der ›Flexibilität‹ erklärt werden, die Diamond der menschlichen Sexualität zuschreibt, oder auch mit besonderen biologischen Faktoren, die detailliertere Untersuchungen womöglich ans Licht brächten.«

Zur Veröffentlichung in der Zeitschrift *Psychosomatic Medicine* im Jahr 1970 vorgesehen, wurde ein Vorabdruck von Zugers Aufsatz von den Herausgebern an Money geschickt, der mit einer scharfen Replik konterte.

»Für den Sehenden ist es schwierig, dem Blinden etwas über Kunst beizubringen«, schickte Money voraus. Dann warf er Zuger vor, »absichtlich einseitige Stichproben« gemacht zu haben, und diskreditierte seine Arbeit als »streitsüchtig« und »auf Mutmaßungen beruhend«. Ohne auf Zugers Vorwurf der wissenschaftlichen, methodologischen und statistischen Mängel konkret einzugehen, drohte Money den Herausgebern: »Ich bin sicher, dass Sie nunmehr wissen, wie vehement ich Dr. Zugers Manuskript ablehne. Ich möchte nicht den einfachsten Weg wählen und Ihnen schlicht raten, den Aufsatz nicht zu veröffentlichen, weil ich weiß, wie leicht es heutzutage ist, damit hausieren zu gehen und ihn in einer anderen Zeitschrift unterzubringen. Vielmehr möchte ich Dr. Zuger bitten, sein Manuskript radikal und umfassend zu überarbeiten.« – Eine Überarbeitung, deren Konsequenz – Moneys unmissverständlicher Darlegung zufolge – darin bestand, dass er seine Schlussfolgerungen denen Moneys anglich.

Dass die Herausgeber seinen Ratschlag beherzigten, zeigt, wie groß Moneys Einfluss in der wissenschaftlichen Welt war. Sie baten Zuger, seinen Aufsatz entsprechend den von Money vorgeschlagenen Vorgaben zu überarbeiten. Zuger lehnte mit der Begründung ab, Money habe keinerlei »substanzielle« Kritik vorgebracht: »Dr. Moneys Vorstellung von einer umfassenden Überarbeitung, die im Übrigen den Rahmen des Aufsatzes sprengen würde, läuft im Grunde natürlich darauf hinaus, ihn abzuwürgen.« Mit Einverständnis beider Forscher wurden schließlich Zugers Aufsatz und Moneys Brief in der September/Oktober-Nummer der Zeitschrift im Jahr 1970 vollständig abgedruckt.

Jede umfassendere Debatte, die die Kritik der Kanadier im Jahr 1959, die Kritik Diamonds 1965 und 1968, die Publikationen des britischen Teams 1969 und Zugers 1970 mit ihrer geballten Wucht hätten auslösen können, gingen in dem Wirbel unter, der die Veröffentlichung von Moneys Hauptwerk *Männlich – weiblich. Die Entstehung der Geschlechtsunterschiede* und insbesondere dem außerordentlichen Kapitel über den Zwillingsfall begleitete.

Dr. Mel Grumbach, weltweit anerkannter Kinderendokrinologe an der Universität von Kalifornien, San Francisco, erklärt, Moneys Zwillingsfall habe der Theorie, der Mensch sei bei der Geburt psychosexuell formbar, breite Anerkennung verschafft, und in der Folge habe sich auch die operative Geschlechtsumwandlung als Behandlungsmethode bei Kindern mit uneindeutigen oder verstümmelten Genitalien durchgesetzt. Wurde diese Behandlung anfangs hauptsächlich am Johns-Hopkins-Krankenhaus durchgeführt, so fand sie jetzt rasch Verbreitung und wird heute in praktisch jedem größeren Land (möglicherweise mit Ausnahme von China) durchgeführt. Es gibt zwar keine Erhebung über die Zahl der bei Kindern durchgeführten Geschlechtsumwandlungen, doch nach vorsichtigen Schätzungen eines Arztes werden in jeder größeren amerikanischen Stadt alljährlich drei bis fünf Babys mit anomalen Genitalien einer Geschlechtsumwandlung unterzogen. Das ergibt allein für die Vereinigten Staaten eine Gesamtsumme von 100 Operationen dieser Art jährlich, weltweit könnten es 1000 pro Jahr sein.

»Die Ärzte wurden durch den Fall der Zwillinge maßgeblich beeinflusst«, erklärt Grumbach. »John stand bei einer Konferenz auf und sagte: ›Ich habe da diese beiden Zwillinge, einer von ihnen ist jetzt ein Mädchen, der andere ein Junge.‹ Und die Ärzte dachten: Donnerwetter, man hat diesen normalen Jungen genommen und aus ihm ein Mädchen gemacht. Das ist stark. Das ist wirklich stark. Was kann man dem noch entgegensetzen? Der

Fall wurde als Beleg dafür herangezogen, dass wirklich *alles* machbar ist. Man kann einen normalen neugeborenen Jungen mit XY-Chromosomen in ein Mädchen verwandeln, ohne dass es einen Unterschied macht.« Und Grumbach weiter: »John Money ist ein bedeutender Mann, und was er sagt, findet Verbreitung und ist für manche ein Evangelium.«

Aber nicht für alle. Mickey Diamond untersuchte weiter, wie das Nervensystem vor der Geburt strukturiert ist, und seine Studien haben ihn nur in seiner Überzeugung bestärkt, dass weder intersexuelle noch normale Kinder als psychosexuell neutrale Wesen zur Welt kommen. Deshalb beobachtete er mit Sorge die um sich greifende Praxis der kindlichen Geschlechtszuweisung. Mehr denn je war er jetzt überzeugt, dass es unmöglich war, das Geschlecht eines normalen Kindes umzuwandeln. »Aber ich hatte damals nichts in der Hand, um den Zwillingsfall zu widerlegen«, sagt Diamond, »nur ein theoretisches Argument.« Er schwor sich, den Fall genau zu verfolgen – ein Entschluss, der, wie er sagt, rein wissenschaftliche Beweggründe hatte. Aber auch wenn Diamond inzwischen ein persönliches Interesse an diesem Theoriestreit mit Money entwickelt hätte, wäre das durchaus verständlich gewesen. Denn Money zog in dem Kapitel seines Buches *Männlich – weiblich*, das auf seine Fallgeschichte der Zwillinge folgt, über Diamond und andere Kritiker her, weil sie seine klassischen Aufsätze anzweifelten. Seine eigene Position bekräftigend, bemerkte Money bissig: »Wir würden diesen Punkt nicht so ausführlich behandeln, wenn es nicht noch immer einige Autoren gäbe, die dies nicht richtig verstanden haben.« Die Schriften von Diamond und anderen, so Money weiter, »werden zu einem Instrument, mit dem das Leben von vielen (wir wissen nicht, von wie vielen) hermaphroditischen Kindern zerstört wird«.

Bis zum Erscheinen von *Männlich – weiblich* hatten Money und Diamond ihre Auseinandersetzung nur in Fachaufsätzen und Büchern geführt. Das sollte sich jetzt ändern.

Im September 1973, etwa neun Monate nach Erscheinen des Buches, leitete John Money das jährlich stattfindende Dritte Internationale Symposium über Geschlechtsidentität, das im Hotel »Libertas« in Dubrovnik stattfand. Hier hatten sich zahlreiche führende Forscher auf dem Gebiet der geschlechtlichen Entwicklung zusammengefunden, darunter auch Moneys Koautorin Dr. Anke Ehrhardt, die an der staatlichen Universität von New York in Buffalo als außerordentliche klinische Professorin arbeitete, Dr. Donald Laub, Professor an der Medizinischen Fakultät der Universität Stanford und plastischer Chirurg, der auf operative Geschlechtsumwandlung spezialisiert war, sowie der Psychiater Dr. Ira Pauly, der noch heute auf dem Gebiet der Transsexualität führend ist. Mickey Diamond, den man weder als Referent noch als Diskussionsteilnehmer eingeladen hatte, war trotzdem nach Jugoslawien gekommen. Am Abend des ersten Tags mit Vorträgen und einer programmatischen Rede von Dr. Money versammelten sich die Wissenschaftler zu einem Cocktailempfang. Das gesellige Beisammensein fand in einem großen Raum mit riesigen Fenstern statt, von denen aus man den Untergang der Sonne in der Adria beobachten konnte.

»Ich saß mit ein paar Leuten in einer Ecke des Raums«, erinnert sich Diamond, »und Money saß mit Anke Ehrhardt in einer anderen Ecke. Und plötzlich stand er auf und brüllte, so laut er konnte: ›Mickey Diamond, ich hasse dich wie die Pest!‹«

Daraufhin kam es zum Schlagabtausch.

»Sie debattierten über den Zwillingsfall«, berichtet Vern Bullough, seinerzeit Professor an der State University of New York in Buffalo und mit beiden befreundet. »Mickey hielt John vor, die Daten seien nicht vollständig, und daher sei es zu früh, definitive Schlussfolgerungen über das Kind zu ziehen. Da holte John aus und versetzte ihm einen Schlag. Er schlug ihn. Aber Mickey schlug nicht zurück. Er wiederholte nur: ›Die Daten sind nicht vollständig.‹ John brüllte ihn an: ›Wir als Sexualforscher müssen zusammenhalten und uns nicht gegenseitig in Frage stellen!‹«

(Diamond sagt, er erinnere sich an keine körperliche Auseinandersetzung bei dieser Begegnung.)

Die Kombattanten wurden getrennt, aber der Vorfall, so Bullough, legte sich wie eine Dunstglocke über die Party. Money ließ sich allerdings nicht davon abhalten, den Zwillingsfall auch weiterhin in Vorträge, Aufsätzen und in der Presse publik zu machen. Im Juni des darauf folgenden Jahres widmete die Zeitung *News American* in Baltimore Money ein ausführliches Porträt, in dem der Zwillingsfall als dessen eindrucksvollste Leistung im Bereich der Sexual- und Geschlechterrollenforschung gepriesen wurde. »Es gibt keinen Zweifel daran, wer der Junge und wer das Mädchen ist«, sagte Money in dem Interview. »Das ist sonnenklar.«

»Solche Erkenntnisse«, heißt es in der Zeitung weiter, »könnten die zukünftige Einstellung gegenüber Geschlechtersrollen tief greifend beeinflussen und sich als so bedeutend erweisen wie seinerzeit Darwins Evolutionstheorie.«

5

Im Jahr 1967, zurzeit von Brendas Kastration, hatte Money mit den Reimers vereinbart, dass das Kind einmal im Jahr zur Nachbehandlung kommen müsse. Diese Untersuchungen, die manchmal achtzehn Monate auseinander lagen, sollten »vor den psychologischen Gefahren« schützen, denen ein geschlechtsumgewandeltes Kind in seiner Entwicklung ausgesetzt sei, wie Money in einem Brief an den Anwalt der Reimers schrieb. Wie die Reimers und die damaligen Therapieaufzeichnungen bestätigen, verstärkten die Reisen der Familie in die Psychohormonal Research Unit nur die Verwirrung und die Angst, von der Brenda gepeinigt wurde. Wie Moneys Privatunterlagen zu dem Fall zeigen, reagierte Brenda mit panischer Angst auf ihre erste Nachbehandlung im Johns-Hopkins-Krankenhaus im Alter von vier

Jahren. »Wie sie sich gegen eine Untersuchung wehrte, wirkte fast schon wie Wahnsinn«, schrieb Money in seinen Aufzeichnungen, »sie schlug um sich, verteilte Fußtritte und was sonst noch alles.«

»Man bekommt das Gefühl, da ist etwas mit einem geschehen«, sagt David, als er die Angst beschreibt, die er bei diesen mysteriösen jährlichen Besuchen in der Psychohormonal Research Unit empfand, »aber man weiß nicht, was – und man will es auch nicht wissen.« Brian, der gleichfalls an Sitzungen mit Dr. Money teilnehmen musste, empfand die Besuche ebenfalls als verstörend und beunruhigend. »Ich konnte beim besten Willen nicht verstehen, warum von allen Kindern meiner Klasse ausgerechnet ich und meine Schwester nach Baltimore fahren und mit diesem Dr. Money sprechen mussten. Ich hatte das Gefühl, wir sind Aliens.« Die Zwillinge waren schon bald überzeugt, dass alle, angefangen mit ihren Eltern bis zu Dr. Money und seinen Kollegen, etwas vor ihnen geheim hielten. »Irgend etwas stimmte nicht«, sagt Brian. »Das wussten wir schon sehr früh. Aber wir bekamen es nicht heraus. Wir hatten keine Ahnung.«

Das Einzige, was sie wussten, war, dass Dr. Money und seine Mitarbeiter an allem, was sie betraf, außerordentlich interessiert waren. Manche der Fragen, die sie ihnen stellten, waren relativ harmlos: »Was isst du am liebsten?«

»Wen magst du mehr, Mom oder Dad?« Andere weniger. Dr. Money fragte die Kinder wiederholt nach den Unterschieden zwischen den Geschlechtsteilen von Jungen und Mädchen und was sie davon wüssten, wie Babys gemacht werden. Brenda hatte auch Sitzungen mit Dr. Money unter vier Augen, in denen sie die immer gleichen detaillierten Fragen nach dem Spielzeug beantworten sollte, mit dem sie spielte, ob sie mit Jungen raufte, ob sie gern mit Mädchen spielte. David berichtet, Dr. Money und seine Mitarbeiter hätten Brendas Bedenken über ihr jungenhaftes Verhalten und ihre jungenhaften Gefühle abgetan. »Sie sagten mir zum Beispiel: ›Du brauchst dich nicht dafür zu schämen, dass du ein Mädchen bist‹«, erzählt David. »Sie sagten: ›Mädchen können genau dasselbe machen wie Jungs.‹ Eine Mitarbeiterin von Dr. Money meinte: ›Du bist ein typischer Wildfang; bei mir war das auch so. Du bist nur ein Wildfang.‹ Aber ich sagte mir, nein, das trifft es nicht. Ich glaube nicht, das es das genau trifft.«

Die Akten von Moneys Psychohormonal Research Unit bestätigen Davids Behauptung, dass Money und seine Kollegen nicht bereit oder in der Lage waren, zu verstehen, was Brenda ihnen über ihre sexuelle Verwirrung mitteilen wollte. Bei ihren frühesten Besuchen in der Klinik konnte Brenda ihr Gefühl, kein Mädchen zu sein, zwar nicht bewusst artikulieren, aber wie aus Moneys Unterlagen hervorgeht, kamen diese Gefühle in ihren Gesprächen und in den psychologischen Tests, die Money und seine Studenten mit ihr durchführten, klar zum Ausdruck.

Bei einem Besuch in der Psychohormonal Research Unit am 19. Juni 1972 im Alter von sechs Jahren musste Brenda bei einem Test eine Person zeichnen – es war ein Standardtest, bei dem Kinder eine Person ihres eigenen Geschlechts zeichnen und damit ihre eigene Geschlechtsidentität zum Ausdruck bringen. Aber Brenda zeichnete kein Mädchen, sondern die typisch kindliche Darstellung eines Jungen. Der Student R. Clopper, der den Test durchführte, bezeichnete es als »Strichmännchen«. Auf die Frage, wer das sei, antwortete Brenda: »Das bin ich.« Als sie gebeten wurde, eine Figur gegensätzlichen Geschlechts als sie selbst zu zeichnen, weigerte sie sich. Erst nach (wie es in den Akten heißt) »beträchtlichen Überredungskünsten« zeichnete sie ein weiteres Strichmännchen, das sie »Brenda mit Pferdeschwanz« nannte. Dann korrigierte sie sich und sagte, es sei Brian, dann wieder sagte sie, es sei Brenda. Gefragt, was die Figur »gegenteiligen Geschlechts« denn anhätte, erwiderte Brenda: »Ein Kleid.«

David erzählt, er habe schnell gelernt, das zu sagen, was Money und seine Mitarbeiter hören wollten. In Moneys Aufzeichnungen lieferte Brenda in der Tat ab und zu nüchterne Eingeständnisse ihrer Vorliebe für »Nähen, Putzen, Staubwischen und Geschirrspülen«. Wie aus Moneys Aufzeichnungen aber gleichfalls hervorgeht, schlüpfte Brenda häufig in die Pose der heiteren und pflichtbewussten Weiblichkeit. Einmal während des Besuchs im Juni 1972 sondierte sie die korrekte Antwort und bog ihre eigene Antwort dann geschickt um, um den Erwartungen ihres Gegenübers gerecht zu werden.

Das Gespräch begann damit, dass Money Brenda fragte, ob sie zurückschlage oder weglaufe, wenn Jungen versuchten, sie zu schlagen. Zuerst platzte Brenda heraus: »Ich schlage zurück«, doch dann korrigierte sie sich sofort: »Nein, ich laufe weg.« Money, der natürlich ihren Versuch durchschaut hatte, ihm nach dem Mund zu reden, stellte die Frage erneut. Jetzt aber war Brenda unerschütterlich. Sie bestand darauf, dass sie sich nicht mit Jungen prügle – »ich bin ja ein Mädchen«.

»Du bist ein Mädchen?«, fragte der Psychologe.

»Und kein Junge«, fühlte sich Brenda genötigt zu sagen. Dann aber, unsicher, ob sie die richtige Antwort gegeben hatte, fragte sie: »Mädchen prügeln sich doch nicht, oder?«

Minuten später, als Money die Frage aus einem anderen Blickwinkel neu stellte (ob sie ihre Fäuste benutze, wenn sie sich prügle), widersprach Brenda ihren vorherigen Beteuerungen mit dem Bekenntnis, dass sie fest zuschlage, »mit der *Faust*«.

Moneys Aufzeichnungen aus dem folgenden Jahr (Brenda war inzwischen sieben) zeigen, dass sie den kindlich-dummen Fehler, sich selbst zu widersprechen, inzwischen sehr viel seltener beging. Als Money seinen »Fragenkatalog« abspulte, kamen ihre Antworten wie aus der Pistole geschossen:

»Spielst du manchmal gern Familie?«, fragte Money.

»Ja.«

»Wer spielt die Mutter?«

»Ich.«

»Und wer spielt den Vater?«

»Mein Bruder.«

»Und wer ist das Baby?«

»Meine Puppe.«

»Wie spielst du mit den Puppen?«

»Ich füttere sie, äh, und gebe ihnen Milch. Das ist alles.«

Bei eben jenem Besuch jedoch kam Brendas unbewusste Überzeugung zum Vorschein, ein Junge zu sein. Denn nach dem oben zitierten Gespräch bat Money Brenda, einen »guten Traum« zu erzählen. Sie erzählte von einem Kind auf einem Bauernhof mit einem Pferd. Bevor Brenda sagte, ob das Kind ein Junge oder ein Mädchen war, »stockt[e] sie« (wie Money sich notierte) »und sucht[e] nach dem passenden Wort«. Dann sagte sie, das Kind sei ein Junge.

»Er war hübsch«, fuhr Brenda fort, »und er wollte essen und trinken. Er wollte ins Bett gehen und schlafen. Das ist alles.«

Brians Anwesenheit bei solchen Gesprächen minderte kaum den Eindruck, dass Brenda ein eigensinniger kleiner Raufbold war. Moneys Aufzeichnungen der Gespräche, die er mit beiden Zwillingen gemeinsam führte, bestätigen nur das, was mir Familienangehörige, Lehrer, Mitarbeiter der Erziehungsberatungsstelle und andere in Winnipeg beschrieben haben: dass Brenda weit mehr als ihr Bruder den herkömmlichen Vorstellungen eines Jungen entsprach. Als Money die sechsjährigen Zwillinge darüber befragte, wie man mit Puppen spielt, ergriff Brian als erster das Wort und erzählte aufgeregt, wie man sie im Arm hält, füttert und pflegt. Erst als Brenda zu einer Antwort gedrängt wurde, plapperte sie nach, was ihr Bruder gesagt hatte.

Bei diesem Gespräch stellte Money eine Frage, die er an die Zwillinge im Laufe der Jahre immer wieder richtete: Wer war »der Boss«? Brian behauptete zunächst, er bestimme, was gemacht wird, aber daran hatte Money offenbar seine Zweifel. (Zwei Jahre früher hatte er bereits notiert, dass Brian seine Schwester »häufig nachahmt«.) Jetzt stellte er Brian erneut die Frage, ob wirklich er der Boss sei. Brian war sich jetzt nicht mehr so sicher.

»Ich weiß nicht«, gab er zu.

Brenda fiel über ihn her. »*Bist* du der Boss?«, forderte sie ihn heraus. »*Willst* du der Boss sein? Ich glaube nicht. Okay, *ich* werde der Boss sein.«

Im selben Gespräch fragte Money die Zwillinge, ob sie andere Kinder verprügelten. Brian bejahte, fügte aber hinzu, er schlage nur Mädchen, besonders ein kleines Mädchen mit orangenen Haaren, das an ihm herumnörgelte.

»Prügelst du dich auch mit anderen Jungen?«, fragte Money.

»Nein«, sagte Brian. »Ich prügle mich nur mit Mädchen.« Dann sagte Brenda, dass sie Brian gegen seine Widersacherinnen verteidige und ihnen drohe: »Wehe, ihr schlagt meinen Bruder!«

Ein Jahr später äußerte sich Brenda noch unmissverständlicher über ihre Rolle als Brians Beschützerin. In einem Interview mit Money schilderte sie noch einmal, wie sie Brian gegen Raufbolde verteidigte. Gleichzeitig gab sie zu, dass sie selbst Brian manchmal schikanierte.

»Du prügelst dich manchmal mit Brian?«, fragte Money.

»Ja«, antwortete Brenda.

»Kämpft ihr mit den Händen, Fäusten oder Füßen – oder wie sonst?«

»Mit Fäusten und Füßen und Händen.«

»Kannst du Brian zusammenschlagen oder schlägt er dich?«

»Ich könnte ihn zusammenschlagen.«

»Und wer gewinnt?«

»Ich.«

Bei diesem Besuch verglich Money die Technik der Zwillinge beim Ballwerfen. Brian hatte dem Psychologen anvertraut, Brenda werfe »wie ein Mädchen«. Um diese aufregende Behauptung zu überprüfen, gab Money Brenda einen Ball aus Modelliermasse und forderte sie auf zu werfen. »Sie warf den Ball mit der linken Hand ziemlich geradeaus (beide Kinder sind Linkshänder)«, diktierte Money für seine privaten Aufzeichnungen. »Es war ein typischer Oberhandwurf.«

David sagt, mit sieben sei er noch zu jung gewesen, um sein Gefühl zum Ausdruck bringen zu können, dass er seinem Bruder in allem gleiche, außer in der Anatomie seiner Genitalien. Dennoch bemühte sich Brenda deutlich, Money dieses Gefühl in einem Gespräch über die Intimteile von Jungen und Mädchen zu übermitteln. Mit diesem Thema hatte Money die Zwillinge seit ihren ersten Besuchen in der Klinik immer wieder konfrontiert und in große Verlegenheit gebracht. Diesmal wich Brenda aus und wand sich mehrere Minuten lang. Es war ihr zu peinlich und beschämend, die Wörter *Penis* und *Vagina* auszusprechen. Stattdessen flüchtete sie sich in eine Hinhaltetaktik, die sie im Laufe der Jahre in ihrem verbalen Schlagabtausch mit Money perfektioniert hatte. Auf seine Frage, wie man Jungen von Mädchen unterscheiden könne, antwortete sie zunächst, ein Junge habe kurzes, ein Mädchen langes Haar. Money stellte die Frage erneut. Brenda sagte, Jungen trügen Hosen, Mädchen Kleider. Das ging so mehrere Minuten lang, bis Money, sichtlich ungeduldig, sagte: »Gut, ich will dir helfen. Sieh mal nach unten, zwischen deine Beine. Wie sieht dort unten ein Junge aus und wie ein Mädchen? Was ist der Unterschied?«

»Du meinst, es ist flach?«, sagte Brenda.

»Ein Junge hat einen Penis, mit dem er pinkelt«, sagte Money. »Wie ein kleines Würstchen, hm? Und was hat ein Mädchen?«

»Ich weiß nicht.«

»Na ja, bei Mädchen ist es flach«, sagte Money. »Bei einem Jungen ist es nicht flach. Das ist der Unterschied.« Und noch einmal: »Sie sind unterschiedlich. Jetzt wissen wir es, nicht wahr?«

In Moneys privaten Aufzeichnungen heißt es an dieser Stelle weiter: »Plötzlich fügte sie hinzu: ›Aber wir sind doch Zwillinge. Wir sind Zwillinge.‹«

Money über die Vehemenz dieses seltenen Ausbruchs bei einem ansonsten meist wortkargen Mädchen offensichtlich verblüfft, fragte: »Was meinst du damit, wenn du sagst, ihr seid Zwillinge?«

Hilflos zählte Brenda mehrere körperliche Merkmale auf, die sie mit ihrem Bruder gemeinsam hatte: die Linkshändigkeit, die Stimme, die Augen. Zu verschämt, um direkt von ihren Genitalien zu sprechen, überließ sie es Money, das Rätsel zu lösen, wie zwei einander so vollständig ähnliche Kinder sich in ihren anatomischen Geschlechtsmerkmalen unterscheiden können. Aber Money konnte oder wollte nicht auf das eingehen, was Brenda meinte, und kehrte stattdessen zu seinem standardisierten Katalog vorformulierter Fragen über Spielzeug, Freunde, die Schule und das Verprügeln zurück, die er den Zwillingen bei jedem Besuch stellte.

Als die Zwillinge älter wurden, stellte Money unverblümtere Fragen. »Dr. Money fragte: ›Träumst du von Sex mit Frauen?‹«, sagt Brian. »›Bekommst du manchmal eine Erektion?‹ Und dasselbe fragte er Brenda: ›Denkst du an dies? Denkst du an das?‹«

Im Bemühen, die geschlechtliche Psyche der Zwillinge zu ergründen, versuchte Money, Brendas und Brians Ichgefühl als Mädchen beziehungsweise Junge zu programmieren. Eine seiner Theorien darüber, wie Kinder ihre jeweiligen Geschlechtsschemata (*gender schemas*; ein von Money geprägter Begriff) ausbilden, lautete, sie müssten schon in einem sehr frühen Alter lernen, zwischen männlichen und weiblichen Geschlechtsorganen zu unterscheiden. Pornografie, so glaubte er, sei für diesen Zweck geradezu ideal. »Offene sexuelle Abbildungen«, heißt es in seinem Buch *Sexual Signatures*, »könnten und sollten Bestandteil der kindlichen Sexualerziehung sein. Solche Bilder verstärken seine oder ihre Geschlechtsidentität beziehungsweise -rolle.«

»Er zeigte uns Fotos von unbekleideten Kindern – von Jungen und Mädchen«, sagt Brian. David erinnert sich, dass er ihnen auch Abbildungen von Erwachsenen beim Geschlechtsverkehr zeigte. »Er sagte: ›Ich möchte euch Bilder von dem zeigen, was Mama und Papa machen.‹«

Nach Aussage der Zwillinge hatte Money zwei Gesichter: »Eines, das er hervorkehrte, wenn Mom und Dad dabei waren«, sagt Brian, »und eines, das er aufsetzte, wenn sie nicht dabei waren.« In Anwesenheit der Eltern war Money onkelhaft und freundlich. Wenn er mit den Kindern allein war, konnte er ärgerlich werden oder sogar richtig böse, vor allem, wenn sie sich widersetzten. Besonders sträubten sie sich, wie sie berichten, wenn Money sie aufforderte, sich auszuziehen und gegenseitig ihre Genitalien zu untersuchen. David erinnert sich an eine Situation, als er versuchte, sich dem Psychologen zu widersetzen. »Er sagte, ich soll mich ausziehen«, sagt David, »und das tat ich nicht. Ich stand da und rührte mich nicht. Da schrie er: ›Aber sofort!‹ Noch lauter als ich jetzt. Ich dachte, jetzt verhaut er mich gleich. Also zog ich mich aus und stand da und zitterte.« Bei einem anderen Gespräch erinnert sich Brian unabhängig davon an denselben Vorfall: »›Zieh dich aus, aber sofort!‹«, schreit Brian.

Auch wenn die Kinder das nicht wissen konnten: Dr. Moneys Aufforderung, gegenseitig ihre Genitalien zu untersuchen, war ein zentrales Element seiner Theorie zur Entwicklung eines kindlichen Selbstgefühls als Junge oder Mädchen und damit entscheidend für den erfolgreichen Verlauf von Brendas Geschlechtszuweisung. Denn Money betonte in seinen Publikationen aus jener Zeit: »Das stärkste Fundament für Geschlechtsschemata sind die Unterschiede zwischen männlichen und weiblichen Genitalien sowie zwischen männlichem und weiblichem Fortpflanzungsverhalten – eine Grundlegung, die in unserer Kultur mit aller Macht von Kindern fern gehalten wird. Alle jungen Primaten erforschen ihre eigenen Genitalien und die anderer, masturbieren, ahmen spielerisch die Stoßbewegungen beim Geschlechtsverkehr nach und spielen Kopulation – das gilt für menschliche Kinder ebenso wie für halbtierische Primaten. Das Einzige, was an diesen Aktivitäten falsch ist, ist keinen Spaß dabei zu haben.«

Aber die Kinder hatten keinen Spaß an diesen erzwungenen Aktivitäten, insbesondere nicht an solchen, bei denen sie »spielerisch die Stoßbewegungen beim Geschlechtsverkehr nachahmen und Kopulation spielen« sollten. Brian erinnert sich, dass Money damit anfing, als die Zwillinge sechs waren. Money, sagt er, ließ Brenda auf dem Sofa in seinem Büro auf alle vieren knien, und Brian musste sich auf Knien von hinten an sie heranmachen und seinen Penis gegen ihren Hintern drücken. Eine andere Variante war, dass Brenda mit gespreizten Beinen auf dem Rücken liegen und Brian sich auf sie legen musste. Mindestens einmal, sagt Brian, habe Money ein Polaroidfoto gemacht, während sie diese Therapieübung absolvierten.

Von allen Therapiemaßnahmen hinterließen diese Übungen bei beiden Zwillingen den tiefsten Eindruck. Noch heute möchte David darüber lieber nicht sprechen. »An manches möchte ich mich nicht erinnern«, sagt er. Im Jahr 1989 beschrieb er die Sitzungen Jane Fontane, seiner späteren Ehefrau. Beide hatten sich soeben eine Fernsehdokumentation über die CIA und ihre Foltermethoden angesehen, zu denen Elektroschocks an den Genitalien gehörten. »Er fing an, hysterisch zu weinen«, erzählte mir Jane. »Er weinte wegen John Money. So hatte ich ihn noch nie erlebt. Ich versuchte, ihn zu beruhigen. David sagte, Dr. Money habe ihn auf allen vieren knien und Brian sich von hinten an ihn heranmachen lassen. Dabei hat sie Money fotografiert. Er erwähnte genau diese Szene.«

Von dieser koitalen Mimikry kann Brian nur mit größter emotionaler Aufwühlung sprechen: »Es ist sehr schwierig… ich verstehe bis zum heutigen Tag nicht, warum wir das tun mussten.«

Brians Verwirrung hätte sich vielleicht gelegt, wenn er sich je mit der Theorie kindlicher Sexualspiele beschäftigt hätte. Mit solchen Sexualspielen hatte sich John Money über einen Zeitraum von 25 Jahren hinweg in Büchern, Aufsätzen, Vorträgen und Zeitungsinterviews immer wieder beschäftigt und behauptet, sie seien von grundlegender Bedeutung für die Entwicklung einer gesunden Geschlechtsidentität.

Moneys Faszination von der koitalen Mimikry bei Kindern

rührt von einer Reise, die er Ende 1969 zusammen mit drei Professoren der Universität von New South Wales zur Nordküste Australiens unternahm. Dort hielt er sich zwei Wochen lang in einem Dorf küstenbewohnender Aborigines, bei den Yolngu, auf – einem Stamm, den Money später als durchgehend heterosexuell und absolut frei von psychosexueller Geschlechtsverwirrung und anderen Störungen beschrieb. Beim Besuch einer Grundschule des Stamms hörte er von einem achtjährigen Kind, »dass am Abend zuvor zwei sechsjährige Verwandte am Lagerfeuer öffentlich *nigi-nigi* gemacht hatten«. Seinem kindlichen Auskunftgeber zufolge bedeutete dieses Wort so viel wie »Geschlechtsverkehr«. Dieser Vorfall, gekoppelt mit Moneys Überzeugung, dass es in dem Stamm keine Fälle von Verwirrung über die Geschlechtszugehörigkeit gebe, bildete den Grundstein zu seiner Theorie, dass kindliche »Sexualspiele« für die Entwicklung einer gesunden Geschlechtsidentität im Erwachsenenalter von entscheidender Bedeutung seien. Diese Theorie formulierte er erstmals in einem Aufsatz über die Yolngu, der im Jahr 1970 im *British Journal of Medical Psychology* erschien.

»Die Aufgeschlossenheit der Yolngu gegenüber Nacktheit und kindlichen Sexualspielen ermöglicht es diesen Kindern, mit einer offenen Einstellung gegenüber Geschlechtsunterschieden, der richtigen Bedeutung und Funktionsweise der Geschlechtsorgane sowie ihrer eigenen Rolle bei der Fortpflanzung und einem männlichen beziehungsweise weiblichen Identitätsgefühl aufzuwachsen«, schrieb er. Umgekehrt, so seine These, seien die Restriktionen der westlichen Gesellschaft gegenüber solchen kindlichen Sexualspielen in höchstem Maß schädlich und bildeten die Ursache für bestimmte Phänomene wie Homosexualität, Pädophilie und Lustmord.

Zu Moneys Kollegen, die ihn bei dieser Reise begleiteten, gehörte Professor J. E. Cawte, der die Yolngu seit fast 30 Jahren erforscht. Er sagt, er habe bei den Kindern des Stammes niemals Sexualspiele beobachtet, und er kenne auch keinen Forscher, der je so etwas gesehen hätte. Professor Cawte ist auch erstaunt über die Behauptung, dass die erwachsenen Yolngu keine sexuellen Probleme kennen. Als Psychiater, der seit Jahrzehnten mit dem Stamm zu tun hat und dessen Nöte kennt, sagt Cawte, er habe viele Erwachsene der Yolngu wegen »Sexualneurosen« und anderen Funktionsstörungen behandelt.

Auf die angeblich bei den Yolngu üblichen kindlichen Sexualspiele und das angebliche Fehlen jeglicher psychosexueller Verwirrung verwies Money jedoch in den folgenden 30 Jahren in fast allen seinen Publikationen. In *Männlich – weiblich* widmete Money kindlichen Koitus- und anderen Sexualspielen sogar einen eigenen Abschnitt, und im Jahr 1975 veröffentlichte er in der Zeitschrift *The Sciences* einen Artikel über diese Theorie. Als er Mitte der Siebzigerjahre sein Buch *Sexual Signatures* verfasste (zur gleichen Zeit behandelte er die Reimer-Zwillinge), trat er mit geradezu missionarischem Eifer für kindliche Sexualspiele ein und ließ sich oft zu schrillen rhetorischen Höhenflügen hinreißen. »Was geschieht denn in unserer Kultur?«, schrieb er. »Die kindliche Erforschung der Sexualität wird behandelt wie eine ansteckende Krankheit … Kinder dürfen um Himmels willen nicht die unleugbaren Unterschiede bei ihren Genitalien sehen und um keinen Preis die Kopulation imitieren – eine universelle Aktivität des Menschen, die es immer noch zwingend erforderlich macht, dass die beiden Geschlechter in unterschiedlicher und dennoch harmonischer Weise zusammenwirken!«

In einem Interview mit der Pornozeitschrift *Genesis* im April 1977 macht Money aus seiner Enttäuschung über das Verbot kindlicher Sexualspiele und das dem Psychologen abgesprochene Recht, dies zu beobachten, keinen Hehl. »Die Zahl der Untersuchungen, die sich damit beschäftigen, welche Auswirkungen das Verbot von Sexualspielen von Kindern und Jugendlichen hat, ist gleich null«, sagte er, »denn jeder, der eine solche Untersuchung durchführen will, läuft Gefahr, wegen Anstiftung Minderjähriger zur Unzucht oder wegen Obszönität eingesperrt zu werden. Stellen Sie sich nur die Schlagzeilen und das Schicksal eines Bewerbers vor, der sich um Fördergelder zur Beobachtung von Kindern beim Fickenspielen bemüht!« Ähnlich äußerte er sich in einem Vortrag im Jahr 1984, als er beklagte, dass es ein »Verbrechen« sei, wenn ein Sexualforscher »Kinder beim normalen, gesunden Sexspiel fotografiert«. Auch in *Psychology Today* kam er darauf zurück. Er zeigte der Interviewerin Constance Holden ein Buch mit Fotos von Kindern beim Sexspiel und bemerkte: »Sie haben sich jetzt strafbar gemacht, weil Sie sich diese Fotos von Kindern angesehen haben.«

Bei einem Auftritt in der Oprah-Winfrey-Show schweifte er überraschend vom eigentlichen Thema Intersexualität ab und warb für seine Lieblingstheorie. »Anfang der Siebzigerjahre habe ich unter den Aborigines an der Nordküste Australiens gearbeitet«, berichtete er dem Publikum. »Was mich interessierte, war die Tatsache, dass sie sich keinerlei sexuelle Tabus auferlegen und Kinder nicht dafür bestraften, dass sie normale Sexualspiele machen … und ich war äußerst überrascht zu sehen, dass keiner von ihnen bisexuell oder schwul war.« Oprah Winfrey, die über diesen Aspekt von Moneys Forschungen offensichtlich nicht informiert worden war, versuchte die Bemerkung abzubiegen: »Ich habe beinahe Angst zu fragen, was das alles bedeutet, Dr. Money«, warf sie ein. Er jedoch ließ sich nicht beirren und fing an, das kindliche Sexspiel ausführlich zu beschreiben, das er, wie er jetzt behauptete, bei den Yolngu mit eigenen Augen gesehen hatte. Ein Jahr später warb er immer noch für seine Theorie – diesmal in einer Show des kanadischen Fernsehens mit dem Titel *The Originals*, wo er über die Prüderie einer Gesellschaft spottete, die solche kindlichen Erkundungen verbietet. »Mir ist ganz klar geworden«, sagte er, »dass die spielerische Erprobung der Sexualität absolut in der Absicht der Natur liegt, um es Kindern zu ermöglichen, sexuell normal aufzuwachsen.«

Aber da Brian und Brenda Reimer noch nie von seiner Theorie der spielerischen Erprobung der Sexualität gehört hatten, konnten sie nur gehorsam die ritualisierten Posen vollführen – völlig im Unklaren über deren Sinn und Zweck und ohne sich der eminenten Bedeutung bewusst zu sein, die diese Übung in den Augen ihres Therapeuten für die erfolgreiche Beendigung seines berühmtesten Experiments kindlicher Geschlechtsumwandlung besaß.

Es mag nicht überraschen, dass Brenda im Alter von sieben Jahren anfing, sich der Reise nach Baltimore zu widersetzen. Money empfahl Ron und Janet, ihr die bittere Pille des alljährlichen Besuchs im Johns-Hopkins-Krankenhaus durch einen Familienurlaub zu versüßen. »Bald«, sagt Janet, »versprachen wir ihr einen Ausflug nach Disneyland und nach New York, nur um sie umzustimmen.«

Zur selben Zeit konzentrierte sich Money bei seinen Sitzungen mit Brenda zunehmend auf das Thema der Vaginaloperation. Die Kastration im Alter von 22 Monaten war nur die erste Phase des Verweiblichungsprozesses gewesen. Dr. Jones hatte sich entschlossen zu warten, bis Brendas Körper reifer war, um die beiden verbleibenden Operationen durchzuführen: die Absenkung der Harnröhre in die weibliche Position und die Schaffung eines vollständigen Vaginalkanals. Dr. Money hielt es für dringend geboten, Brenda auf diese Operationen vorzubereiten. Weil das äußere Erscheinungsbild der Geschlechtsteile für seine Theorie des »Erlernens« einer Geschlechtsidentität entscheidend war, glaubte er, dass Brendas psychologische Geschlechtsumwandlung erst dann vollständig sei, wenn ihre physische Geschlechtsumwandlung abgeschlossen war.

Es gab nur ein Problem. Brenda war entschlossen, keine Operation durchführen zu lassen – weder zum damaligen Zeitpunkt noch in Zukunft. Wie aus Moneys privaten Behandlungsnotizen hervorgeht, brachte er erstmals bei ihrem Besuch am 24. April 1973 das Gespräch auf diese anstehende Vaginaloperation. Er streifte das Thema mit trügerischer Beiläufigkeit.

»Da fällt mir noch etwas ein, über das ich gern mit dir sprechen wollte«, sagte er, nachdem er ihr lang und breit die üblichen Fragen gestellt hatte: Prügelei, die Unterschiede zwischen Jungen und Mädchen. »Du weißt ja inzwischen, wie du dort unten zwischen den Beinen gemacht bist, dass du nicht ganz so bist wie andere Mädchen, hm?«

»Ja«, sagte Brenda. Damit untertrieb sie gewaltig. Ihre Vagina mit der kleinen stummelförmigen Ausstülpung unter der Haut und den sichtbaren Narben verursachte ihr solche Verwirrung und Angst, dass sie es nicht über sich brachte, diese Stelle zwischen ihren Beinen zu betrachten oder zu berühren.

»Dazu habe ich dir etwas zu sagen«, sagte Money »Hier im Krankenhaus können wir das für dich in Ordnung bringen, damit es so aussieht, wie es soll.«

»Hm?«, sagte Brenda.

Money erklärte ihr, dass die Ärzte sie so operieren würden, dass sie richtig urinieren konnte (Money vertrat die Theorie, dass Brendas immer noch unorthodoxes Verhalten auf der Toilette einzig und allein in der unvollständigen Vaginaloperation begründet lag). »In welchem Alter wirst du so weit sein, um das [die Operation] machen zu lassen?«, fragte Money.

Brenda flüchtete sich in die Antwort, die sie auf Moneys bohrende Fragen schon so oft gegeben hatte. »Ich weiß nicht.«

Money wollte ihr zu verstehen geben, dass Brenda bei ihrem nächsten Besuch in einem Jahr, wenn sie acht war, so weit sein würde. Brenda schwieg. Money fuhr fort, von dem »Doktor im weißen Kittel« zu erzählen, der »das da unten in Ordnung bringen« könnte. Endlich fand Brenda ihre Stimme wieder.

»Ich will das nicht machen lassen«, sagte sie.

Von dieser Haltung rückte Brenda nie mehr ab.

Heute erklärt David seine Weigerung, die Vaginaloperation vornehmen zu lassen, nicht allein mit seiner tief sitzenden Angst vor Krankenhäusern, Ärzten und Spritzen. Es hatte damit zu tun, dass er sich zu dieser Zeit über so manches klar wurde und dass er allmählich zu der Gewissheit gelangte, dass er kein Mädchen war und nie sein würde, was auch immer seine Eltern, sein Arzt, seine Lehrer oder sonst jemand behaupten mochte. Denn wenn die siebenjährige Brenda von der Zukunft träumte, dann, so David, sah sie sich als 21-jährigen jungen Mann mit Schnurrbart, der einen Sportwagen fuhr und Freunde hatte, die ihn bewunderten. »So wollte ich sein«, sagt David heute, wenn er über diese Kindheitsphantasien nachdenkt. Auf Grund dieser Tagträume war Brenda überzeugt, dass eine Vaginaloperation sie auf ein Geschlecht fixieren sollte, das nicht das ihre war.

Dr. Money, der seinen berühmten Fall gefährdet sah, scheute keine Mühen, um den Widerstand des Kindes zu brechen. Die Niederschrift der Begegnung am 24. April 1973 zeigt, dass Money nunmehr eine andere Taktik verfolgte. In der Hoffnung, Brenda über die Öffnung der Vagina und des Vaginakanals aufzuklären, fragte er: »Was weißt du darüber, woher die Babys kommen?«

Brenda sagte: »Aus dem Bauch ihrer Mutter.«

»Und«, fuhr Money fort, um auf den Punkt zu kommen, »weißt du auch, wie das Baby da herauskommt?«

Brenda, die Moneys Trick durchschaut hatte, machte Ausflüchte und murmelte etwas Unzusammenhängendes.

»Wenn es so weit ist, dass es geboren wird«, wiederholte Money, »wie kommt es aus dem Bauch heraus?«

Wieder machte Brenda Ausflüchte.

»Ich frage dich noch einmal«, sagte Money. »Wenn es so weit ist, dass das Baby geboren wird, wie kommt es aus dem Bauch der Mutter heraus? Wo kommt es raus?«

Brenda, die kapiert hatte, dass Money mit seiner Geduld am Ende war, tat so, als hätte sie die Frage bis jetzt nicht verstanden. »Oh!«, rief sie aus. »Die Mutter tut es raus.«

Aber Money war nicht so leicht abzuschütteln. »Und wie tut es die Mutter raus?«

»Ähm, ich weiß nicht«, sagte Brenda schließlich. »Das habe ich in der Schule nicht gelernt.«

»Möchtest du, dass ich dir ein paar Fotos zeige?«, fragte Money.

Was Brenda darauf antwortete, ist nicht dokumentiert.

»Dieses Buch hier heißt *Zwei Geburten*«, fuhr Money fort und öffnete einen großen Bildband, den Brenda anschauen sollte.

Ein Jahr zuvor erschienen, ist *Zwei Geburten (Two Births)* eine aufwändige Produktion aus den frühen Siebzigerjahren. Die Fotografien von Ed Buryn dokumentieren die Entbindung zweier Hippie-Mütter, die ihre Babys zu Hause zur Welt bringen. Die großen Schwarzweißaufnahmen sind professionell gemacht und wunderschön, aber gleichzeitig drastisch und anschaulich in der Wiedergabe des Augenblicks vor, während und nach der Geburt. Eindringliche Nahaufnahmen zeigen die beiden Frauen nackt, mit schmerzverzerrtem Gesicht, die nackten Brüste geschwollen und die Vagina gedehnt, während der Kopf der Babys durch die geweitete Öffnung herausdrängt.

»Siehst du, das ist die Frau mit dem Baby drin«, sagte Money und blätterte um. »Es ist so weit, es will heraus… Und hier, jetzt ist das Baby so weit, dass es herauskommt, und hier kommt es wirklich heraus. Siehst du, sein Kopf schaut schon heraus… Und auf diesem Foto ist es ganz draußen.«

»Nun«, fuhr Money fort, »mit diesen Bildern von der Geburt eines Babys wollte ich dir sagen, dass bei dir dort unten das Babyloch noch fehlt.« Und dann verwies Money erneut auf den »Doktor hier im Krankenhaus«, der ihr ein »Babyloch« geben könnte.

Weder die Fotos der Frauen mit verzerrten Gesichtern, gespreizten Beinen und gedehnten Vaginen noch Moneys Erläuterungen zu den Fotos konnten Brenda davon überzeugen, sie müsse sich der Vaginaloperation unterziehen, auch nicht Moneys Beschreibung des Geschlechtsverkehrs, die er folgen ließ.

»Die meisten Kinder kennen diese Geschichte nicht«, sagte Money, als er beschrieben hatte, wie der Penis in die Vagina eindringt, »denn sie haben keinen Arzt, der es ihnen erklärt. Die glücklichen Kinder, die es wissen, sollten am besten nicht zu viel davon herumerzählen.«

»Ja«, sagte Brenda.

»Du bist ein kluges Kind, nicht wahr?«

»Nein«, sagte Brenda.

»Ich glaube schon«.

»Nein«, sagte Brenda, »bin ich nicht.«

»Nicht?« Money ließ nicht locker.

Brenda antwortete nicht.

»Wie bist du denn?«, fragte Money.

Brenda gab keine Antwort.

»Ich glaube, du bist ein kluges Mädchen«, sagte Money.

»Nein«, antwortete Brenda, »bin ich nicht.«

»Du bist einer meiner Lieblinge.«

David zufolge verkehrte sich Moneys angebliche Zuneigung für Brenda zunehmend in Enttäuschung, Ungeduld und Wut, als seine Schmeicheleien auch weiterhin nichts fruchteten. Jetzt reagierte Brenda ungut auf den wachsenden Druck, sich der Operation unterziehen zu müssen. Im Frühjahr 1974, vor einem erneuten Besuch in Dr. Moneys Psychohormonal Research Unit, wo weitere Wortgefechte und Machtspielchen zu erwarten waren, hielt sie dem Druck nicht mehr stand.

»Ich bekam einen Nervenzusammenbruch«, sagt David, »als mir klar wurde, dass gleich nach den Sommerferien und dem Besuch bei diesem Kerl die Schule wieder anfing. Es war ein doppelter Schlag. Ich erinnere mich, dass ich in dem Sommer, in dem ich neun wurde, nur zitternd und heulend in einer Ecke kauerte.«

Als Ron und Janet den Kummer ihrer Tochter sahen, verschoben sie den Besuch bei Money vorerst. Doch Ron, der überzeugt war, dass nur Money ihrer Tochter helfen konnte, bestand schließlich darauf, dass Brenda im Herbst das Johns-Hopkins-Krankenhaus aufsuchen müsse. Am 19. November 1974 fuhr die Familie also erneut in die Psychohormonal Research Unit. Der zweitägige Besuch war eine harte Bewährungsprobe für alle, am meisten aber für Brenda. In einem auf Tonband aufgezeichneten Gespräch unter vier Augen versuchte Money vergeblich, sie zum Sprechen zu bringen. Sie stammelte nur. Als Money auf die Vaginaloperation zu sprechen kommen wollte, rannte Brenda aus dem Zimmer, lief zu ihrem Vater, der im Korridor wartete, und weigerte sich, von seiner Seite zu weichen.

Heute erkennt David, dass seine Eltern ihre Kinder nie zu weiteren Besuchen im Johns-Hopkins-Krankenhaus gezwungen hätten, wenn Brenda ihnen erzählt hätte, was sich zwischen ihr und dem Psychologen hinter verschlossenen Türen abspielte: die Taktiken, mit denen der Psychologe sie unter Druck setzte, seine Schmeicheleien, die Pornografie und die eigenartigen Untersuchungen und Posen. Aber Brenda wäre nie auf den Gedanken gekommen, mit ihnen darüber zu sprechen – und zwar aus einem einfachen und schaurigen Grund.

»Ich dachte, meine Eltern wüssten Bescheid«, sagt David. »Ich dachte: Sie sind für mich verantwortlich. Sie haben mich hierher gebracht. Sie müssen doch wissen, was los ist.«

6

Aber Ron und Janet hatten keine Ahnung, was sich in Moneys Sitzungen mit den Zwillingen abspielte. »Die Zwillinge wurden irgendwohin gebracht, ich hatte keine Ahnung, wohin«, sagt Janet. »Dr. Money führte meist mich, seltener Ron, in ein kleines Büro und sprach eine Zeit lang mit mir.« Die Eltern hatten keinen Grund anzunehmen, dass der Psychologe sich gegenüber Brenda und Brian anders verhielt als gegenüber ihnen, und zu Ron und Janet war er ausgesprochen höflich und freundlich. Nur einmal kam ihnen der Verdacht, dass Dr. Money noch ein anderes Gesicht hatte. »Einmal kamen wir in sein Büro, als er uns nicht erwartete«, erzählt Ron, »und er beschimpfte seine Sekretärin ganz übel. Er brüllte sie an wegen irgendeiner Nichtigkeit, weil sie vergessen hatte, einen Brief aufzugeben oder so. Als er uns sah, hörte er auf.«

Solche beunruhigenden Szenen wiederholten sich nicht, und daher taten Ron und Janet den Zwischenfall als einen der seltenen Momente ab, in denen der Psychologe die Beherrschung verlor. Ansonsten betrachteten sie Money auch weiterhin als ihren engsten Vertrauten und Freund. Er wiederum sah in ihnen wichtige Verbündete in seinen fortwährenden Kampf mit Brenda. Und in der Tat, am Ende des schwierigen Besuchs im November 1974 nahm Dr. Money Ron und Janet beiseite und gab ihnen »Hausaufgaben«, wie er es nannte. Sie müssten Gelegenheit finden, um mit Brenda über ihre Genital- und Vaginaloperation offen zu sprechen, und er prägte ihnen ein, wie wichtig es sei, dass Brenda beim nächsten Besuch zu einer Vaginaluntersuchung bereit sei.

In einer privaten Notiz nach diesem Treffen drückte sich Money noch deutlicher aus: »Im nächsten Jahr muss unbedingt eine körperliche Untersuchung durchgeführt werden«, schrieb er. »Eine gewisse Zeit kann man mit einem schwierigen Thema fertig werden, indem man ihm ausweicht, und dieser Zeitraum ist nächstes Jahr abgelaufen, wenn es nicht schon heuer abgelaufen ist.« In Moneys Notiz schlich sich auch etwas von seiner wachsenden Enttäuschung über Brendas hartnäckigen Widerstand ein: »Wenn Brenda verkrampft und hyperaktiv ist, wirkt sie nicht besonders liebenswert und nicht gerade weiblich.«

Daheim in Winnipeg machten sich Ron und Janet daran, ihre Hausaufgaben zu erledigen. Money hatte ihnen aufgetragen, sie sollten Brenda die Unterschiede zwischen männlichen und weiblichen Geschlechtsorganen klar machen und ihr die Gelegenheit geben, ihre Eltern nackt zu sehen. In *Sexual Signatures* betonte Money, wie wichtig diese Zurschaustellung der elterlichen Geschlechtsorgane für eine richtige heterosexuelle Entwicklung des Kindes sei, und er empfahl den Eltern sogar, im

Beisein ihrer Kinder Geschlechtsverkehr zu machen. »Mit ein wenig ruhiger Orientierungshilfe«, schrieb er, »kann diese Erfahrung in die Sexualerziehung des Kindes integriert werden und dazu beitragen, seine oder ihre Geschlechtsidentität und Geschlechtsrolle zu stärken.«

Im Beisein der Zwillinge Sex zu machen – so weit wollten Janet und Ron nicht gehen. Aber Janet bemühte sich, im Übrigen ihre Hausaufgaben korrekt zu erledigen. So oft wie möglich zeigte sie sich Brenda nackt. Doch das brachte das Kind nur in Verlegenheit; es war bestürzt, seine Mutter unbekleidet durch die Wohnung gehen zu sehen. »Nachdem wir von einem Besuch bei John Money zurückkamen«, erinnert sich David, »lief sie auf einmal splitternackt herum.« In dem verzweifelten Bemühen um eine erfolgreiche Therapie und aus Angst, gegen Moneys Anweisungen auch nur im Geringsten zu verstoßen, hielt Janet durch. »Er riet uns, einen Nacktbadestrand aufzusuchen«, sagt sie. »Wir kannten einen Fluss, wo weit und breit kein Mensch war.« Ron und Janet zogen sich aus, aber die Zwillinge wollten nicht. Janet versuchte auch, im Gespräch mit Brenda über die Vaginaloperation »das Eis zu brechen«, aber mit ähnlich verheerenden Resultaten. »Sobald ich auf dieses Thema zu sprechen kam«, sagt Janet, »verließ sie das Zimmer.«

Die Spannungen in der Familie Reimer wuchsen, als Brenda klar wurde, dass ihre Eltern jetzt in geheimer Absprache mit Dr. Money handelten, um sie zur Operation zu zwingen. Sie fing an, offen gegen ihre Eltern zu rebellieren. Selbst das fröhliche Weihnachtsfest wurde zur Tortur. Brenda wehrte sich gegen das schöne Kleid, das sie nach dem Willen ihrer Eltern tragen sollte, als sie Rons Familie in Kleefeld besuchten. Brenda hatte es immer gehasst, ihre Verwandten zu besuchen, weil ihre Eltern sie dann immer ganz besonders unter Druck setzten, sich wie eine kleine Dame zu kleiden und zu verhalten. Hinzu kam, dass ihre Großeltern, Tanten und Onkel sie mit Argusaugen betrachteten. »Sie nahmen mich kritisch unter die Lupe«, sagt David. »Und wenn ich sie dabei ertappte, wenn sie mich anstarrten, sahen sie schnell weg. Ich sagte zu meinem Vater: ›Ich weiß nicht wieso, aber ich fühle mich wie ein Sonderling in meiner eigenen Familie.‹ Sehr leise sagte er dann: ›Ich weiß.‹«

Wie die anderen Verwandten, so wusste auch Rons Familie über Brendas Geschlechtsumwandlung Bescheid, und daher verstand Ron, warum sie seine Tochter mit prüfendem Blick betrachteten. Tief im Innersten wusste er auch, was sie sahen. »Ich ahnte, dass es nicht funktionierte, als Brenda etwa sieben Jahre alt war«, sagt Ron. »Aber was hätten wir machen sollen?«

Weder Ron noch Janet konnten den Gedanken zulassen, dass sie die falsche Entscheidung getroffen hatten. Also blieb ihnen nichts anderes übrig, als jeden, der drohte, sie mit dieser Erkenntnis zu konfrontieren, auf Abstand zu halten. Von nun an, so beschloss Ron, würden sie seine Eltern so selten wie möglich besuchen.

Dennoch wurde es immer schwieriger, vor Brendas Problemen die Augen zu verschließen. In diesem Herbst hatte sich die Erziehungsberatungsstelle erneut mit ihnen in Verbindung gesetzt und ihnen mitgeteilt, dass sich Brendas Verhaltensprobleme in der Schule verschlimmert hätten, dass sie »hyperaktiv und trotzig« sei und einen »unglücklichen« Eindruck mache. Außerdem, so berichtete die Beratungsstelle, zeige auch Brian zunehmend ernste psychische Störungen, die mit Brendas Situation zu tun hätten.

»Zu diesem Zeitpunkt war das beherrschende Gefühl, das ich meiner Schwester gegenüber empfand, Eifersucht«, erklärt Brian. »Sie bekam alle Aufmerksamkeit. Ich war bloß der Normale. Mom und Dad machten sich um Brenda so große Sorgen, dass sie mich darüber vernachlässigten. Ich hatte das Gefühl, ich sei unwichtig. Ich fing an, mich ein bisschen aufzuspielen, damit ich wenigstens etwas Aufmerksamkeit bekam.« Das gelang ihm, als er im März dabei erwischt wurde, wie er in einem Laden etwas klauen wollte und der Ladenbesitzer mit einer Anzeige drohte. Für Janet und Ron brachte dieser Vorfall das Fass zum Überlaufen.

Zurzeit von Brendas Geschlechtsumwandlung fast acht Jahre zuvor hatte ihnen ihr Kinderarzt geraten, aus der Gegend wegzuziehen und anderswo neu anzufangen, wo sich niemand an ihren früheren Sohn würde erinnern können. Damals hatten sie seinen Ratschlag abgelehnt. Jetzt sahen sie ein, wie klug der Vorschlag gewesen war. Sie mussten einfach weg von den Gespenstern und den Zweifeln, von denen sie in Winnipeg heimgesucht wurden. Sie mussten so viel Abstand wie möglich zwischen sich und Rons Eltern, der Erziehungsberatungsstelle und allen anderen bringen.

Im Frühjahr 1975 verkauften Ron und Janet ihr Haus, ihre Möbel, ihren Hausrat und ihren 66er Pontiac. Sie kauften einen Chevy-Kleinlaster, einen Halbtonner mit Wohnaufsatz, packten ihre wenigen verbliebenen Habseligkeiten ein und fuhren Richtung Westen, nach British Columbia. Dort hatte Ron einen Freund, von dem er erfahren hatte, dass es dort jede Menge Arbeit gab. Aber Ron hatte diesen Umzug schlecht vorbereitet und machte sich später Vorwürfe, weil die verkauften Sachen in British Columbia neu angeschafft werden mussten.

»Ich weiß noch, als wir dort ankamen, dachte ich: Mein Gott, was habe ich bloß gemacht?«, sagt Ron. »Wie hatte ich bloß die Sachen packen und umziehen können? Wie idiotisch das gewesen war!« Erst sehr viel später, sagt Janet, wurde ihr und Ron klar, warum sie so überstürzt ihre Zelte abgebrochen hatten und nach British Columbia gefahren waren. »Wir waren auf der Flucht.«

Dass Dr. Money dieses Motiv nicht entgangen war, zeigt eine private Notiz aus jener Zeit: »Der Plan eines Umzugs nach British Columbia spiegelt vielleicht allzu großes Vertrauen in die magische Wirkung einer räumlichen Veränderung, vor allem im Hinblick auf die Probleme mit den Großeltern. Vielleicht stellt es sich aber auch heraus, dass der Umzug genau das Richtige war.«

Ihr Ziel war das bergige, bewaldete und dünn besiedelte Landesinnere von British Columbia. Sie ließen sich in einem kleinen Ort namens Ashton Creek nieder. Die nächstgelegene Stadt hieß Enderby und hatte 2500 Einwohner. Rom kaufte einen Wohnwagen, den sie auf einem Campingplatz parkten. Die Zwillinge wurden in der kleinen Schule von Ashton Creek in die vierte Klasse eingeschult.

»Es war eher eine ländliche Schule«, sagt David. »Aber es war vollkommen egal, was für eine Schule es war. Wenn man sich nicht wohl fühlt, ist es völlig egal, in welche Schule man geht. Man kann tausenderlei Schulen besuchen, es ist immer dasselbe. Denn die Faustregel heißt: Hier sind die Mädchen und dort sind die Jungen. Getrennt. Aber wohin mit mir? Du gehörst nirgends dazu. Also bist du ein Außenseiter. Daran ändert sich nichts. Ob in der Schule oder in einer anderen. Daran ändert sich nichts.«

Im April hatte die Familie erneut einen Termin bei Money in Baltimore. Brenda, jetzt fast zehn, hatte eine neue Verhaltensstrategie gegenüber Money entwickelt. Finster, mürrisch und fast immer stumm, weigerte sie sich, seine Fragen anders als mit einsilbigem Murren zu beantworten. Sie bildete sich auch ein, gewisse schändliche Impulse geheim halten zu können, die sie zuweilen hatte, aber da hatte sie sich geirrt. Wie Ron erzählt, hatte ihn Dr. Money über ein Problem aufgeklärt, das bei seinen Einzelsitzungen mit Brenda aufgetaucht war.

»Money sagte uns, er habe Brenda gefragt, was für einen Partner sie lieber hätte, einen Jungen oder ein Mädchen«, erinnert sich Ron. »Und Brenda hatte gesagt: ›Ein Mädchen.‹« Ron sagt, Money habe wissen wollen, wie es für sie wäre, eine Lesbierin großzuziehen. In Verlegenheit, was er darauf antworten sollte, aber auch erleichtert, dass Dr. Money dem keine große Bedeutung beimaß, sagte Ron aufrichtig, was er über Homosexualität dachte: »Das ist nicht das Wichtigste im Leben.«

Offensichtlich war Money derselben Ansicht, denn sein klinischer Befund fand keine Aufnahme in seiner nächsten Fallbeschreibung der Zwillinge, die im selben Jahr in *Archives of Sexual Behavior* erschien. Der Aufsatz unter dem Titel »Ablatio Penis« (der lateinische Begriff für die vollständige Penisamputation) rekapitulierte frühere Aussagen über den Erfolg der Geschlechtsumwandlung und fügte einen neuen Beleg für das weibliche Glück des Mädchens hinzu. Money berichtete von einem Gespräch, das er mit Brenda über den Ausflug der Familie in den Zoo von Washington geführt hatte. »Ich stellte die Standardfrage, welches Tier sie gerne wäre, wenn sie sich in eines verwandeln könnte. Sie wählte einen Affen… ›Möchtest du lieber ein Affenmännchen oder ein Affenweibchen sein?‹ fragte ich. ›Ein Affenweibchen‹, erwiderte sie und begründete ihre Wahl, indem sie hinzufügte: ›Ich bin doch schon weiblich.‹«

Hinter dieser scheinbar unmissverständlichen Erklärung weiblicher Geschlechtsidentität (wenn man Brendas Antwort nicht als einen typischen Versuch abtun will, dem Psychologen das zu antworten, was er hören wollte) steht jedoch ein großes Fragezeichen. In dem Gespräch am 24. April 1973 hatte Money seine Tonbandspule falsch eingelegt; daher war Brendas Antwort auf dem Band praktisch nicht zu verstehen, und Money musste sich anstrengen, um überhaupt etwas zu hören. »Ich drücke den Kopfhörer fester an mein Ohr«, diktierte er in seine Notizen, während er das Gespräch noch einmal abspulte, »und höre jetzt etwas mehr. Ich frage sie, warum sie ein Äffchen sein möchte, aber ich verstehe die Antwort auf Band nicht. Ich erinnere mich, dass sie etwas gesagt hat, das ich nicht auf Anhieb verstanden habe, bis sie mir mit Gesten vormachte, dass sie klettern und in den Ästen schaukeln meinte. Dann fragte ich sie, ob sie lieber ein Affenmännchen oder ein Affenweibchen sein wollte. Ihre Antwort ist auf dem Band hörbar: ›Ein Affenweibchen.‹ Ich frage, warum. Auch diese Antwort ist auf dem Band hörbar: ›Ich bin doch schon weiblich.‹ Die Aussprache von *girl* [Mädchen, weiblich] klingt wie ›g-r-i-r-l‹.«

Als David im Jahr 1998 diese Gesprächsaufzeichnungen erstmals las, beharrte er darauf, dass er nicht »girl« gesagt, sondern zu einem seiner taktischen Ausweichmanöver gegriffen habe, die er entwickelt hatte. Statt Moneys Frage nach dem Geschlecht des Affen zu beantworten, hatte Brenda gesagt, welcher Affe sie am liebsten wäre. »Ich habe gesagt: ›Gorilla‹«, beteuert David. In Anbetracht des typischen kanadischen Prärieakzents mit den verschluckten Silben, den alle Reimers sprechen, ist es durchaus plausibel, dass sich das Wort »Gorilla« in einer schlechten Tonbandaufnahme wie »grirl« anhörte. Dass Money es als »girl« [»weiblich«] entschlüsselte, beweist wohl weniger Brendas Geschlechtsidentität, sondern vielmehr, welch große Rolle die persönlichen Hoffnungen eines Forschers beim Sammeln und Auswerten von Daten spielen können.

Ungeachtet von Moneys eigenwilliger Deutung seines Materials endet der Aufsatz »Ablatio Penis« mit großem Optimismus. »Niemand [außerhalb der Familie] weiß, [dass sie als Junge geboren wurde]«, schrieb Money. »Und keiner würde auch jemals darauf kommen. Ihr Verhalten entspricht so vollständig dem eines lebhaften kleinen Mädchens und unterscheidet sich so deutlich von der jungenhaften Art ihres Zwillingsbruders, dass nichts zur gegenteiligen Vermutung Anlass gibt.«

Im selben Jahr veröffentlichte Money einen weiteren Bericht über Brendas erfolgreiche Umwandlung. Diesmal wandte er sich nicht an seine Kollegen in Wissenschaft und Medizin, sondern an die breite Öffentlichkeit. Die neue Falldarstellung erschien in dem Band *Sexual Signatures*, den Money in Zusammenarbeit mit der Journalistin Patricia Tucker geschrieben hatte. In der Sprache der populären Psychologiebestseller abgefasst, richtet sich das Buch erstmals an ein größeres Publikum. Hier findet sich auch eine ausführliche und gut lesbare Beschreibung von Brendas Geschlechtsumwandlung. Money verzichtet hier auf den unverständlichen medizinischen Fachjargon seiner früheren Darstellungen des Falls und liefert eine ungebrochen optimistische, ja geradezu siegessichere Deutung von Brendas Geschichte.

»Obwohl das Mädchen als Kleinkind der dominierende Zwilling war«, berichtet Money, »gab es, als die Kinder vier Jahre geworden waren, keinen Zweifel, welcher Zwilling das Mädchen und welcher der Junge war. Mit fünf bereits trug das Mädchen lieber Kleider statt Hosen, liebte Haarbänder, Armreife und Rüschenblusen und war Papas Liebling. In ihrer Kindheit war sie durch ihre Hartnäckigkeit und ihre überbordende physische Energie, die sie mit ihrem Zwillingsbruder gemeinsam hat und frei auslebt, ein kleiner Wildfang, aber nichtsdestoweniger ein Mädchen.« Brendas Geschlechtsumwandlung beschrieb er als »schlagenden Beweis dafür, dass die Geschlechtsidentität beim normalen Kleinkind zum Zeitpunkt der Geburt offen ist«. Die Entwicklung des Kindes sei der Beweis dafür, wie gut die Familie mit der Entscheidung zu Gunsten der Kastration leben konnte.

Als *Sexual Signatures* in den Buchhandlungen erschien, zeigte sich immer deutlicher, dass die Familie Reimer mit ihrer Entscheidung für den Umzug nach British Columbia keineswegs gut leben konnte.

Ron, der nach einer zermürbenden Zeit der Arbeitslosigkeit endlich einen Job in einer Sägemühle gefunden hatte, fiel es nicht leichter als zuvor, über seine Tochter und die wichtigen medizinischen Entscheidungen zu sprechen, die vor ihr lagen. »Ich bin ein Workaholic«, gibt Ron zu. »Wenn ich mir um etwas Sorgen mache, vergrabe ich mich nur noch mehr in die Arbeit.« Statt sich mit dem auseinander zu setzen, was mit Brenda geschah – ihr Nervenzusammenbruch vor dem Besuch im Johns-Hopkins-Krankenhaus im Jahr zuvor, ihr ausgeprägt jungenhaftes Verhalten, ihre Weigerung, die Vaginaloperation durchführen zu lassen, ihre nach wie vor miserablen schulischen Leistungen, ihre »lesbische Veranlagung« – kam Ron nach den Überstunden seiner Schicht in der Sägemühle todmüde nach Hause, schaufelte schweigend sein Essen in sich hinein, setzte sich vor den Fernseher und trank ein Sixpack Bier. Oft legte er sich nicht einmal neben Janet ins Bett, sondern schlief vor dem Fernseher ein.

Janet erging es nicht viel besser. Nach sechs Monaten in British Columbia fühlte sie sich auf gefährliche Weise entwurzelt. »Mir fehlte meine Familie, mit der ich reden konnte«, sagt sie. »Ich hatte zwar ein paar Bekannte, aber sie wussten nicht, wer ich wirklich war oder wer Brenda wirklich war.« Der einzige Mensch, der die echte Brenda kannte, war Ron, und der weigerte sich, über sie zu sprechen. David erinnert sich noch lebhaft an das Chaos, das in dem kleinen Wohnwagen herrschte: »Mom weinte und schrie«, sagt er, »und Dad trank.«

In diesem Sommer verschlimmerte sich Janets Zustand. Sie fiel in eine schwere Depression und beschäftigte sich wahnhaft mit dem, was ihnen widerfahren war. »Manchmal kam mir alles ganz unwirklich vor«, sagt sie. »Besonders schwierig war es für mich, dass ich all die Jahre ein starkes religiöses Gefühl hatte und an Gott glaubte, der den Lebensweg des Menschen bestimmte. Ich weiß noch, dass ich dachte: Was hat das alles für einen Sinn? Dieser Kummer, der nie zu Ende geht? Was hat dieses furchtbare Leben für einen Sinn?« Sie litt an Stimmungsschwankungen – von jäher Wut bis zu weinerlicher Verzweiflung. Manchmal fürchtete sie um ihre seelische Gesundheit. Sie meint, sie sei zeitweilig regelrecht psychotisch gewesen und habe Realität und Phantasie nicht auseinander halten können.

»Sie war unberechenbar«, erzählt Brian. »Es war wie ein Eiertanz. Man wusste nie, was einen zu Hause erwartete.« Janet suchte alle möglichen Ärzte auf. »Keiner konnte mir helfen«, erzählt sie. »Eine Ärztin sagte: ›Was Sie brauchen, ist noch ein Baby, damit Sie eine Beschäftigung haben‹. Ich sagte: ›Noch ein Kind ist das Letzte, was ich will!‹«

Ron und Janet hatten sich inzwischen einander fast völlig entfremdet. In jenem Sommer flüchtete sich Janet aus Trotz gegen Ron in eine Affäre mit einem Einheimischen. Ron kam dahinter und war am Boden zerstört. Von Schuldgefühlen geplagt, schluckte Janet eine Schachtel Schlaftabletten. Ron entdeckte sie gerade noch rechtzeitig und brachte sie nach Enderby ins Krankenhaus. Nach Janets Entlassung zog das Paar die Scheidung in Erwägung, beschloss aber dann, irgendwie gemeinsam weiterzumachen. Im Frühherbst kam ein weiteres Unglück hinzu. Ihr Wohnwagen fing Feuer und brannte vollständig aus. Dadurch wurden sämtliche Familienfotos und fast alles zerstört, was sie besaßen.

Im November 1976, ein Jahr und fünf Monate nach ihrer Flucht aus Winnipeg, packte die Familie ihre wenigen Habseligkeiten, die sie vor dem Brand gerettet hatte, und machte sich auf den langen Rückweg nach Winnipeg. Janet und Ron mussten sich eingestehen, dass ihr Fluchtversuch die Probleme, denen sie entfliehen wollten, nur noch verschlimmert hatte. Janets Depression und ihr Selbstmordversuch, das drohende Scheitern ihrer Ehe und Rons wachsender Alkoholkonsum – all das belastete die Zwillinge sichtlich. Brian neigte zu Gewaltausbrüchen und bekam Wutanfälle, die sich gegen andere Kinder richteten. Brenda zog sich in sich selbst zurück und wurde ängstlicher und niedergeschlagener. Auch zeigte sie sich offen feindselig und misstrauisch gegen ihre Eltern, besonders gegen ihre Mutter, obgleich sie, wie David betont, versuchte, diese Gefühle zu verstecken, weil sie mit allen Mitteln versuchte, die drohende Scheidung ihrer Eltern zu verhindern. »Ich glaubte, an allem sei ich schuld«, erklärt David. »Also bemühte ich mich, sie glücklich zu machen. Ich versuchte, mädchenhafter zu sein.«

Doch das fiel Brenda schwerer denn je – vor allem jetzt, nach ihrem elften Geburtstag, als sie gewisse physiologische Veränderungen an sich beobachtete. Ihre Schultern wurden breiter und muskulöser; auch ihr Hals und ihre Muskeln wurden dicker, und manchmal sprach sie mit merkwürdig krächzender Stimme.

Alles in allem stand der Aufenthalt der Reimers in British Columbia in krassem Gegensatz zu dem Bild, das im Mai 1975 in der *New York Times Book Review* von ihrem Leben gezeichnet wurde. Unter Berufung auf John Moneys Buch *Sexual Signatures* schrieb die Rezensentin Linda Wolfe, der »eineiige Zwillingsjunge, dessen Penis bei der Geburt verbrannt worden war und dessen Eltern sich für die operative Transformation des Jungen in ein Mädchen entschieden hatten, verlebt als richtiges Mädchen eine glückliche Kindheit«.

Teil II

Die Wahrheit über meine Geburt

7

Die Reimers trafen Mitte November 1976 wieder in Winnipeg ein und versuchten sich ein neues Leben aufzubauen. Janet fand Arbeit als Kassiererin in einem Haushaltswarengeschäft und Ron übernahm einen Job bei einer Catering-Firma, für die er Essen auslieferte. Diese Tätigkeit gab er bald wieder auf, um sich selbstständig zu machen. Die Familie wohnte vorübergehend im Capri Motel im Stadtteil East End, und daher schrieben die Eltern Brenda und Brian in der Agassiz-Drive-Grundschule am Rande von College Heights ein, einem schönen Mittelstandsviertel. Bisher bestand Brendas therapeutische Betreuung einzig und allein in den Beratungsgesprächen bei den jährlichen Besuchen im Johns-Hopkins-Krankenhaus. Das änderte sich mit ihrem Eintritt in die neue Schule, denn ihre Ängstlichkeit und soziale Isolation erregten bald die Aufmerksamkeit des Schulleiters Mr. Bergmann, der wiederum die Erziehungsberatungsstelle informierte. Joan Nebbs, die Ärztin, die Brendas Fall ein Jahr zuvor betreut hatte, sprach im Herbst 1976 erneut mit Brenda.

»Brenda hat ausgeprägt männliche Interessen«, bemerkte Joan Nebbs in ihrem Bericht über die Elfjährige. »Sie schmiedet wunderbare Pläne, möchte Baumhäuser, Gokarts mit CB-Funk, Modellflugzeuge mit Motor bauen... Sie wirkt kampflustiger und aggressiver als ihr Bruder und ist zu Hause wie in der Schule viel unordentlicher als er.« Eine Therapiesitzung mit dem Psychologen der Beratungsstelle ergab, dass Brenda »große Angst hat, dass etwas mit ihren Geschlechtsorganen gemacht worden ist«, und dass sie »an Selbstmord denkt«.

Brenda wurde an Dr. Keith Sigmundson überwiesen, einem liebenswürdigen Mann, der mit 34 Jahren bereits die psychiatrische Abteilung der Beratungsstelle leitete. Er stammte aus dem kleinen Fischerdorf Gimli, eine Stunde nördlich von Winnipeg, hatte an der Universität von Manitoba in Winnipeg Medizin und Psychiatrie studiert und dann seine Arbeit an der Beratungsstelle aufgenommen, wo er rasch Karriere machte. »Weil ich altersmäßig einen kleinen Vorsprung vor der Baby-Boom-Generation hatte«, sagt Sigmundson mit der für ihn typischen Bescheidenheit, »erhielt ich eine Position, für die ich zu jung war und die ich eigentlich gar nicht verdient hatte.«

Aber selbst für den erfahrensten Psychiater hätte Brenda Reimers Fall eine ungeahnte Herausforderung bedeutet. Sigmundson las Dr. Moneys Publikationen über die eindeutig weibliche Geschlechtsidentität, die Brenda angeblich entwickelt habe, aber schon bei seinem ersten Kontakt mit dem Mädchen erstaunte ihn ihr Auftreten: »In ihrem Rock saß sie breitbeinig da, eine Hand resolut aufs Knie gestützt. Sie hatte nichts Feminines an sich.«

Sigmundson beschloss, das Verhalten des Mädchens im Vergleich zu seinem Zwillingsbruder zu untersuchen, und ließ zu diesem Zweck Videoaufnahmen machen. Der Film wurde in einem Raum der Klinik durch einen Einwegspiegel aufgenommen und zeigt die Psychiaterin Dr. Doreen Moggey im Gespräch mit den Zwillingen, besser gesagt, beim Versuch, ein Gespräch zu führen. Brenda, die nach den alljährlichen Ausflügen in die Psychohormonal Research Unit fremden Menschen und Situationen mit Misstrauen begegnete, zeigte von Anfang an großen Argwohn.

»Es war ein großer Raum«, erinnert sich David, »in dem nichts stand außer drei Stühlen, einer für mich, einer für meinen Bruder und einer für diese Dame, die mit uns reden wollte. Sie hatte einen Notizblock und schrieb sich ständig etwas auf. Sie wollte mich dazu bewegen, zum Stuhl zu gehen und mich zu setzen. Aber ich war misstrauisch. Ich schaute mich in allen Ecken und Winkeln um und nahm das Zimmer genau unter die Lupe. Als ich den Spiegel betrachtete, sah ich die Kamera.« Brenda rief ihrem Bruder zu, sie würden gefilmt, stürmte sofort hinaus und weigerte sich zurückzukommen.

Obwohl das Video so abrupt endete, lieferte es einen guten Eindruck von Brendas Stimmung, ihren Bewegungen und ihren Eigenheiten. Daher konsultierte Sigmundson eine Gruppe erfahrener Psychiater, Endokrinologen und Kinderärzte der Stadt und zeigte ihnen das Video. »Alle, die Brenda an diesem Tag sahen, stellten fest, dass sie wie ein Junge wirkte«, erinnert sich Dr. Moggey, die an der Besprechung teilnahm. Aber in der anschließenden Debatte kamen die versammelten Ärzte übereinstimmend zu der Ansicht, dass Sigmundson nichts anderes übrig blieb, als die von Money begonnene Behandlung fortzusetzen. Die Sache sei einfach schon zu weit fortgeschritten, um jetzt noch eine Kehrtwendung zu machen. Auch war Sigmundson nicht entgangen, dass Brendas Fall in der medizinischen Fachliteratur bereits Berühmtheit erlangt hatte. »Ich war überzeugt, hier eine Verantwortung zu tragen. Es war *der* Fall. Für uns ging es darum, etwas dazu beizutragen, dass die Sache zu einem guten Ende kam.«

Um Brendas weibliche Identifikation zu fördern, beschloss Sigmundson, sie von einer Psychiaterin behandeln zu lassen. Er konnte Dr. Moggey für die Aufgabe gewinnen, eine scharfsichtige, energische Frau, die wie Sigmundson den Fall von Anfang an mit großer Sorge verfolgt hatte. Bei einem früheren Gespräch mit Brenda am 30. Dezember 1976 war ihr aufgefallen, dass Brenda sich in ihren Eigenarten und ihren Äußerungen gelegentlich mädchenhaft gab (vor allem wenn sie beobachtet wurde). Es war »eine Mischung aus maskulinen und femininen Gesten und Eigentümlichkeiten«, wie sie in ihren Aufzeichnungen festhielt. Inwieweit Brendas sporadische Anpassung an weibliches Verhalten tatsächlich Aufschluss darüber gab, dass sie sich als Mädchen fühlte, beurteilte die Psychiaterin skeptisch. Sie notierte sich: »Man gewinnt den Eindruck, dass [Brenda] gelegentlich das sagt, was man ihrer Meinung nach hören will: ›Ich bin ein Mädchen‹.«

Im Laufe der Sitzungen wuchsen Dr. Moggeys Zweifel. Aus ihren Aufzeichnungen ist ersichtlich, dass Brenda wiederholt die Überzeugung äußerte, dass sie »ein Junge mit langen Haaren und in Mädchenkleidern« sei und dass die Leute sie ansähen und sagten, sie »sieht aus wie ein Junge und redet wie ein Junge«. Zur selben Zeit schrieb sie, dass Brenda es vehement ablehne, über eine Operation an ihren Geschlechtsorganen auch nur zu sprechen, und sich schlichtweg weigere, noch einmal das Johns-Hopkins-Krankenhaus aufzusuchen, wo, wie Brenda sich beschwere, die Leute sie ansähen und »ein Mann ihr Bilder von nackten Körpern zeige«.

Dr. Moggey, die Moneys Darstellungen des Falls gelesen hatte, stand vor einem Rätsel. »Wenn man die Fallbeschreibungen las und sich das Kind anschaute, passte beides nicht zusammen«, sagt sie. »Ich hatte nicht das Kind vor mir, das er beschrieb.« Auch Ron und Janet wirkten auf die Ärztin nicht wie die Eltern, die Money schilderte. In *Sexual Signatures* hatte Money behauptet, nachdem sie die schwierige Entscheidung getroffen hätten, ihr Kind einer Geschlechtsneuzuweisung zu unterziehen, seien Brendas Eltern vollauf zufrieden. Bei ihren eigenen Unterredungen mit Ron und Janet gewann sie jedoch einen anderen Eindruck. Sie erfuhr, dass das Paar sich vor kurzem hatte trennen wollen, dass Ron trank, dass Janet unter Depressionen litt und einen Selbstmordversuch hinter sich hatte. Hier bot sich keineswegs das Bild eines glücklichen Elternpaars, das eine Tochter aufzieht. Im Gegenteil, Ron und Janet erweckten den Eindruck, dass ihre Ehe der Belastung kaum noch standhielt, während sie sich beide alle Mühe gaben, Brenda gemäß Moneys Anweisungen zu erziehen.

Janet mit ihren Zwillingsjungen Brian und Bruce. Der katastrophale Unfall,
der die Geschlechtsumwandlung von Bruce zur Folge hatte, sollte sich erst
einige Monate später ereignen.
(Mit freundlicher Genehmigung der Familie Reimer)

Brian und Brenda zu Beginn der Kindergartenzeit. *(Mit freundlicher Genehmigung der Familie Reimer)*

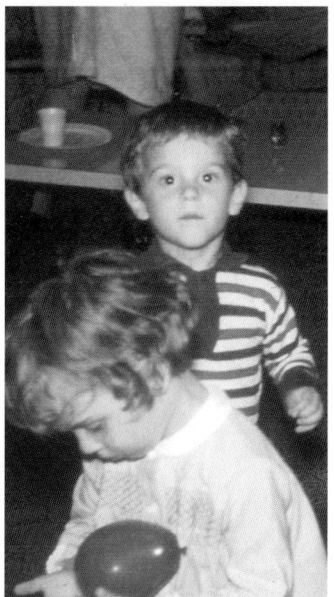

Brenda und Brian als Kleinkinder. *(Mit freundlicher Genehmigung der Familie Reimer)*

Brian und Brenda Reimer – das ultimative »Vergleichspaar«. *(Mit freundlicher Genehmigung der Familie Reimer)*

Linke Seite: Brenda mit zwei Jahren, kurz nach ihrer chirurgischen Geschlechtsneuzuweisung. *(Mit freundlicher Genehmigung der Familie Reimer)*

Brenda mit zehn. »Jeder versichert dir, dass du ein Mädchen bist«, wird David später sagen, »aber du sagst dir: ›Ich fühle mich nicht wie ein Mädchen‹«.
(Mit freundlicher Genehmigung der Familie Reimer)

Weihnachten, Mitte der siebziger Jahre. Brenda trägt zu einem Besuch bei den Großeltern ihre besten Kleider.
(Mit freundlicher Genehmigung der Familie Reimer)

Dr. John Money
(Foto Mike Mitchell)

Dr. Milton Diamond
(Foto Sahra Diamond)

Brian, Ron und Janet im Mai 1978 bei ihrer letzten Reise nach Baltimore. Brenda, die das Foto schießt, wollte in diesem Lebensabschnitt lieber nicht vor die Kamera treten.
(Mit freundlicher Genehmigung der Familie Reimer)

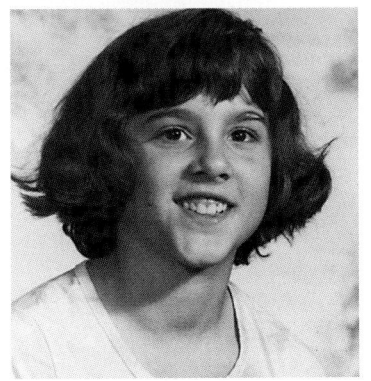

Brian und Brenda mit vierzehn, kurz bevor sie die Wahrheit über Brendas Identität erfuhren.
(Mit freundlicher Genehmigung der Familie Reimer)

Brenda mit zwölf, kurz nach Beginn der Östrogentherapie, durch die sie eine feminine Figur bekommen sollte.
(Mit freundlicher Genehmigung der Familie Reimer)

David und Brian im Mai 1980 bei der Hochzeit ihres Onkels, auf der David zum ersten Mal öffentlich als Junge auftrat. David leidet noch unter Übergewicht, weil er als Brenda versucht hatte, seine Brüste durch übermäßiges Essen zu tarnen. Fünf Monate später wurden sie operativ entfernt, und infolge von Testosteroninjektionen holte David im Wachstum auf. *(Mit freundlicher Genehmigung der Familie Reimer)*

Rechts: David mit achtzehn.
(Mit freundlicher Genehmigung der Familie Reimer)

David und Brian im Mai 1980 bei der Hochzeit ihres Onkels.
(Mit freundlicher Genehmigung der Familie Reimer)

David und Jane bei ihrer Hochzeit am 22. September 1990.
Janes Reaktion auf die Wahrheit über Davids Vergangenheit
überzeugte ihn von ihrer »Aufrichtigkeit«.
(Mit freundlicher Genehmigung der Familie Reimer)

Wie sklavisch sich Ron und Janet an Moneys Programm hielten, erlebte Dr. Moggey bei ihrem ersten Besuch in Brendas Schule. Es war ein eisiger Dezembertag, und alle Mädchen trugen Hosen. Brenda war die einzige, die im Rock zur Schule gekommen war. Als Dr. Moggey Janet fragte, warum Brenda keine Hose anhabe, erwiderte Janet hilflos: »Weil Dr. Money gesagt hat, wir sollen ihr Kleider anziehen.« Dr. Moggey musste Janet daran erinnern, dass in Winnipeg der Winter wesentlich strenger ist als an anderen Orten des amerikanischen Kontinents (zum Beispiel in Baltimore), und meinte, es sei besser, wenn Brenda so wie die anderen Mädchen Hosen anzog. Erst dann war Janet bereit, Brenda der Jahreszeit entsprechend zu kleiden.

Am 3. Januar 1977, anderthalb Monate nachdem sie den Fall übernommen hatte, schrieb Dr. Moggey an Money. Sie schilderte ihm Brendas Verhaltensschwierigkeiten und bat um Hintergrundinformationen, »damit man Brenda und ihrer Familie helfen kann, angemessener mit ihren Problemen umzugehen«. Sie erkundigte sich, welche Operationen bereits an Brenda vorgenommen worden waren (Money hatte sich in seinen Publikationen darüber nur unklar geäußert), welche weiteren Eingriffe geplant seien und was Money unternommen habe, um Brenda und ihren Eltern zu helfen, »mit der Geschlechtszuweisung zurechtzukommen«.

In seiner Antwort vom 17. Januar schrieb Money in unbeschwertem Ton, er freue sich, dass Dr. Moggey Brendas Fall übernommen habe. Weiter erklärte er, die zweite Phase von Brendas Vaginaloperation sei noch nicht erfolgt, und zwar auf Grund der »fanatischen Angst vor Krankenhäusern«, die das Kind zeige – eine Angst, wie Money schrieb, »wie ich sie im Laufe meiner 25-jährigen Tätigkeit im Johns-Hopkins-Krankenhaus nur bei einem weiteren Fall erlebt habe«. Er fügte hinzu, allein schon die Erwähnung einer Hormontherapie oder einer Operation löse bei Brenda ein Panik aus, »die so heftig ist, dass es unmöglich wird, ein Gespräch über solche Themen zu beginnen, ohne dass das Kind schreiend aus dem Zimmer flüchtet«. Dennoch, fuhr er fort, sei es nun »dringend geboten«, dass Brenda ihre Ängste überwinde, weil die nötige Hormontherapie und Operation mit dem Herannahen der Adoleszenz bald nicht mehr aufzuschieben sei. »Das Beste, was Sie für sie tun können, ist, ihr zu helfen, diesen extremen Widerstand abzubauen«, schrieb er. Dr. Moggeys Bedenken, Ron und Janet kämen mit Brendas Geschlechtszuweisung nicht zurecht, tat er mit der Bemerkung ab: »Was die Eltern betrifft, glaube ich, es geht weniger darum, ihnen dabei zu helfen, mit der Geschlechtszuweisung zurechtzukommen, als dabei, miteinander zurechtzukommen.« Insbesondere, so Money, müsse man Janet helfen, ihre depressiven Stimmungsschwankungen unter Kontrolle zu bekommen.

Dr. Moggey hatte bereits einen Psychiater für Janet gefunden, die ihre Stimmungsschwankungen schließlich mithilfe von Antidepressiva in den Griff bekam. Moneys Antwort nahm Dr. Moggey aber verwundert zur Kenntnis. »Ich war der Meinung, dass hier noch andere Probleme im Spiel sind, die mit der Mutter nichts zu tun hatten«, sagt sie. Dennoch beugte sie sich dem Urteil des berühmten Psychologen, der anscheinend über größeres Wissen verfügte und mit dem Fall besser vertraut war als sie. Unter Mühen kämpfte sie sich durch ihre Sitzungen mit Brenda, versicherte dem Kind, es sei tatsächlich ein Mädchen, und führte ihm vor Augen, wie wichtig es sei, ins Johns-Hopkins-Krankenhaus zurückzukehren und sich dort einer Operation an ihren Geschlechtsteilen zu unterziehen.

»Aber dieser Widerstand!«, erinnert sich Dr. Moggey. Widerspenstig, zornig oder teilnahmslos verfiel Brenda häufig in Schweigen, machte ein finsteres Gesicht und schaute zu Boden. Schon allein die Erwähnung der Worte *Penis* oder *Vagina* lösten bei dem Kind wütende Panik aus. Von einer Vaginaloperation wollte Brenda nichts wissen, und in die Psychohormonal Research Unit zurückkehren wollte sie schon gar nicht. »Sie will sich mit Dr. Money keine Bilder von Frauenkörpern anschauen«, notierte Dr. Moggey am 20. Januar. »Sie will Dr. Money nicht mehr sehen.«

Die tief sitzende Aversion des Kindes gab der Ärztin zu denken. Offenbar, so meinte sie, hatte Money nicht ganz begriffen, wie ernst die Probleme waren, mit denen Brenda und ihre Familie zu kämpfen hatten. Deshalb schrieb sie ihm am 2. Februar einen weiteren Brief. Diesmal schilderte sie Brendas Probleme ausführlicher und mit deutlichen Worten: Sie erklärte, dass das Kind schulisch zwei Jahre im Rückstand und »von Anfang an in der Schule nicht gut vorangekommen« sei. Ferner sei ihrem Bruder Brendas »Wildfangverhalten« peinlich. Brenda finde nur schwer Freunde und spreche offen darüber, dass sie anders sei als andere Mädchen. Sie interessiere sich nicht dafür, »weibliche Körperformen zu entwickeln«. Alles, was mit ihrem Körper zu tun hatte, halte sie für »schmutzig«, sie verweigere sich nach wie vor der Operation und zeige sich peinlich berührt von ihren Fahrten nach Baltimore, wo »ihr ein Mann Bilder von nackten Körpern« zeige. Außerdem »lehnt sie es ab, Sie noch einmal aufzusuchen, und droht wegzulaufen, falls das nötig sei«. Zuletzt schrieb die Ärztin noch, trotz Brendas Widerstand versuche sie weiterhin, das Kind zu bewegen, wieder nach Baltimore zu fahren, »denn ich denke, dass Brenda mit der Hormontherapie beginnen und allmählich weibliche Merkmale entwickeln sollte«.

Moneys Antwort vom 9. Februar fiel kurz aus. Die vielen Fragen, die Dr. Moggey aufgeworfen hatte, streifte er nicht einmal oberflächlich. Vielmehr wiederholte er einfach, wie sehr es ihn freue, dass die Psychiaterin den Fall übernommen habe, er schätze sich glücklich, sie »in engster Zusammenarbeit« zu unterstützen, und er sei »überaus erleichtert«, dass sie Brenda auf eine Rückkehr ins Johns-Hopkins-Krankenhaus vorbereite.

Moneys Erleichterung währte nicht lange. Nachdem Dr. Moggey weitere zwei Monate vergeblich versucht hatte, Brenda zu einer Rückkehr ins Johns-Hopkins-Krankenhaus zu bewegen, kam sie zu dem Schluss, dem entschlossenen Widerstand des

Mädchens sei therapeutisch nicht beizukommen. Im Frühjahr sprach Dr. Moggey mit Ron und Janet über die Alternative, die Vaginaloperation nicht in Baltimore, sondern in Winnipeg vornehmen zu lassen. Mit dieser Lösung würden die Reimers nicht nur viel Zeit, Energie und Geld sparen, sondern Brenda auch von der großen Angst erlösen, die sie mit ihren Besuchen im Johns- Hopkins-Krankenhaus verband.

Dennoch scheuten sich Ron und Janet, in irgendeiner Weise von Moneys Programm abzuweichen. Sie wollten ihre Zustimmung nur dann geben, wenn auch er selbst damit einverstanden sei. Am 18. April schrieb Dr. Moggey ihm erneut und unterbreitete ihm den Vorschlag, Brendas Operation in Winnipeg durchführen zu lassen – »es sei denn«, fügte sie hinzu, »es gibt einen besonderen Grund, den Eingriff im Johns-Hopkins-Krankenhaus vorzunehmen«.

Zufällig war Money der Ansicht, es gebe zahlreiche Gründe, das Kind im Johns-Hopkins-Krankenhaus weiterzubehandeln. Seine Argumente stellte er in einem zweiseitigen, einzeilig geschriebenen Brief dar, der trotz des geschliffenen Stils ahnen ließ, dass ihn die Aussicht, die Kontrolle über und den Kontakt mit seinem berühmtesten Forschungsobjekt zu verlieren, zutiefst bedrückte.

»Es versteht sich von selbst, dass die Reimers den Ort für medizinische Dienstleistungen frei wählen können«, begann Money. »Ich werde ihre Entscheidung billigen, ganz gleich wie sie ausfällt. Dennoch glaube ich, dass es am klügsten wäre, den Kontakt mit Johns-Hopkins nicht aufzugeben, sondern gemeinsam vorzugehen und ein Programm für die Kooperation zwischen uns und Brendas Spezialisten vor Ort zu erstellen.« Zudem pries er die »einzigartigen« Vorteile der »engen Zusammenarbeit zwischen medizinischer Psychologie, Endokrinologie und Chirurgie« im Johns-Hopkins-Krankenhaus, was, wie Money behauptete, »die Möglichkeit ausschließt, dass Experten, die es nicht gewohnt sind, zusammenzuarbeiten, zu gegensätzlichen Einschätzungen kommen«. Auch hob er das Geschick von Howard Jones hervor, des Chirurgen, der Brenda zehn Jahre zuvor kastriert hatte und nun mit dem Aufbau der künstlichen Vagina betraut werden sollte. Aber offenbar sah er ein, dass er trotz seiner beeindruckenden Überredungskünste nicht ganz überzeugend darlegen konnte, warum es vorzuziehen sei, dass ein Kind zu einem komplizierten Eingriff, der umfangreiche Nachsorgemaßnahmen nach sich zog, 2000 Meilen reisen sollte, statt die Operation im Krankenhaus um die Ecke durchführen zu lassen. Deshalb betonte er zuletzt, dass er, ganz gleich, wo die Operation erfolgte, den Kontakt mit Brenda nicht verlieren wolle. »Ich möchte sie so wie in der Vergangenheit auch künftig etwa einmal im Jahr sehen«, schloss er.

Erst als die Reimers erfuhren, dass Money sich einer Operation in Winnipeg nicht widersetzte, stimmten sie einer Änderung des Plans zu. Aber in der Frage, ob Brenda weiterhin alljährlich zur Nachuntersuchung nach Baltimore fahren sollte, ließen sie sich erneut von Dr. Moneys Beredsamkeit überzeugen. Sie beschlossen, wenn es den Psychiatern vor Ort gelingen sollte, Brendas Ängste zu beschwichtigen, würden sie auch künftig einmal im Jahr mit Brenda in die Psychohormonal Research Unit zur Beratung bei Dr. Money kommen. »Wir hatten das Gefühl, dass wir uns an niemanden sonst wenden konnten«, sagt Janet. »Niemand kannte uns, das heißt Brenda, so gut wie Dr. Money.«

8

Im Frühjahr 1977 – Brenda besuchte zu der Zeit die sechste Klasse der Agassiz-Drive-Schule – zog Doreen Moggey aus familiären Gründen nach Brandon um, einer Kleinstadt 50 Meilen nördlich von Winnipeg. Brenda sollte nun die Behandlung bei Dr. Janice Ingimundson fortsetzen, die 32 Jahre alt war und an der Universität von Manitoba Medizin studiert hatte. Die Psychiaterin, eine kühl rationale Freudianerin, verbarg ihren Humor und ihre Herzenswärme hinter einer beinahe überkorrekten analytischen Distanz. Anders als Dr. Moggey arbeitete sie nicht bei der Erziehungsberatungsstelle, sondern führte im Zentrum von Winnipeg eine Privatpraxis. Ihre erste Sitzung mit Brenda fand am 6. Mai 1977 statt. Sie erinnert sich, wie bestürzt sie bei der ersten Begegnung mit der Patientin war.

»In allen Berichten hieß es, dieses Kind hätte seine weibliche Geschlechtsidentität akzeptiert«, erklärt Ingimundson. »Aber meine einzige visuelle Erinnerung an diese Jugendliche ist die an ein« – sie ballt die Fäuste und winkelt die Arme an wie ein Boxer – »*rowdyhaftes Mädchen*. Ein Mädchen, das wie ein Junge aussieht. Einfach wild.«

Was Brenda in dieser Sitzung erzählte, war kaum geeignet, diesen ersten Eindruck zu verwischen. Obwohl Brenda gelegentlich sagte, was die Therapeutin, wie sie meinte, hören wollte (»Ich will hübsch sein, ich bin ein Mädchen und kein Junge«), gab sie im selben Atemzug ihre widersprüchlichen Gefühle preis. So verteidigte sie ihre Vorliebe für Jungenkleidung: »Ich ziehe mich gern so an. Wenn ich ein Kleid anhabe, fühlt sich das irgendwie nicht gut an, so als sollte ich es lieber nicht anhaben.« Nach ihren Gefühlen für Jungen befragt, erklärte Brenda, sie wolle sie »zusammenschlagen«. Und sie fügte noch eine Drohung hinzu, die für eine überzeugte Freudianerin eine beinahe peinliche Fülle von Symbolen lieferte: Wenn ein Junge sie auch nur »mit dem Finger antippt«, so versicherte sie der Psychiaterin, »werde sie die Axt ihres Vaters nehmen und ihm den Finger abhacken«. Als Dr. Ingimundson das Thema der Vaginaloperation zur Sprache bringen wollte, reagierte Brenda besonders ablehnend: »Ich habe mich dagegen entschieden«, teilte sie der Therapeutin mit, »und ich will nicht darüber reden.«

Diese Äußerungen fand Dr. Ingimundson zwar beunruhigend, aber sie verließ sich dennoch auf Moneys Behauptung,

Brenda habe eine weibliche Geschlechtsidentität entwickelt. Die Ärztin hatte den Eindruck, dass ihr kaum eine andere Wahl blieb. »Ich dachte: Die Entscheidung ist gefallen«, sagt Dr. Ingimundson. »Wenn du jetzt diese komplizierte Geschichte aufrollst und sagst: ›Vielleicht war diese Entscheidung falsch‹ – wozu würde das schon führen?« Folglich widmete sie sich, wie zuvor Doreen Moggey, intensiv der Aufgabe, Brenda zu versichern, dass sie ein Mädchen sei, und wollte sie bewegen, sich so bald wie möglich der Vaginaloperation zu unterziehen. Dennoch bereitete der Fall in allen seinen Aspekten der Therapeutin von der ersten Sitzung an Unbehagen, und zwar insbesondere, weil sie den Eindruck hatte, dass das Kind auf einer unbewussten Ebene wusste, dass es ein Junge war, aber nicht darüber sprechen durfte.

»Wenn man mit ihr sprach«, erklärt Dr. Ingimundson, »kamen typisch männliche Interessen zu Tage. Das ist an sich noch nicht verwunderlich, man kann das bei Mädchen immer wieder beobachten. Aber die Verlegenheit, die sie überkam – nicht Verlegenheit, die *Schwierigkeiten*, die sie hatte, über ihre Vorlieben zu sprechen, waren akut. Sie wollte sie nicht preisgeben. Immer wieder sagte sie, sie habe ein ›Geheimnis‹. Sie erklärte, sie wolle ›Detektiv‹ werden. Das heißt, sie wollte hinter das Geheimnis kommen. Das ist das therapeutische Rätsel: Sie will es wissen, aber sie will es nicht wissen. Die Menschen in der Therapie wollen es wissen, aber gleichzeitig wollen sie es nicht wissen. Nur gute Nachrichten sind willkommen.« Und Dr. Ingimundson zufolge war Brenda offensichtlich zu der Überzeugung gelangt, dass die Wahrheit alles andere als erfreulich war. Die Therapeutin erklärt weiter: »Brenda sagte im Grunde: ›Mir fehlt doch nichts, warum wollen also diese Leute in mich hineinschneiden?‹ Und im Rückblick hatte sie *Recht*. ›Ich bin ein Junge, ich bin männlich, also fehlt mir in diesem Sinne nichts, aber wenn ich ein Mädchen bin, fehlt mir anatomisch tatsächlich etwas.‹ Das ist die Falle, in der sie steckt. ›Wenn ich mir eingestehe, dass ich ein Junge bin, dann muss ich zugeben, dass anatomisch mit mir etwas nicht stimmt. Und wenn ich mir eingestehe, dass mir anatomisch etwas fehlt, *was ist dann passiert?*‹«

Nach Überzeugung der Therapeutin rührte Brendas Widerstand von ihrer dunklen Ahnung, dass man ihr über ihre Identität nicht die ganze Wahrheit sagte. Daher sprach Dr. Ingimundson nach der zweiten Sitzung mit Brendas Eltern und legte ihnen nahe, Brenda vorzubereiten, damit sie eines Tages mit ihr über die Umstände ihrer Geburt, den Unfall, den sie erlitten hatte, und die anschließende Geschlechtsneuzuweisung sprechen konnten. »Sie muss es erfahren«, erklärte die Therapeutin, »und man muss ihr helfen, es zu akzeptieren.« Erst dann, so meinte sie, werde Brenda einsehen, dass sie keine andere Wahl hatte, als sich der Vaginaloperation zu unterziehen. In ihren Aufzeichnungen hielt Dr. Ingimundson fest, wie groß die Angst der Eltern war, Brenda die Wahrheit zu sagen.

»Ich wünschte, *Sie* könnten es ihr sagen«, meinte Janet. Aber Dr. Ingimundson versicherte ihr, es sei für Brenda besser, wenn sie die Wahrheit von ihren Eltern erfuhr. Sie sollten zunächst behutsam vorgehen und erst einmal eine Grundlage schaffen. Unterdessen würde Dr. Ingimundson Brenda seelisch auf die Enthüllung vorbereiten.

Ein paar Tage später unterhielt sich Ron unter vier Augen mit Brenda. Er setzte sich zu ihr auf die Bettkante und gestand, obwohl es ihm nur schwer über die Lippen ging, dass ein Arzt »da unten einen Fehler gemacht« habe, als Brenda noch ein Baby gewesen war. Die Operation, der sich Brenda unterziehen sollte, sei dafür da, damit »andere Ärzte den Fehler des ersten Arztes richten« konnten. Ron brachte es nicht über sich, Brenda über ihr ursprüngliches Geschlecht und ihre Geschlechtsneuzuweisung aufzuklären oder ihr zu sagen, worin der »Fehler« bestanden hatte. Auch zeigte Brenda nicht das geringste Interesse an diesem Thema. Ihre Reaktion ließ eher darauf schließen, dass sie nichts mehr von der Sache hören wollte. Wie Ron später Dr. Ingimundson berichtete, stellte Brenda nach seinen mysteriösen Bemerkungen über den »Arzt, der einen Fehler gemacht hat«, nur eine Frage: »Hast du ihn zusammengeschlagen?«

Heute erklärt David, Brenda sei durch Rons zögerlichen Hinweis auf einen »Unfall« keineswegs auf die Idee gekommen, dass sie ein Junge sei, den man chirurgisch in ein Mädchen umgewandelt hatte. »Auf diesen Gedanken kommt man nicht in einer Million Jahren«, sagt David. »Also wusste ich nicht, wovon er sprach – und ich wollte es auch gar nicht wissen.«

Unterdessen hatte Brenda ihre gewohnten Schwierigkeiten in der Schule. »Sie besucht erst seit vier Tagen die Schule und hat hauptsächlich Probleme mit Gleichaltrigen«, notierte die Sozialarbeiterin der Schule in Brendas Akte. »Sie wird gehänselt – ›sieht aus wie ein Junge‹, etc.«

Aber im Lauf des Schuljahrs fand Brenda in ihrer Klasse allmählich Anschluss bei einer kleinen Clique von unangepassten Mädchen. Anführerin war Heather Legarry, ein Mädchen mit kurzen braunen Haaren und freundlichem Lächeln. »Ich hatte in den ersten Schuljahren immer wieder erlebt, wie es ist, wenn man ausgeschlossen wird«, erinnert sich Heather heute. »Ich wusste, wie das war, und würde es nie einem anderen Menschen antun – niemals.« Brenda, so sagt sie, passte gut in die Gruppe der wilden Mädchen, die Fußball und Völkerball spielten, auf Klettergerüsten herumturnten und Fahrrad fuhren. Auf Heathers Annäherungsversuche reagierte Brenda zunächst misstrauisch, aber schließlich gab sie ihre Vorsicht auf und traf sich immer häufiger mit Heather und deren Freundinnen. »Heather war der erste Freund, den ich je hatte«, sagt David. »Ich wusste gar nicht, was das ist, ein Freund.«

Heather hingegen schätzte Brenda, weil sie keine Falschheit und Hinterlist kannte – Eigenschaften, die ihre bisherigen Freundschaften mit Mädchen vergiftet hatten und von denen sogar ihre Wildfangclique bedroht war. »Brenda hat nicht viel geredet«, sagt Heather, »aber wenn sie etwas sagte, war es nie rachsüchtig oder unaufrichtig. Sie war durch und durch ehrlich. Wenn sie mir sagte, etwas sei schwarz oder weiß, dann war es das auch.«

Gleichzeitig war sich Heather über Brendas »Eigenartigkeit« im Klaren. Die zeigte sich zum Beispiel in Brendas Ängstlichkeit. »Brenda wurde leicht nervös, wenn wir Sachen machten, die auch nur im Geringsten ungewöhnlich waren, zum Beispiel wenn wir mit unseren Rädern die Abkürzung über den Campus nahmen, was ich ständig tat. Sie war sehr nervös, sehr unsicher.« Wie Heather sagt, äußerte sich diese Nervosität sogar in Brendas Sprache. »Manchmal ist es ihr schwer gefallen, einen einfachen Satz zu formulieren.«

Und noch in anderer Hinsicht war Brenda eigenartig. »Soweit ich wusste, war Brenda – körperlich – ein Mädchen«, erklärt Heather. »Aber aus allem, was sie getan und gesagt hat, wurde klar, dass sie kein Mädchen sein wollte. Die anderen in unserer Clique wollten mit den Jungen konkurrieren. Wir wollten beweisen, dass wir alles genauso gut konnten wie sie. Wir wollten es ihnen *zeigen*. Manchmal bekamen wir Streit mit den Jungen, aber wir wären nicht so weit gegangen, mit ihnen zu raufen. Ich wollte zum Beispiel keinen Bluterguss im Gesicht abkriegen. Aber Brenda hat mit den Jungen gerauft. Die Blutergüsse haben sie nicht so gestört.« Heather hält inne und denkt eine Weile darüber nach. »Ich war ein Wildfang«, sagt sie schließlich, »aber ich wollte nie ein Junge sein. Brenda schon.«

Dieser Eindruck verstärkte sich noch, als Heather eines Tages auf dem Schulhof auffiel, dass Brenda oben auf dem Kopf eine kleine kahle Stelle hatte. Die Stelle rührte von einem Unfall her, den Brenda als Kleinkind hatte – sie hatte, während ihr Vater kochte, am Kabel einer Elektrobratpfanne gezogen und einen Spritzer heißes Fett abbekommen. Aber das war nicht die Geschichte, die sie Heather erzählte. »Sie sagte, sie hätte sich absichtlich eine heiße Bratpfanne an den Kopf gehalten«, erinnert sich Heather, »weil sie ›kahlköpfig sein wollte wie ein Mann‹.«

Durch ihre Freundschaft mit Heather wurde Brenda allmählich auch auf eine neue, gefährliche Unterströmung aufmerksam, die bei ihren Mitschülerinnen spürbar wurde. Zunächst hörte sie Gespräche von anderen Mädchen mit, die übers »Verknalltsein«, »Miteinandergehen« und »Küssen« redeten. Dann sah sie, wie Jungen und Mädchen hinter dem Rücken der Lehrerin Zettelchen austauschten. Einmal las sie eines davon. Es war ein Liebesbrief, unterzeichnet mit »XoXoXoX«.

Diese Entwicklungen waren für Brenda ein fruchtbarer Nährboden für neue Peinlichkeiten und Demütigungen. Sie hatte beschlossen, sich von ersten Liebeleien fern zu halten, ein Entschluss, der, wie sie meinte, leicht durchführbar wäre, weil keiner der Jungen an einem Flirt mit ihr interessiert war. Dennoch wurde bald klar, dass sie vor der erwachenden Sexualität ihrer Altersgenossen nicht ganz die Augen verschließen konnte. Im Herbst nahm Heather ihre Freundin zur Geburtstagsparty einer Klassenkameradin mit.

Die Feier begann noch ganz harmlos. Unter den wachsamen Augen der Eltern des Geburtstagskinds spielten die Kinder Spiele wie Blinde Kuh und Twister, während auf der Stereoanlage eine Kinderschallplatte abgespielt wurde. Aber als die Eltern das Zimmer verließen und nach unten gingen, änderte sich das schlagartig.

»Einer der Jungen nahm die LP vom Plattenspieler – pssst – und legte Schmusemusik auf«, erinnert sich David. »Ein anderer machte das Licht aus. Plötzlich tanzten alle Schieber und knutschten. Ich sah Heather an, und Heather sah mich an. Wir zwei waren als Einzige übrig geblieben.« Die beiden traten rasch den Rückzug nach unten an. »Aber man hörte es durch den Heizungsschacht«, sagt David. »Ich spürte, was da los war.«

Ich frage David, wie er sich als Brenda gefühlt hatte, als sich seine Klassenkameraden zu Liebespärchen zusammentaten. Er dachte kurz nach. »Ich glaube, ich habe sie beneidet«, sagt er schließlich. »Diese Leute sahen aus, als wüssten sie, wo sie hingehörten. Für mich gab es da keinen Platz, an dem ich mich mit irgendjemandem oder irgendetwas wohl gefühlt hätte.«

Brendas wachsende Entfremdung wurde auch in ihren Sitzungen mit Dr. Ingimundson deutlich, die weiterhin hartnäckig versuchte, Brenda zu einem offenen Gespräch über ihre Genitalien zu bewegen, damit sie endlich einer Operation zustimmte. Aber Brenda blieb unbeugsam.

»Reagiert nicht auf meine Bemühungen, beteiligt sich nicht«, notierte die Therapeutin. »Schweigt… starrt Löcher in die Luft – mit abgewandtem Kopf… Sagt, sie fühlt sich in meiner Praxis wie in der Falle – will raus – oder fühlt sich im eigenen Ich wie in der Falle.«

9

Im Sommer 1977 sah sich Brenda plötzlich einem Angriff an einer neuen Front ausgesetzt. Bei ihren letzten Aufenthalten in Baltimore hatte Money mit ihr über die Medikamente gesprochen, die sie bald nehmen müsse, um ein »normales Mädchen« zu werden. Damit meinte er Östrogene, die weiblichen Hormone, die in Brendas breitschultrigem, schmalhüftigem Knabenkörper die Merkmale der weiblichen Pubertät simulieren sollten. Ebenso wie die Vaginaloperation war die Vorstellung, Brüste zu bekommen, für Brenda ein Albtraum. Folglich reagierte sie misstrauisch, als ihr Vater gegen Ende der sechsten Klasse an der Agassiz-Drive-Schule eine Packung Tabletten hervorholte, die sie einnehmen sollte.

»Wofür sind die Pillen?«, fragte sie.

Ron suchte angestrengt nach den richtigen Worten und erklärte schließlich: »Die bewirken, dass du einen BH tragen kannst.«

»Darauf sagte ich: ›Ich will aber keinen BH tragen!‹«, erinnert sich David. »Ich bekam einen Anfall.«

Wie tief Brendas Widerstand gegen die Hormone war, wurde

im Umgang mit dem Arzt Jeremy Winter klar, der ihr die Hormone verschrieben hatte und die Östrogentherapie durchführen sollte. Der 34-jährige Kinderendokrinologe, Facharzt an der Kinderklinik von Winnipeg, hatte in Philadelphia bei dem angesehenen Endokrinologen Alfred Bongiovanni studiert, der seinerseits im Johns-Hopkins-Krankenhaus unter Lawson Wilkins gearbeitet hatte.

Angesichts dieser wissenschaftlichen Ahnenreihe verwundert es nicht, dass Winter unter allen Ärzten in Winnipeg am wenigsten geneigt war, die Methoden und Schlussfolgerungen von Moneys Zwillingsstudie zu hinterfragen. Bevor er Brenda kennen lernte, hatte er auch nicht damit gerechnet, dass die Behandlung Probleme aufwerfen könnte.

»Als ich die Krankenakte erhielt, verschaffte ich mir alle verfügbaren Hintergrundinformationen«, erklärt Winter. »Ich las *Man & Woman, Boy & Girl* (dt. *Männlich – weiblich. Die Entstehung der Geschlechtsunterschiede)* und glaubte dem Autor. Ich sagte mir: ›Das ist einleuchtend, alles fügt sich ins Bild, und ich werde dieses Kind genauso behandeln.‹« Das hieß, das Kind sollte also zunächst einer Östrogentherapie und gleich anschließend einer Vaginaloperation unterzogen werden. Aber der Plan funktionierte nicht.

»Es war der frustrierendste Fall, den wir in der Klinik hatten«, erinnert sich Winter. »Wir waren stolz darauf, wie gut unsere Beziehung zu unseren Patienten war, dass wir uns mit den Kindern zusammensetzten und in einer freundlichen Atmosphäre mit ihnen sprachen und ihnen zuhörten. Und da hatten wir dieses verstockte, zornige Kind, das mit uns nichts zu tun haben wollte. Ich fragte: ›Dürfen wir einen Bluttest machen?‹ ›Nein.‹ ›Darf ich dich untersuchen?‹ ›Nein.‹ Also hielt ich Monologe darüber, wie wichtig es sei, die Östrogene zu schlucken und die Vaginaloperation vorzunehmen, und wie erfolgreich und wunderbar das Ganze sein würde.«

Winter zufolge war Brenda fest entschlossen, das Johns-Hopkins-Krankenhaus nicht mehr aufzusuchen. »Ich hatte in meinem Leben noch keinen Patienten gesehen, der sich gegen einen Arzt derart gesträubt hat – bei dem das so tiefe Emotionen aufwühlte.« Aber die Zeit drängte. Brendas zwölfter Geburtstag rückte heran, und folglich hatte Winter keine andere Wahl, als Brenda zur Einnahme der Hormone zu bewegen.

Brenda versuchte weiterhin, sich zu wehren, aber da sie von ihren Eltern, Winter und Dr. Ingimundson fortwährend unter Druck gesetzt wurde (ganz zu schweigen von Moneys Drohung, sie werde unproportionierte Gliedmaßen bekommen, wenn sie die Medikamente nicht nähme), begann sie – kurz vor ihrem zwölften Geburtstag Ende August – die Pillen zu schlucken. Das heißt, sie tat wenigstens so. Wenn ihre Eltern nicht hinsahen, warf sie die kleinen Tabletten in die Toilette. »Ich erinnere mich, dass sie rosa Farbe abgaben«, sagt David. »Ich musste sie rasch hinunterspülen, bevor meine Eltern es merkten.« Aber Ron und Janet kamen ihr bald auf die Schliche und überwachten Brenda von nun an bei der täglichen Einnahme der Medikamente: zunächst 0,02 Milligramm Ethinylestradiol; später wurde die Dosis bis zu 0,75 Milligramm erhöht.

Schon bald bekam Brenda Brüste, und um Hüften und Taille setzte sie Fettpolster an. Diese körperlichen Veränderungen empfand sie als tiefe Kränkung. Um ihre weiblichen Proportionen zu verstecken, begann sie erstaunliche Mengen zu essen. Dank mehrerer Portionen Eis am Tag hatte sie bald einen Taillenumfang von 100 Zentimetern. Auf diese Weise ließen sich Brüste und runde Hüften tarnen, aber gewissen anderen physiologischen Änderungen, die im darauf folgenden Herbst auftraten, war durch übermäßiges Essen nicht beizukommen. »Spontan geäußerte Befürchtungen wegen ihrer Stimme«, notierte sich Dr. Ingimundson in ihrem Stichwortprotokoll. »Stimmbruch setzt ein.«

Warum Brenda eine tiefere Stimme bekam, konnte auch der Endokrinologe Dr. Winter nicht erklären. Da die Hoden fehlten (die wichtigsten hormonproduzierenden Drüsen des Mannes) und mit der Östrogenbehandlung bereits begonnen worden war, hätte Brendas Stimme nach dem Stand des medizinischen Wissens in der Pubertät nicht in einen männlichen Bariton abrutschen dürfen. Heute ist Winter der Auffassung, dass sich bei Brenda Stimmbänder und Kehlkopf verdickten, weil die Nebenniere vermehrt Androgene ausschüttete. Ganz gleich, worin die Ursache lag, eins stand außer Zweifel: Brendas Stimme veränderte sich in derselben Weise wie die ihres Bruders Brian. Sie fragte ihre Mutter, warum.

Janet überlegte, da fiel ihr die tiefe Stimme der Schauspielerin Marlo Thomas aus der Comedy-Serie *That Girl* ein. »Sie hat eine raue Stimme«, erklärte Janet ihrer Tochter. »Es ist ganz normal, dass manche Mädchen so eine Stimme haben.«

Mit dieser Erklärung gerüstet, trat Brenda in die siebte Klasse der Glenwood Junior High ein, einer großen staatlichen Schule, die von ihrem Elternhaus nur fünf Minuten zu Fuß entfernt war. Auch dort hatte Brenda Kontaktprobleme und fand schließlich ihren Platz in einer bunt zusammengewürfelten Gruppe von Außenseitern. Ein Mädchen war intersexuell. Eine andere trug eine komplizierte Metallschiene am Bein und eine Schuhsohlenerhöhung, weil das eine Bein um acht Zentimeter kürzer war als das andere. Eine weitere, Esther Haselhauer, litt am Poland-Symptomenkomplex, einer angeborenen Anomalie, die zur Folge hatte, dass Esther Wachstumsstörungen hatte, eine Hand verkümmert war und die rechte Brust sich kaum entwickelte. Esther erinnert sich, dass sie sich Brenda seelisch verwandt fühlte.

»Mit ihr in Kontakt zu kommen war nicht leicht«, sagt Esther. »Aber sie hatte etwas, worauf ich sofort ansprach. Es war … ich weiß auch nicht, eine Traurigkeit. Sie erinnerte mich an mich selber.« Gleichzeitig war sich Esther bewusst, dass Brenda anders war als sie selbst, ja sogar anders alle anderen Mädchen, die sie kannte. »Brenda war kein mädchenhaftes Mädchen.« Außerdem vermittelte ihr die Freundschaft mit Brenda seltsamerweise das Gefühl, als wäre sie mit einem Angehörigen des *anderen* Geschlechts zusammen. »Es war ein Gefühl der Sicherheit«, sagt Esther. »Bei Brenda fühlte ich mich gut aufgehoben. Die anderen Kinder schlugen mich oft, weil ich so klein war. Aber wenn ich mit Brenda zusammen war und einer auf mir herumhacken wollte, gab sie ihm Saures.«

David sagt, er sei für Esthers Freundschaft dankbar gewesen, aber weil sie so unterschiedlich waren, seien sie sich eigentlich nicht nahe gekommen. »Sie redete immer über Jungs«, erinnert sich David. Bei der Frage, ob Brenda je Interesse an einem Flirt mit Jungen gezeigt habe, lacht Esther. »Nein!«, ruft sie. »Das wäre undenkbar gewesen. So undenkbar, als hätte ich mich mit meinen ein Meter zwanzig für das Basketballteam beworben.«

Nach dem ersten Halbjahr in der neuen Schule erhielt Dr. Ingimundson einen Brief von Dr. Money, der um einen Bericht über die erzielten Fortschritte bat. Die Anfrage traf in einem besonders ungünstigen Augenblick ein – genau zwei Tage nach einer katastrophalen Therapiestunde, zu der Dr. Ingimundson auch die Eltern gebeten hatte. Aus ihren Aufzeichnungen vom 20. Februar geht hervor, dass Brenda auch nach vierzehn Monaten psychiatrischer Behandlung in Winnipeg erbitterten Widerstand gegen die geplante Operation leistete. Brenda hüllte sich in Schweigen, zog sich die Kapuze ihres Wintermantels über den Kopf und verschränkte die Arme über der Brust. Als sie bedrängt wurde, sich zu der Operation zu äußern, brach sie schließlich in Tränen aus, und die Erwachsenen sahen hilflos zu. »Die Eltern und ich finden keine Worte«, notierte sich Dr. Ingimundson. Kurz danach brach sie die Sitzung ab.

Als die Therapeutin Moneys Brief beantwortete, hatte sie diese beunruhigende Szene noch frisch im Gedächtnis. Sie erklärte, man habe Brenda zwar bewegen können, die Hormone einzunehmen, aber darüber hinaus seien keine Fortschritte erzielt worden. »Für die Operation wurden noch keine konkreten Pläne erarbeitet«, berichtete sie. »Es haben noch nicht einmal vorsichtige Vorgespräche stattgefunden.« Sie fügte hinzu, Brenda lehne eine »medizinische Versorgung« weiterhin ab und weigere sich, ihre Genitalien untersuchen zu lassen.

Wie Money diesen Brief aufnahm, ist schwer zu sagen. Die von seiner Sekretärin verfasste Antwort ist kurz. »Dr. Money hat mich gebeten, Ihnen in seinem Namen für Ihren Brief vom 8. März 1978 zu danken, in dem Sie über Brenda Reimer berichten. Dafür bedanken wir uns noch einmal herzlich«, lautet der Text in voller Länge.

Eine ausführlichere Meinungsäußerung Moneys konnte man bald darauf in dem Buch *Biological Determinants of Sexual Behavior* nachlesen, einer Sammlung von Aufsätzen zum Thema Geschlechtsidentität, die im selben Jahr in Großbritannien erschien. Wieder vertrat der Autor eine optimistische Sicht der Dinge. Ein ganzseitiges Foto von Brenda und Brian (aufgenommen bei ihrem letzten Besuch in der Psychohormonal Research Unit) zeigt sie nebeneinander stehend vor hellem Hintergrund. Brenda trägt ein kurzes, gemustertes Kleid mit Flügelärmeln, ihr langes, sorgfältig gekämmtes Haar fällt bis auf die Schultern. Brian, in einem kurzärmligen Jungenhemd und dunklen Jeans, hat kurzes Haar, das die Ohren frei lässt. Die Gesichter sind durch große, schwarze Flecken unkenntlich gemacht, sodass die Ähnlichkeit nur an Wangen, Kinn und Augenbrauen deutlich wird. Der Begleittext suggeriert, dass beide Kinder lächeln und glücklich sind. »Jetzt in der Vorpubertät«, schrieb Money, »hat das Mädchen … eine weibliche Geschlechtsidentität und -rolle, durch die es sich deutlich von seinem Bruder unterscheidet.«

Ein aufmerksamer Leser hätte in dieser aktualisierten Darstellung des Falls jedoch Hinweise entdeckt, aus denen sich eine weniger zuversichtliche Prognose für die Zwillingsschwester ergibt. An anderer Stelle im selben Kapitel berichtete Money nämlich über seine neueren Forschungen an Mädchen, die im Mutterleib einer hohen Dosis Testosteron ausgesetzt waren. Money zufolge führte der Einfluss der Hormone vermutlich dazu, dass sich die

Kinder nicht nur beim Spiel, bei der Wahl ihres Spielzeugs und bei ihren Berufswünschen maskulin orientierten (wie er und Ehrhardt bereits elf Jahre zuvor festgestellt hatten), sondern auch in ihrem sonstigen Verhalten. »Die bisherigen Untersuchungsergebnisse verweisen darauf, dass [bei solchen Mädchen] Bisexualität und Homosexualität häufiger vorkommen, als gemäß einer zufälligen Verteilung zu erwarten wäre.«

Moneys berühmter Zwilling mit der neuen Geschlechtsidentität war jedoch während seiner gesamten Zeit im Mutterleib der vollen Dosis Testosteron ausgesetzt, das von den Hoden des Fötus produziert wurde (das heißt, er hatte etwa zehnmal so viel Testosteron erhalten wie ein normaler weiblicher Fötus). Daraus hätte man durchaus den Schluss ziehen können, dass der Zwilling in der Pubertät aller Wahrscheinlichkeit nach erotisches Interesse an Mädchen entwickeln würde. In der entscheidenden Frage von Brendas sexueller Orientierung tat Money jedoch so, als sei er nicht in der Lage, eine auf Sachkenntnis gestützte Vermutung über ihre künftigen erotischen Präferenzen zu äußern (wobei er offenbar vergaß, was er Ron und Janet über Brendas lesbische Neigungen gesagt hatte). Seine Ausführungen über Brendas Geschlechtsidentität enden mit den Worten: »Schlüssige und endgültige Ergebnisse wird man erst dann erhalten, wenn sich romantische Interessen und erotische Phantasien einstellen.«

In den elf Jahren, die seit der Umwandlung von Bruce in Brenda Reimer verstrichen waren, hatte noch keiner ihrer Ärzte vor Ort die Möglichkeit gehabt, ihren Fall mit John Money persönlich zu besprechen. Im Frühjahr 1978 sollte jedoch Jeremy Winter einen Vortrag am Seminar für Reproduktionsbiologie an der medizinischen Fakultät der Johns-Hopkins-Universität halten. Bei seinem Aufenthalt in Baltimore vereinbarte er einen Gesprächstermin mit Money. Das Treffen fand am 4. April in der Psychohormonal Research Unit statt. Winter schilderte Money in allen Einzelheiten, dass die Durchführung seiner Pläne für Brenda das Ärzteteam in Winnipeg vor enorme Schwierigkeiten stellte: Nach wie vor widersetze sie sich einer Genitaluntersuchung, ja sie weigere sich, über eine Vaginaloperation auch nur zu sprechen, sie wolle auf keinen Fall wieder nach Baltimore fahren, und häufig unterlasse sie es, ihre Hormonpillen zu schlucken. Wie Winter berichtet, schien sich Money darüber jedoch überhaupt keine Sorgen zu machen.

»Er gab sich überaus zuversichtlich«, sagt Winter. »Alles sei völlig in Ordnung, es gebe keine Probleme – und alle Bedenken, die ich äußerte, seien nur auf meine Naivität und meine Jugend zurückzuführen. Im Lauf der Zeit würde ich schon merken, dass alles in Ordnung sei.«

Moneys Aufzeichnungen über das Gespräch bestätigen Winters Eindruck. Optimistisch verweist Money darauf, dass Brenda zu gegebener Zeit »die Entscheidung [für die Operation] selbst würde treffen« können. Auch deutet er an, Brendas »heftige Phobie vor weißen Kitteln und Ärzten« reflektiere nur eine tief sitzende Erinnerung an den Beschneidungsunfall im Alter von acht Monaten, und meint: »Ich vermute stark, Brenda weiß bereits, dass sie einmal einen Penis hatte, und wahrscheinlich auch, dass sie als Junge betrachtet wurde [sic].« Dieser Verdacht hinderte ihn aber nicht, daran zu glauben, Brenda werde bald einer Vaginaloperation zustimmen – möglicherweise sogar im Johns-Hopkins-Krankenhaus. Wie seine Aufzeichnungen zeigen, sprach Money mit Winter auch über Brendas »heftigen Widerstand gegen Gespräche über Sexualität und gegen Bücher, die in irgendeiner Weise mit Sexualerziehung zu tun haben«. Wie Winter berichtet, zeigte ihm Money einige seiner Sexualkundematerialien: »Er zeigte mir Fotos, die er benutzte, schmutzige Bilder, mit denen er feststellen wollte, ob Brenda homosexuell, bisexuell oder heterosexuell war.«

Winter fand zwar Moneys sorglose Haltung zu den von ihm vorgetragenen Problemen und die Materialien, die er ihm unterbreitet hatte, ziemlich beunruhigend, war aber andererseits ent-

147

schlossen, den Besuch als Ermutigung aufzufassen. Erleichtert stellte er fest, dass der weltberühmte Experte Brendas Widerstand nicht als unüberwindliches Hindernis ansah, das den Erfolg der Geschlechtszuweisung beeinträchtigen konnte. Ebenso erleichtert war er, dass Money die weltweit führende Autorität für Geschlechtsumwandlung, das Vorgehen des Ärzteteams in Winnipeg guthieß. »Ich war der junge, unbedeutende Arzt, der den Experten aufsucht«, sagt Winter, »und ich war froh, dass ich Bestätigung bekam.«

Wie tief Brendas Widerstand gegen das Johns-Hopkins-Krankenhaus und die Operation ging, wurde aber bald allen Betroffenen klar – nicht zuletzt John Money selbst. Am 2. Mai 1978, einen Monat nach Winters Aufenthalt in Baltimore, suchten die Reimers mit Brenda und Brian Dr. Money erneut zu einem Beratungsgespräch auf. Brenda, die sich erbittert gegen den Besuch gesträubt hatte, gab ihre Zustimmung erst, als die Eltern sie mit einem teuren Ausflug nach New York City bestachen. Aber obwohl Manhattan die bittere Pille versüßte, war der Besuch für Brenda ein so traumatisches Erlebnis, dass sie im Anschluss daran nie wieder bereit war, nach Baltimore zu fahren.

Dass sich während Brendas Besuch etwas Außerordentliches ereignet hatte, geht aus einem Brief hervor, den Money einige Wochen später an Winter schrieb. Zunächst behauptet er: »Brenda sprach diesmal mehr als bei ihrem letzten Besuch« und erklärt weiter: »Besonders unbefangen verhielt sie sich gegenüber zwei jungen Studenten, die bei mir ein Wahlfach belegt haben. Sie gab jedoch deutlich zu verstehen, dass sie jeden Bezug auf Sex, sexbezogene Themen und die bevorstehende Operation vermeiden wollte ... Sie konnte es nicht tolerieren, dass über diese Themen länger gesprochen wurde, und ging ins Nebenzimmer zu ihrem Bruder. Ich folgte ihr und legte ihr zum Abschluss der Sitzung die Hand auf die Schulter, was die meisten Jugendlichen als beruhigend empfinden. Sie floh in Panik. Eine Studentin folgte ihr und half ihr, sich wieder zu fassen. Nur wenige Worte wechselnd legten sie etwa eine Meile zurück.« Zum Abschluss dieses merkwürdig lückenhaften Berichts spricht Money von der Studentin als einer »Frau«. Was er nicht erwähnt, ist, dass diese Frau ihr Leben als Mann begonnen hatte. Sie war eine vom Mann zur Frau umgewandelte Transsexuelle, die Money auf Brenda angesetzt hatte, um ihr die positiven Aspekte der operativen Konstruktion einer Vagina nahe zu bringen.

Unmittelbar vor der Reise nach Baltimore hatte Brenda die typischen Symptome gezeigt: intensive Angst, Wut und Depression – Gefühle, die auch in dem Satzergänzungstest zum Ausdruck kamen, den sie ausfüllen sollte. »Verglichen mit den meisten Familien ist meine… ein hoffnungsloser Fall«, schrieb Brenda. »Ich glaube die meisten Mädchen… sind nicht besonders nett.« »Ich glaube, die meisten Frauen… sind auch nicht besonders nett.« »Das Eheleben finde ich… hundsmiserabel.« »Wenn ich sexuelle Beziehungen hätte… würde ich das nicht wollen. Auch nicht, dass ein Junge mich küsst.« »Für mich sieht die Zukunft… schlecht aus.«

Aber erst als Dr. Money ihr die Transsexuelle vorstellte, verwandelte sich Brendas verzweifelte Grundstimmung in helle Panik.

»›Ich habe hier jemanden‹, sagte Dr. Money, ›mit dem du reden kannst, der das Gleiche hinter sich hat, was auf dich zukommt‹«, erinnert sich David. Brenda wurde in ein Zimmer geführt. Dort wartete eine Person auf sie, die sie sofort als Mann erkannte, der geschminkt war, Frauenkleider und eine weibliche Frisur trug. Die Person sprach mit einer keuchenden, unnatürlich hohen Stimme. »Er erzählte mir von der Operation«, berichtet David, »wie phantastisch das für ihn war, wie schön das Leben seither für ihn geworden ist.«

Brenda saß stocksteif da, schwieg und hörte scheinbar zu. Aber die Worte vermochten das lähmende Entsetzen, das sie packte, kaum zu durchdringen. »›Soll *ich* etwa so enden?‹, dachte ich.«

Als die Transsexuelle mit ihrer Schilderung fertig war, führte sie Brenda wieder ins Büro, wo Dr. Money an seinem Schreibtisch saß und auf sie wartete. Brenda setzte sich auf den Sessel neben dem Schreibtisch, die Transsexuelle nahm auf einem Sofa Platz. Aus Moneys Aufzeichnungen erfahren wir, was dann geschah.

»Du musst dir deine Geschlechtsorgane nicht operieren lassen, wenn du nicht willst«, sagte Money. »Aber du kannst es dir auch anders überlegen und es jederzeit durchführen lassen, wenn du es möchtest, zwischen zwanzig und dreißig, oder zwischen dreißig und vierzig. Von jetzt an bist du alt genug, um die Zustimmung zur Operation selbst zu unterschreiben, und niemand kann dich zu einer Operation zwingen. Um die Wahrheit zu sagen, kann dich auch niemand zwingen, Pillen zu nehmen, wenn du nicht willst. Und das weißt du ganz genau, denn, was das betrifft, brauchst du ja nur zu lügen, hmm?«

In diesem Stil redete Dr. Money ungefähr zehn Minuten auf Brenda ein, gab sich bald freundlich und hilfsbereit, bald stieß er wütende Drohungen aus. Niemand sollte ihr das Gefühl geben, sie würde zu etwas gezwungen, meinte er, obwohl er selbst erbarmungslos versuchte, ihr eine Zustimmung zu der Operation abzuringen. Er sprach von ihrer »Geschlechtsidentität«, erklärte, wenn sie keine habe, sei sie kein Mensch, und dann fing er wieder von der Operation an, sprach von »Sexualorganen für eine Frau«.

Brenda versuchte, ihn zu unterbrechen, aber Dr. Money sagte, er wolle ihr zuerst »eine sehr hübsche Geschichte« über einen Patienten erzählen, der mit »einem angeborenen Defekt der Geschlechtsorgane« zur Welt gekommen war. Money sprach von »Klitoris« und »Penis«. Wieder wollte ihm Brenda ins Wort fallen. »Lass mich ausreden«, fuhr Money sie an. Dann fasste er sich wieder und berichtete, dieser Patient habe sich, so wie Brenda, als Heranwachsender immer geweigert, über seine Sexualität zu sprechen. Money sagte, von diesem Patienten habe er gelernt, dass man Kinder nicht zwingen dürfe, über Dinge zu reden, die sie beunruhigten. Und doch drängte Money Brenda, etwas zu sagen. »Du sollst wissen, dass ich der einzige Mensch auf der Welt bin, dem du alles sagen kannst, weil ich dich nicht anbrüllen werde«, sagte Money. »Und ich werde dir nicht sagen, dass du verrückt bist. Ich werde dir einfach zuhören und dir helfen, eine Lösung zu finden. Und du kannst mir alles sagen.«

Als Money endlich verstummte, hatte Brenda nur eine einzige Frage: »Sind Sie fertig?« »Wir sind fertig.«

Brenda stand auf und rannte zur Tür. Money und die Transsexuelle folgten ihr. Die Transsexuelle schlug vor, mit Brenda in den vierten Stock zu gehen, wo sie allein sein könnten. Dr. Money griff nach Brenda. Sie spürte, wie seine Finger ihre Schulter umklammerten. Überzeugt, dass man sie in den Operationssaal schleifen wolle, riss sie sich los. Heute kann sich David nicht mehr erinnern, wie er aus Moneys Büro entkam. »Ich weiß noch, dass ich gerannt bin«, sagt David. »Das ist alles.«

»Ich hörte, wie die Tür aufgerissen wurde«, sagt Brian, der im Wartezimmer gesessen hatte, »und – wusch! – da stürmt Brenda vorbei wie der Blitz. Ich höre John Money brüllen. Und ich sehe, wie eine Menge Leute in weißen Kitteln hinter ihr herrennen.«

Janet und Ron, die nebenan saßen, hörten den Tumult und kamen auf den Korridor heraus. »Dr. Money regte sich ziemlich auf«, berichtet Janet. »Wir warteten mit seinen Assistenten, während er sich auf die Jagd machte.«

Brenda rannte blindlings eine Treppe hinauf, bis zu einer Dachterrasse. Die Transsexuelle war ihr gefolgt. Brenda versteckte sich hinter einer niedrigen Ziegelmauer, die die Dachterrasse umgrenzte. David kann sich nicht erinnern, was als Nächstes geschah. Einem Bericht der Transsexuellen (deren Namen in den Akten der Psychohormonal Research Unit gelöscht wurde) ist zu entnehmen, dass Brenda, die Verfolgerin auf den Fersen, über vier Stockwerke nach unten rannte und durch den Hinterausgang des Krankenhauses auf einen Parkplatz gelangte. Die

Transsexuelle suchte unterdessen das Klinikgelände ab und sah dann, wie Brenda durch den Haupteingang wieder ins Haus lief. Sie nahm die Verfolgung wieder auf, verlor aber Brenda erneut aus den Augen.

Am Empfang rief die Transsexuelle Money in seinem Büro an, erstattete ihm Bericht und bezog dann am Ausgang Stellung. Zwei Minuten später tauchte Brenda auf und wollte zur Tür hinaus. Die Transsexuelle fing sie ab und erbot sich, einen Spaziergang mit ihr zu machen, damit sie sich beruhigte. Brenda war einverstanden, aber nur unter der Bedingung, dass die Transsexuelle nichts sagte und ihr nicht zu nahe kam. »Wir gingen spazieren«, schreibt die Transsexuelle weiter, »dabei hielt sich Brenda gut einen Meter hinter mir.« In dieser eigenartigen Formation legten Brenda und ihre Möchtegern-Beraterin eine Entfernung von etwa acht Häuserblocks zurück und kehrten dann wieder um.

Am Haupteingang der Klinik wurden sie von Viola Lewis in Empfang genommen. Sie gehörte zu den wenigen Mitarbeitern der Psychohormonal Research Unit, denen Brenda nicht völlig misstraute. Viola Lewis brachte das Kind zum nahe gelegenen Sheraton-Hotel, wo Ron und Janet auf ihre Tochter warteten.

Als Brenda endlich wieder bei ihren Eltern und ihrem Bruder im Hotelzimmer war, erklärte sie Janet: Wenn man sie je wieder zwinge, mit Dr. Money zu sprechen, werde sie sich umbringen.

10

Nach Winnipeg zurückgekehrt, bahnte sich für die Reimers bereits die nächste Krise an – auch wenn das Drama diesmal nicht Brenda persönlich betraf, sondern die Mitglieder ihres Ärzteteams. Vor einigen Wochen hatte sich Dr. Ingimundson, die ein Baby erwartete, Mutterschaftsurlaub genommen und ihre Praxis geschlossen. Sie hatte Brenda an ihre Kollegin Dr. Sheila Cantor überwiesen. Dr. Cantor, von angriffslustigem, freimütigem Naturell, war jedoch zu einer völlig anderen Einschätzung des Falls gelangt als die übrigen Mitglieder des Behandlungsteams. Nach der Lektüre von Brendas Krankengeschichte und einer Sitzung mit Brenda und ihren Eltern erklärte sie den Reimers frei heraus, Brendas Geschlechtsneuzuweisung sei vollkommen misslungen und man müsse dem Kind erlauben, ab sofort als Junge weiterzuleben.

Wie Sigmundson erklärt, war eine solch schonungslose Offenheit ein typischer Charakterzug der Therapeutin (die inzwischen an Krebs verstorben ist). »Sie war eine gute Psychiaterin, aber sie hatte zu jeder Frage, mit der sie zu tun hatte, eine so definitive Meinung, dass sie die Leute immer wieder vor den Kopf stieß«, sagt Sigmundson. Mit Sicherheit verprellte sie die Reimers, die sich nach wie vor mit Moneys Forderung herumquälten, jeden Zweifel an der Behandlung zu unterdrücken.

Ausgerechnet der sonst so schweigsame Ron protestierte. »Mein Mann wurde sehr ärgerlich«, erinnert sich Janet. »Er sagte: ›Zuallererst müssen wir sicher sein, dass sie ein Junge sein will. Sie können nicht einfach *Vermutungen anstellen*.‹ Er hatte noch nicht akzeptiert, dass es mit Brenda nichts wurde.« Da ging es ihm nicht anders als Janet oder auch Dr. Winter, der sich im Streit mit der Psychiaterin auf die Seite der Reimers schlug. Winter räumt zwar im Rückblick ein, dass Dr. Cantor Brenda völlig richtig einschätzte, aber er meint, die Therapeutin habe das Problem falsch angepackt. »Auch wenn man in der Medizin die richtige Lösung gefunden hat«, erklärt er, »gehört es mit zum Geschäft, abzuwarten, bis die Menschen auch so weit sind und einem folgen können. Wenn man das nicht tut, funktionieren auch die besten Pläne nicht.«

Mit Winters Unterstützung baten die Reimers Sigmundson, eine andere Therapeutin für Brenda zu suchen. Sigmundson kam diesem Wunsch nach, was jedoch nicht ganz einfach war. Er hatte nacheinander drei erfahrene Psychiaterinnen mit der

Sache betraut und war immer noch entschlossen, Brenda nur von einer Frau behandeln zu lassen, um ihre weibliche Identifikation zu stärken, aber allmählich gingen ihm die Therapeutinnen aus.

Noch während die Ärzte nach einem Ausweg suchten, verfiel Brenda von sich aus auf eine neue Strategie, um mit ihrer misslichen Lage zurechtzukommen. Als sie im Herbst in die achte Klasse der Glenwood Junior High eintrat, fiel Esther Haselhauer auf, dass ihre Freundin eine erstaunliche Veränderung durchgemacht hatte. In letzter Zeit hatte Brenda nichts anderes als Jeans und T-Shirts getragen und wäre nie auf die Idee gekommen, sich zu schminken. Aber im Lauf des Sommers war offenbar irgendetwas passiert.

»Ich weiß noch, wie sie ins Klassenzimmer kam«, sagt Esther. »Sie trug diesen karierten Hosenanzug mit Streifen, sie hatte sich die Haare gekämmt, sich mit Lippenstift, Rouge und Wimperntusche geschminkt und trug eine Handtasche über der Schulter. Offensichtlich gab sie sich große Mühe, als Mädchen akzeptiert zu werden.«

Das tat sie tatsächlich. Nach ihrem letzten traumatischen Besuch in der Psychohormonal Research Unit war Brenda zu der Überzeugung gelangt, dass sie um die Operation nur herumkam, wenn sie mitspielte, so gut es eben ging. Sie hatte sich vorgenommen, in die Mädchenrolle zu schlüpfen, und sie wollte alle davon überzeugen, wie glücklich sie sei. Womöglich würde man sie dann nicht zu dieser Operation zwingen. Und wer weiß? Womöglich hatten die Leute ja alle Recht: Wenn sie sich wirklich anstrengte, als Mädchen zu leben, vielleicht würde sie sich allmählich auch wie ein Mädchen fühlen. David formuliert es so: »Ich beschloss mitzumachen. Ich versuchte es mit aller Kraft. Mir war elend zu Mute. Ich war unglücklich. Ich fühlte mich unbehaglich. Und es war mir grauenhaft peinlich. Aber ich stand unter Druck. Also legte ich mich voll ins Zeug.«

Für Ron und Janet und das Ärzteteam gab Brendas Verhalten

in diesem Herbst zunächst Anlass zur Freude. »Die Eltern stellen fest, dass sie dieses Jahr eine viel größere Begeisterung für die Schule zeigt«, notierte die Sozialarbeiterin Downey Anfang September in Brendas Akte bei der Erziehungsberatungsstelle, »und offensichtlich ist sie mit ein paar Mitschülerinnen einkaufen gegangen.« Der Ausflug in ein Kaufhaus am Ort war ursprünglich die Idee der Lehrerin Mrs. Bailey gewesen, die einige der netteren Mädchen beiseite genommen und sie gebeten hatte, Brenda ein wenig bei ihren Kleidern und ihrer Frisur zu beraten, die zu wünschen übrig ließen. Normalerweise hätte ihre Mutter dafür gesorgt, dass sie sich dezent schminkte und kleidete, aber Janet hatte kurz zuvor einen Job als Parkplatzwächterin übernommen und ging frühmorgens aus dem Haus, sodass Brenda allein zurechtkommen musste. Sonst hätte Brenda bestimmt nicht mit misslungenem Make-up und einem unvorteilhaften beigefarbenen Hosenanzug zur Schule gehen dürfen, den sie bei einem Einkaufsbummel mit Ron erstanden hatte.

»Der Hosenanzug war nicht gerade neueste Mode«, meint Esther, »und das Rouge hatte sie kreisförmig aufgetragen. So sah sie eher aus wie ein Clown.«

David hat ähnliche Erinnerungen. »Ich weiß noch, wie diese Mädchen einen Blick auf meine Sachen warfen und dann sagten: ›Wir müssen mit dir einkaufen gehen!‹«

Im Kaufhaus Hudson's Bay suchten die Mädchen einen femininen blauen Rollkragenpullover und eine modische Jeans für Brenda aus. Später, als ihre Mutter nach Hause kam, bat Brenda sie um ein paar Tipps, wie sie sich ihren steifen Revolverheldengang abgewöhnen könne, der seit ihrer Kindergartenzeit bei ihren Altersgenossen für Heiterkeit gesorgt hatte. Janet zeigte Brenda, wie man ein Buch auf dem Kopf balanciert, um mit geradem Rücken einen tänzelnden Schritt zu üben. »Das war richtig unnatürlich«, erinnert sich David. »Nach einer Weile war ich völlig verspannt. Aber weil von einem erwartet wurde, so zu gehen, versuchte ich es eben.«

In der Glenwood Junior High wurden jeden Freitagabend in der Turnhalle Tanzpartys veranstaltet. Alle Schüler nahmen teil, also ging Brenda auch hin. »Ich zog meine Unisex-Discosachen an – Jeans und hochhackige Stiefel – und sagte zu meinen Eltern: ›Ich gehe aus, damit ich meine Sorgen und Probleme vergesse.‹« Aber Brenda musste feststellen, dass sich auf den Schulpartys, wo der Rhythmus von Rod Stewarts »Do Ya Think I'm Sexy?« die Wände der Turnhalle erzittern ließ, ihre Sorgen keineswegs in Luft auflösten.

»Meistens tanzte ich in Gruppen mit vier, fünf anderen Mädchen«, sagt David. Aber hin und wieder wagte sich Brenda auch mit einem Jungen auf die Tanzfläche. »Es wurde von mir *erwartet*, mit Jungen zu tanzen, also tanzte ich eben mit Jungen. Ab und zu fragte ich einen Typ: ›Willst du tanzen?‹ Dann sahen sie einen komisch an, verzogen die Nase und sagten: ›Nein, nein, ist schon okay.‹« Hin und wieder war jedoch ein Junge bereit, mit Brenda zu tanzen. »Manchmal war es ein schneller Tanz«, sagt David, »manchmal ein langsamer.« Aber wenn sich Brenda in den Armen eines Jungen über die Tanzfläche bewegte, wurde ihr schmerzlich bewusst, dass sie nicht die richtigen Gefühle entwickelte. Statt ein romantisches Prickeln zu spüren, war ihr die Situation grauenhaft peinlich. An einem Freitagabend, erinnert sich David, wurde Brenda von ein paar Mädchen gehänselt und ein Junge aus der neunten Klasse, für den viele Mädchen schwärmten, kam ihr zu Hilfe. Zum Spaß gab ihr der Junge einen Kuss. »Es war nur ein flüchtiger Kuss auf die Wange«, sagt David. »Ich ging heim und ließ es mir durch den Kopf gehen. ›Irgendetwas ist daran verkehrt‹, dachte ich. ›Ich mag es nicht. Angeblich soll es so sein, aber für mein Gefühl ist es *verkehrt*.‹«

Brenda hatte solche Zweifel schon oft in ihren Therapiesitzungen geäußert, aber die Therapeutinnen hatten das immer als belanglos abgetan. »Diese Psychiater und Psychologen behaupteten immer, das seien ›normale Gefühlsverwirrungen‹«, sagt David. »Du spürst, dass es mehr ist, aber die Leute erzählen dir, was du denkst. Aber nur du selbst weißt, was du denkst. Dadurch verstärkt sich nur das Gefühl, verrückt zu sein.«

Dennoch hielt Brenda durch. In diesem Herbst wurde sie von ein paar Mädchen zu einer Pyjamaparty eingeladen. »Eine hatte einen Flachmann reingeschmuggelt«, erinnert sich David. »Aber ich trank nichts davon. Ich tat nur so. Ich habe die Flasche angesetzt, aber die Zunge an die Öffnung gedrückt, sodass ich nichts erwischt habe. Alle redeten über *Jungs* – ›In wen bist du verknallt?‹ und so weiter. Also sagte ich: ›Klar, ich bin in den oder jenen verknallt.‹ Ich meine, was stellen Schwule alles an, wenn sie sich tarnen? Sie tun so, als wären sie wie die anderen. Sie schwimmen mit dem Strom, so wie alle anderen. Sie passen sich einfach an, und dann werden sie auch ganz normal behandelt.«

Aber offensichtlich fühlte sich Brenda nicht so wie die anderen Mädchen. Vor allem nicht, als sich die Freundinnen fürs Bett fertig machten.

»Ein Mädchen zog sich vor mir aus«, berichtet David. »Ich wurde so verlegen, dass ich wegsah. Sie sagte: ›Du brauchst dir nichts zu denken, du bist doch eine von uns.‹ Sie zeigte mir ihren BH und fragte: ›Wie findest du den?‹ Ich sagte: ›Keine Ahnung. Sieht hübsch aus, die Spitze gefällt mir.‹ Und da sitze ich und werde rot. Ich fühlte mich wie Mrs. Doubtfire in diesem Film.« Auf die Frage, ob er angesichts so vieler halb bekleideter Mädchen irgendwelche anderen unwillkürlichen physiologischen Reaktionen empfunden hatte, lächelt David und antwortet mit einem Vergleich. »Wenn man einen Arm verliert und vor Durst fast stirbt, dann bewegt sich auch der Armstumpf auf das Wasserglas zu und will danach greifen. Das ist ein Instinkt. Man hat es in sich.«

Brenda aber führte jetzt ein Leben, in dem jeder Instinkt verleugnet, unterdrückt und versteckt werden musste: bei Tanzabenden, auf Partys, in der Schule und auf der Straße. »Ich war wie ein Roboter«, sagt David und schildert, wie er sich Tag für Tag, Minute für Minute verstellen musste, um zu überleben.

»Man achtet sorgfältig darauf, *normal* zu erscheinen, aber man will es auch nicht zu weit treiben. Man sagt sich: Sieht aus, als wäre es jetzt angebracht zu lächeln, also lächelt man. Sieht aus, als wäre es jetzt angebracht, die Beine übereinander zu schlagen, also schlägt man die Beine übereinander. Man denkt immer einen Schritt voraus, wie beim Schach.«

Aber Brenda konnte die Schachpartie nicht gewinnen. Es gab zwar ein paar Mädchen, die auf ihre Lehrerin hörten und nett zu Brenda waren, aber die meisten ihrer Altersgenossinnen verspotteten sie und lachten sie aus. »Das war traurig, denn je mehr sie sich anstrengte, umso schlimmer wurde es«, sagt Esther Haselhauer. »Sie machten sich nur umso mehr über sie lustig.«

Zu den Quälgeistern, die Brenda in der achten Klasse zusetzten, gehörte Wendy Holderston, die beliebte und hübsche Tochter eines Musikstars der Stadt. Nach Wendys Erinnerung war Brenda ein »komisches Huhn«, ein »Wildfang«, der eine »tiefe Stimme und ganz tief liegende Augen« hatte – Eigenschaften, die dazu führten, dass Brenda den Spitznamen »Höhlenmensch« verpasst bekam, der sich unter ihren Klassenkameraden wachsender Beliebtheit erfreute. Anfangs versuchte Brenda, über die Spötteleien ihrer Kameradinnen »damenhaft« hinwegzugehen, aber eines Tages ging sie an die Decke. Auf dem Schulkorridor knöpfte sie sich Wendy vor, packte sie am Kragen, stieß sie gegen die Schränke und warf sie zu Boden. Den Jungen, die Brenda hänselten, erging es nicht besser. »Das hat mich immer an Brenda beeindruckt«, meint Esther. »Mit den Jungs, die sie geärgert haben, hat sie richtig gerauft. Sie hat ausgeholt und zugeschlagen. Ich habe mir immer gewünscht, ich könnte das auch.«

Wenn David daran zurückdenkt, wie er als Brenda die Jungen aufmischte, die ihm zusetzten, wird er eher wehmütig. »Das hat nur dazu geführt, dass mich die anderen für komplett verrückt gehalten und noch mehr geächtet haben.«

Schon Ende November war in Brendas Akte bei der Erziehungsberatungsstelle jeder Optimismus verflogen. »Sie hat in der Klasse keine Freunde«, schrieb Mrs. Downey am 27. November. Noch erschreckender war, dass Brenda auch in ihren intellektuellen Leistungen beunruhigend abbaute – ein jäher Absturz in eine hilflose, kindliche Regression. »Sie kann die Wochentage und die Monate nicht korrekt schreiben«, hielt Mrs. Downey in Brendas Akte fest. »Da sie in der fünften Klasse in der Rechtschreibung nicht mitkam, wurde sie in die vierte Klasse zurückversetzt. Sie ist mit gewissen festen Abläufen im Unterricht nicht vertraut… Sie wartet darauf, dass andere Schüler ihr Kombinationsschloss für sie öffnen, weil sie sich die Nummer nicht merken kann.«

David hat noch gut in Erinnerung, wie demütigend diese Hilflosigkeit für ihn war. »Wenn man durchmacht, was ich durchgemacht habe, dann steht das Lernen ziemlich weit unten auf der Rangliste. Eine *Prüfung* ist so ungefähr das Letzte, was man im Kopf hat. Man denkt nur ans Überleben.« Die Erziehungsberaterin Joan Nebbs schildert Brendas Schwierigkeiten in ähnlicher Weise: »Es ging ums Überleben. Den Tag überstehen, die nächste Stunde überstehen.«

Im Lauf der achten Klasse war Brendas Überlebenstaktik zunehmend Gefährdungen ausgesetzt. Je heftiger sie den Gegensatz zwischen ihrem körperlichen und ihrem geistigen Selbst empfand und von verwirrenden, widersprüchlichen Gefühlen überwältigt wurde, desto häufiger dachte sie an den letzten Ausweg: Selbstmord. »Ständig sah ich vor meinem inneren Auge ein Seil, das von einem Dachbalken baumelt«, sagt David.

In diesem kritischen Stadium der Adoleszenz konnte Keith Sigmundson Brenda schließlich an eine neue Psychiaterin überweisen. Es handelte sich um eine ganz besonders begabte und einfühlsame Frau namens Mary McKenty.

Als Brenda am 2. Januar 1979 zum ersten Mal Dr. McKentys Büro in der Erziehungsberatungsstelle betrat, wurde sie zu ihrem Erstaunen von einer lächelnden, grauhaarigen älteren Dame begrüßt. Sie trug einen Tweedrock mit passender Jacke und war nicht größer als 1,55 m. »Sie sah aus, als würde sie gerade Plätzchen für ihre Enkel backen«, sagt David. »Wie die typische Psychiaterin wirkte sie nicht gerade.«

Tatsächlich war Mary McKenty keine typische Vertreterin ihres Fachs. Sie hatte es schon immer vermieden, sich an jene strikten freudianischen Regeln zu halten, die jeden näheren persönlichen Kontakt, ja sogar menschliche Wärme in der Beziehung zwischen Arzt und Patient ächteten. Von jeher hatte sie sich eher fürsorglich verhalten, was teilweise durch ihre eigene Kindheit zu erklären ist. Mary McKenty war 1916 als Tochter eines schottischen Einwanderers zur Welt gekommen, der für Richardson's, den größten Getreidehändler der Provinz, tätig war. In ihrem Elternhaus herrschte Wohlstand, aber Zuneigung wurde nicht offen gezeigt und wenig Rücksicht auf seelische Vorgänge genommen. »Ihre schottische Erziehung hat sie jedenfalls nicht zur Psychiatrie hingeführt«, urteilt Evelyn Loadman, die Mary McKenty 1934 kennen lernte, als beide zu den ersten Frauen gehörten, die in Manitoba Medizin studierten. »Aber Mary war nun einmal ein Mensch, der sehr sensibel auf andere reagiert, und einen Sinn im Leben fand sie erst, als sie anfing, darüber nachzudenken, was uns im Innersten zusammenhält.«

Als sie Anfang der Vierzigerjahre im Kinderkrankenhaus von Winnipeg tätig war, trat ihre einzigartige Begabung als Kindertherapeutin zu Tage. Sie unternahm keine sichtbaren Anstrengungen, in die unterbewusste Schutzzone ihrer Patienten vorzudringen. Stattdessen begab sie sich auf die Ebene der Kinder, spielte mit ihnen, regte sie an, zu zeichnen, zu malen und zu schreiben. Eingelullt durch die Konzentration auf ablenkende Beschäftigungen, konnten die Kinder in Wort und Tat Ausdruck für ihr Innenleben finden. Evelyn Loadman erinnert sich, dass Dr. McKenty, die ihre Patienten niemals unter Druck setzte, die Kinder wie durch Zauberei von ihrem neurotischen Verhalten – Bettnässen, Haare-Ausreißen – befreite, und zwar auch in Fällen, an denen andere Therapeuten zuvor gescheitert waren. »Sie war die Psychiaterin, die am Kinderkrankenhaus echte Heilerfolge vorzuweisen hatte«, bemerkt Evelyn Loadman, als würde sie sich heute noch darüber wundern.

Ende der Sechzigerjahre nahm Dr. McKenty ihre Tätigkeit in der neu gegründeten Erziehungsberatungsstelle von Winnipeg auf und erwarb sich rasch den Ruf, auch bei den schwierigsten Kindern Erfolge zu erzielen. Als sich Keith Sigmundson Ende 1976 erstmals mit Brenda Reimers kompliziertem Fall beschäftigte, versuchte er zunächst, Dr. McKenty damit zu betrauen, aber sie erholte sich damals gerade von einer zweifachen Brustamputation, und weil sie daran dachte, in den Ruhestand zu gehen, lehnte sie den Fall ab. Erst im Herbst 1978, als Sigmundson keine Psychiaterin mehr fand, die bereit gewesen wäre, mit Brenda zu arbeiten, wandte er sich erneut an sie. Als sie sah, wie verzweifelt er war, gab sie schließlich nach und übernahm den Fall.

Ron und Janet schlossen die ruhige, großmütterliche Therapeutin sofort ins Herz. Brenda war naturgemäß vorsichtiger.

Einerseits fühlte sich Brenda bei Dr. McKenty wohl. Es gefiel ihr, dass die Therapeutin in normalem, freundlichem Tonfall mit ihr sprach und sich nicht ständig etwas auf einen Block kritzelte. Außerdem fand sie es gut, dass die Therapiesitzungen bei Dr. McKenty vornehmlich für Brettspiele – wie Scotland Yard, Ententanz, Basketball, Mensch ärgere dich nicht – oder auch Spaßspiele wie Zungenbrecher genutzt wurden. Hin und wieder fragte Dr. McKenty ganz nebenbei, wie Brenda sich fühle, und manchmal notierte sie sich doch etwas, aber irgendwie war es anders, wenn Dr. McKenty das tat. »Sie schrieb sich gelegentlich etwas auf«, erinnert sich David, »und ich sagte: ›Ach, jetzt schreiben Sie sich wieder was auf – Sie wollen mich wohl bespitzeln?‹ Und dann erwiderte sie: ›Nein, das mache ich nur, um sicherzugehen, dass wir nichts Wichtiges ausgelassen haben, damit ich dir helfen kann.‹«

Andererseits konnte Brenda es sich nicht leisten, Dr. McKenty völlig zu vertrauen, denn sie musste sich gegen die albtraumhafte Möglichkeit wappnen, dass die Freundlichkeit der Therapeutin nur eine noch teuflischere Taktik war, um sie auszutricksen, damit sie sich operieren ließ. Wie Dr. McKentys Therapieunterlagen zeigen, benutzte Brenda verschiedene Strategien, um herauszufinden, ob Dr. McKentys Freundlichkeit aufrichtig war. Einmal zeichnete sie eine boshafte Karikatur von der Psychiaterin und zeigte sie ihr. Ein andermal griff sie nach einem Spielzeug-Maschinengewehr und nahm Dr. McKenty als »Geisel«. Dann wieder schrieb sie ein »Todesurteil für Mary McKenty«. Die Therapeutin leistete keinen Widerstand. Sie bewahrte Brendas böse Karikatur sorgfältig auf und setzte sogar gutmütig ihren Namen darunter. Als Geisel hatte sie nichts dagegen, mit dem Gewehr im Rücken durchs Büro zu marschieren. Und in Brendas »Todesurteil« fügte sie in die Lücken, die Brenda freigelassen hatte, pflichtgetreu die fehlenden Lebensdaten der Verurteilten ein.

»Ich stellte sie auf die Probe«, erklärt David. »Sie hat den Test bestanden.« Brenda gab ihre provozierende Taktik auf und begann, sich allmählich auf die Therapiestunden bei Dr. McKenty zu freuen. »Wir sahen einander nicht als Patient und Arzt. Es war eine Freundschaft.«

Und gerade jetzt brauchte Brenda dringend einen Freund, denn ein alter Racheengel schickte sich an, wieder in ihr Leben zu treten. Im Januar vertraute Brenda Dr. McKenty an, dass sie in der Post ihrer Mutter herumgeschnüffelt und einen Brief von Dr. Money entdeckt hatte, in dem er ankündigte, er werde schon bald nach Winnipeg kommen. Er war eingeladen worden, an der Medizinischen Fakultät der Stadt Gastvorlesungen zu halten, und hatte vor, bei dieser Gelegenheit Brenda und ihrer Familie einen Besuch abzustatten – und vor diesem Besuch hatte Brenda, wie Dr. McKenty notierte, panische Angst.

Im Lauf der nächsten zwei Monate hielt Dr. McKenty fest, dass Brendas Angst immer beklemmender wurde, je näher Moneys

Besuch rückte. Am 31. Januar erzählte Brenda von einem Albtraum, in dem Money, ihr Zwillingsbruder und sie selbst vorkamen. »Dr. Money war ein Zauberer mit Umhang, und er sagte, er könnte uns ganz einfach verschwinden lassen – puff! Ich wachte auf und dachte, wir wären verschwunden.« Um Brendas Furcht zu beschwichtigen, erklärte Dr. McKenty, Brenda müsse nicht mit ihm sprechen, wenn er komme. Gemeinsam gründeten sie einen »Ich-will-Dr.-Money-nicht-sehen-Club«. Dr. McKenty trug sich auf der Mitgliederliste ein. Brenda setzte ihren Namen und die Worte »Schließt euch meinem Club an!« darunter. Aber einen Monat später, als es nur noch zwei Wochen bis zu Moneys Besuch waren, hatte Brenda wieder einen Traum. »Ich hatte ein feines blaues Kleid an und meine guten Schuhe. Der Rock war aufgeplatzt, weil er zu eng war. Alles war sauber – der Boden frisch gewischt. Offenbar stand ein großes Ereignis bevor. In der Nähe war ein Schrank. Einen solchen Schrank haben wir auch zu Hause. Ich hatte Angst, weil ich möglicherweise in den Schrank gesperrt werden sollte.«

In der Woche des 22. März 1979 herrschte in Winnipeg eine undefinierbare Jahreszeit zwischen Winter und Vorfrühling. Die Schneehaufen, die schon viel zu lange dalagen, waren durch Autoabgase geschwärzt, und ein zementgrauer Himmel lastete über der Stadt. Ron, mit seinem Dodge Dart unterwegs zum Health Sciences Center (wo Money soeben seinen Vortrag gehalten hatte), betrachtete verdrossen die schmutzigen Schneehaufen. Er hatte auf besseres Wetter gehofft, damit Money einen günstigeren Eindruck von ihrer Stadt mit nach Hause nahm.

Janet, die zu Hause wartete, machte sich ebenfalls Gedanken darüber, welchen Eindruck Dr. Money von Winnipeg und insbesondere vom Heim der Reimers gewinnen würde. Sie hatten das Haus vor zwei Jahren bezogen und zweitausend Dollar investiert, um es instand zu setzen. Normalerweise war Janet recht stolz darauf, was sie mit ihren Mitteln erreicht hatte. Aber jetzt sah sie ihr Haus durch die Augen von Dr. Money, den sie für den größten Ästheten hielt, der ihr je begegnet war. »Das Haus war, schon als wir einzogen, mit einem alten goldgelben Teppichboden ausgelegt. Wir hatten ihn reinigen lassen, aber er sah trotzdem schmutzig aus«, erinnert sich Janet. »Die Wände waren schon lange nicht mehr gestrichen worden, und wir hatten eine billige beigefarbene Couch mit orangefarbenem Muster.«

Als Janet den Wagen in der Einfahrt hörte, hatte sie sich bereits in einen Zustand größter Besorgnis hineingesteigert. Aber als Dr. Money das schlichte Wohnzimmer der Reimers betrat, gab er sich alle Mühe, was er sah, mit freundlichen und positiven Kommentaren zu bedenken. Falls ihn noch Erinnerungen an den katastrophalen Besuch der Reimers in Baltimore im vergangenen Frühling plagten, ließ er sich jedenfalls nichts anmerken. Auch Ron und Janet versuchten, die Episode aus ihrem Gedächtnis zu verbannen.

»Er war wie ein Freund oder ein Onkel, der lange weg war und nun zu Besuch kommt«, sagt Janet. Dr. Money bewunderte Rons selbst gebauten Wandschrank und machte Janet Komplimente über ihre Federzeichnungen, die an den Wänden hingen. Unterdessen hatten sich die Zwillinge ins Souterrain verzogen und weigerten sich, heraufzukommen und Dr. Money zu begrüßen.

Die Erwachsenen saßen am Esstisch. Money führte sich das kanadische Lager-Bier zu Gemüte, das ihm Ron angeboten hatte; er entspannte sich zusehends und begann, von seiner Kindheit im ländlichen Neuseeland zu erzählen. Dort hatte er einmal einen Kugelblitz beobachtet, und Erdbeben waren so häufig gewesen, dass seine Mutter die Küchenregale mit Schnüren gesichert hatte, damit die Flaschen nicht herunterfielen, wenn das Haus erzitterte. Money sprach auch von dem dunklen Bier, das in seiner Heimat gebraut wurde, und fragte Ron, ob es ähnliche Sorten auch in Winnipeg gebe.

Heute können sich Ron und Janet nicht mehr genau erinnern, wie es kam, dass Money, der nur für ein, zwei Stunden hatte vorbeischauen wollen, schließlich bei ihnen übernachtete. Janet weiß noch, dass Money irgendwann auf die Uhr schaute und erklärte, er habe seinen Flug verpasst. Ron dagegen glaubt, dass Moneys Rückflug nach Baltimore wegen eines Schneesturms abgesagt wurde. Als sich herausstellte, dass Money in Winnipeg festsaß, luden ihn die Reimers aus Höflichkeit ein, über Nacht zu bleiben – obwohl sie ihm als Bett nur eine Luftmatratze im Wohnzimmer anbieten konnten. Zu ihrer Überraschung nahm der berühmte Psychologe die Einladung an. Ron bestellte telefonisch Hühnchen, um dem unerwarteten Hausgast ein Essen vorsetzen zu können. Die Kinder hielten sich nach wie vor im Souterrain versteckt, bis ihre Eltern sie schließlich zwangen heraufzukommen.

Bei der unangenehmen Begegnung im Wohnzimmer fragte Dr. Money die Zwillinge, wie es ihnen in der Schule ging. Brian antwortete für beide. Er sagte etwas Unverbindliches über ihre schulischen Leistungen und fragte Dr. Money, wie ihm die Stadt gefiele und wie lange er bleiben wolle. »Dann«, sagt Brian, »wollten wir gehen.« Bevor die beiden wieder in den Keller flüchteten, zog Money seine Brieftasche heraus. Mit der Erklärung, er hätte das Geld ja sonst für ein Hotelzimmer ausgegeben, drückte er jedem Kind fünfzehn Dollar in die Hand. Dann liefen die Zwillinge schleunigst wieder nach unten. Erst am nächsten Morgen, als Dr. Money zum Flughafen gefahren war, wagten sie sich wieder aus ihrem Versteck. Das war seine letzte persönliche Begegnung mit den Reimers.

Allerdings hatte John Moneys Besuch in Winnipeg noch ein Nachspiel. Nach seiner Abreise berichtete die *Winnipeg Free-Press* an zwei aufeinander folgenden Tagen über Moneys Auftritte bei der Konferenz über menschliche Sexualität, die in einem überfüllten Hörsaal der Universität stattgefunden hatte. *Studenten und Ärzte debattieren über den Sinn von Sexübungen*, lautete die Schlagzeile am ersten Tag. Am zweiten Tag hieß es: *Moralische Glaubwürdigkeit des Vortragenden fraglich*. Wie das Blatt berichtete, hatte Money bei den Studenten Befremden ausgelöst, als er Dias über alle möglichen unüblichen Sexualpraktiken zeigte. Die Diashow war jedoch Bestandteil einer Standardvorlesung, mit der Money Medizinstudenten gegen verschiedene sexuelle Perversionen »desensibilisieren« wollte. Mit den Bildern hatte er in Baltimore bereits 1971 für eine erbitterte Kontroverse in der Lokalpresse gesorgt, als er das Material in den Lehrplan für Medizinstudenten an der Johns-Hopkins-Universität aufnahm. Auf den Dias waren Menschen zu sehen, die Sodomie trieben, Urin tranken, Fäkalien aßen und mit verschiedenen Amputationsfetischen umgingen. Wie die Zeitung berichtete, führte Money am zweiten Tag seines Vortrags in Winnipeg außerdem einen Sexfilm vor, der fünf Frauen und drei Männer beim Gruppensex zeigte. Im Anschluss daran erklärte er den versammelten Professoren und Medizinstudenten, die Ehe sei lediglich ein Wirtschaftspakt, in dem »das Herz der Brieftasche folgt«. Er forderte, Inzest nicht länger strafrechtlich zu verfolgen, und behauptete, wenn ein Stiefvater mit seiner Stieftochter schliefe, sei die Mutter häufig »zufrieden«, denn sie sei »froh, [ihren Mann] vom Hals zu haben«.

Unter den Zuhörern war auch Dr. Robert Martin, klinischer Psychologe und Mitglied der Psychiatrischen Abteilung der Universität von Manitoba. »[Money] war ein typischer Vertreter des damaligen Stils«, sagt Martin. »Es ging ihm darum zu schockieren, den Advocatus diaboli zu spielen, und er trat sehr großspurig und überaus selbstsicher auf. Offenbar sah er es als seine Aufgabe, die ›Aufklärung‹ in die ›hinterste Provinz‹ zu bringen. Er strahlte eine Unerschrockenheit aus, die alle Alarmglocken schrillen lässt, und er vermittelte den Eindruck, zu allem bereit zu sein. Auf alle Fälle war er ein Mensch, den man nicht so leicht vergisst.«

Steve Whysall, der die Vorlesungen seinerzeit ebenfalls hörte, ist derselben Meinung. Der erfahrene Reporter, der bereits für bedeutende britische Zeitungen gearbeitet hatte, berichtete als

Wissenschaftsjournalist für die *Free-Press* über Moneys umstrittenen Auftritt. »Ich war kein Neuling mehr und hatte schon einiges gesehen und gehört«, sagt er. »Aber als das [Material zur Sexualität] in dieser Form präsentiert wurde, war ich doch überrascht.« Was Whysall besonders verblüffte, war, wie salopp Money ausgefallene sexuelle Perversionen wie das Essen von Fäkalien abhandelte. Nach der Vorlesung führte er ein kurzes Interview mit Money. »Ich fragte ihn: ›Wollen Sie diesen künftigen Ärzten etwa sagen, sie sollten sich nicht beunruhigen, wenn jemand mit einem derartigen Wunsch oder Leiden zu ihnen kommt?‹« Auf derlei unangenehme Fragen ging Money nicht ein. »Er tat so, als sei *er* schockiert darüber, wie engstirnig und puritanisch ich sei.«

Die Reimers lasen allerdings die *Free-Press* nicht (sie bevorzugten das Boulevardblatt *Tribune*, das über die Vorlesungen nicht berichtete), und deshalb erfuhren sie auch nichts von der Kontroverse, die ihr Gast ausgelöst hatte. Nur Brian fiel auf, dass Dr. Moneys Besuch ein Medienecho fand, denn er sah ihn kurz im Fernsehen auf CKND Channel 9, bekam aber nicht mit, worum es in dem Bericht ging.

In den Tagen unmittelbar nach Dr. Moneys Besuch in Winnipeg machte Brenda bedeutende Fortschritte in ihrer Therapie bei Dr. McKenty, als wäre nun der letzte Verdacht ausgeräumt, dass die Therapeutin mit dem Psychologen aus Baltimore gemeinsame Sache machte. Am 4. April kam Brenda direkt von einer Osterfeier mit ihrer Familie zur Therapie und trug betont feminine Feiertagskleider – ein schwarzes Top mit gekräuseltem Ausschnitt, eine Granathalskette und Wimperntusche. Dr. McKentys Komplimente über ihr Aussehen wies sie jedoch energisch zurück und leugnete sogar, dass sie Make-up trug. Bei ihrer nächsten Sitzung erklärte Brenda: »Ich hasse Kleider. Ich trage sie nur zu Beerdigungen und Hochzeiten.« Am 4. Mai notierte sich Dr. McKenty: »Sie zeigte mir ihre Handtasche und deren Inhalt, bestehend aus Haarbürste, Wimperntusche, Lipgloss und Rouge, Sachen, die sie von ihrer Mutter bekommen hatte, aber sie bemerkte vergnügt: ›Ich hasse das Zeug.‹«

In der Sitzung vom 8. Juni kam es jedoch zu einem dramatischen therapeutischen Durchbruch. Dass diese Begegnung ungewöhnlich verlaufen würde, wird schon durch den ersten Satz von Dr. McKentys Aufzeichnungen deutlich: »Sie wollte nicht spielen. Bald begann sie Fragen über ihren Gesundheitszustand zu stellen. Zum ersten Mal in ihrem zehnjährigen Abwehrkampf gegen die Ärzteschaft sprach Brenda von sich aus das Problem an, dass ihre Genitalien nicht so aussahen wie die anderer Mädchen. Brenda erzählte der Therapeutin, ihr Vater habe ihr erklärt, dass ein Arzt »etwas getan hat, einen Fehler gemacht hat«. Dr. McKenty fragte Brenda, was *ihrer* Meinung nach geschehen war.

»Ich habe immer gedacht, dass meine Mutter mir einen Schlag zwischen die Beine versetzt hat.«

Keith Sigmundson wurde von Dr. McKenty über diese Bemerkung Brendas sofort informiert. Die beiden Psychiater diskutierten darüber und stellten fest, dass Brendas Aussage über ihre Mutter beinahe gespenstisch genau ein Dogma der Psychoanalyse zu bestätigen schien: Freuds Theorie des Ödipuskomplex – ein Entwicklungsstadium, das angeblich jeder Mensch während der psychosexuellen Differenzierung in Junge oder Mädchen durchläuft.

Benannt nach dem tragischen Helden der griechischen Mythologie, der unwissentlich seinen Vater ermordet und mit seiner Mutter schläft, gründet der Ödipuskomplex auf Freuds Überzeugung, dass Jungen und Mädchen in der frühen Kindheit eine erotische Bindung an die Mutter entwickeln. Diese Bindung führt letztlich dazu, dass sie mit dem Vater um die erotische Gunst der Mutter konkurrieren. Bei Jungen, so Freud, löst der Ödipuskomplex »Kastrationsangst« aus: die Furcht, dass der Vater die sexuelle Bedrohung durch den Sohn bekämpft, indem er diesen kastriert. Bei Mädchen bewirke der Ödipuskomplex

»Penisneid«: Sie glauben, die Kastration *sei bereits erfolgt*, sie hätten einst einen Penis gehabt und ein Elternteil habe ihn weggenommen.

In der normalen weiblichen Entwicklung, so meinte Freud, sieht sich das Mädchen in seinem heftigen Verlangen nach dem fehlenden Penis gezwungen, seine kindliche erotische Bindung an die Mutter auf den Vater zu verlagern, um durch den Geschlechtsverkehr mit ihm den gestohlenen Penis zurückzubekommen. Auf diese Weise entsteht dann eine »normale« heterosexuelle Orientierung. Nach Freuds Ansicht geht es in der Psychotherapie vor allem darum, Geistesstörungen und Neurosen zu heilen, die auftreten, weil die Patienten aus einer Fülle von Gründen das ödipale Drama ihrer Kindheit nicht richtig auflösen konnten. Der psychoanalytischen Theorie zufolge ist es ein entscheidender Schritt hin zu einer Lösung, wenn man sich der ursprünglichen Kastrationsangst stellt und sie in Worte fasst – so wie Brenda es tat, als sie ihre kindliche Befürchtung schilderte, ihre Mutter habe ihre Geschlechtsorgane beschädigt.

Auf diese Theorie gestützt, hatten Sigmundson und Dr. McKenty gehofft, Brendas Bemerkung sei Ausdruck einer universellen ödipalen Angst, die alle Mädchen teilten. »Also dachten wir, wir kommen voran.«

Sigmundson räumt allerdings ein, dass sich ihm gleichzeitig eine andere Deutung von Brendas Bemerkung aufdrängte. Und diese Deutung berücksichtigte nicht nur die peinliche Tatsache, dass sich Brenda eindeutlich männlich verhielt, sondern auch, dass sie tatsächlich als Junge mit einem normalen Penis und Hoden zur Welt gekommen war und beides (wenigstens teilweise mit Billigung der Mutter) verloren hatte. Berücksichtigt man diese Faktoren, war Brendas Bemerkung nicht als ödipaler Durchbruch zu verstehen, sondern – weniger abstrakt – als schaurige, aber emotional logische Erklärung, die sich ein kleines Kind zurechtlegt, um sich die Narben an seinen Genitalien und die Depressionen seiner von Schuldgefühlen geplagten

Mutter zu erklären. So gesehen war Brendas Äußerung gegenüber Dr. McKenty keineswegs so zu verstehen, dass sie schon bald ihre Identität als Mädchen akzeptieren würde, ganz im Gegenteil: Sie erkannte, dass ihre frühere Befürchtung, von der Mutter kastriert worden zu sein, nicht richtig war, und jetzt wollte sie wissen, was tatsächlich mit ihr geschehen war – vielleicht ein Anzeichen dafür, dass sie sich dem Punkt näherte, an dem sie zu ihrer Identität als Junge fand, die sie schon immer instinktiv gespürt hatte.

Ganz gleich, welche Interpretation zutraf, Sigmundson und Dr. McKenty waren überzeugt, dass Brendas Therapie jetzt in ein entscheidendes Stadium trat.

Angesichts dieser Entwicklung geriet auch Janet in ein kritisches Stadium. Als sie von Brendas Äußerung erfuhr, war sie zutiefst bestürzt. Da sie ohnehin schon unter unerträglichem Kummer und Schuldgefühlen litt, traf sie diese Information besonders schmerzlich. »Ich war fassungslos«, sagt sie. »Ich konnte nicht glauben, dass Brenda mir zutraute, dass ich so etwas Entsetzliches tun könnte. Ich fragte mich: Was denkt sie nur von mir, wenn sie meint, ich würde meinem eigenen Kind so etwas antun?«

Heute kann sich Janet nicht mehr erinnern, ob dieser Zwischenfall dazu beitrug, dass sie kein Vertrauen mehr in das Experiment setzte. Eins steht jedoch fest: Im Juni hätten die Reimers normalerweise damit begonnen, sich über ihre nächste Reise nach Baltimore Gedanken zu machen. Dr. Money hatte sich bereits gemeldet und sie gedrängt, für Juli einen Termin zu vereinbaren. Aber auch im Juli trafen Ron und Janet noch keine Reisevorbereitungen. Als sich Brenda besorgt erkundigte, ob etwa geplant sei, im Sommer nach Baltimore zu fahren, stellte Janet eine Gegenfrage.

»Würde es denn etwas nützen?«

»Nein«, sagte Brenda.

»Dann fahren wir nicht.« Janet machte sich nicht einmal die

Mühe, den Termin bei Dr. Money abzusagen. Die Reimers kamen einfach nicht, weder in diesem Jahr noch in den folgenden Jahren.

I I

Im Herbst, als Brenda ihre Therapie bei Dr. McKenty fortsetzte (die, wie viele Psychiater, eine längere Sommerpause eingelegt hatte), erzählte sie, sie habe die Ferien weitgehend vor dem Fernseher verbracht, Zeitungen ausgetragen und sich oft gelangweilt. Jetzt aber freute sie sich, anders als sonst, auf das neue Schuljahr, denn es stand ein Schulwechsel an. Im vergangenen Frühjahr hatten Dr. McKenty und die übrigen Mitglieder des Behandlungsteams mit den Eltern besprochen, es sei wohl besser, Brenda von der High School zu nehmen, sie in eine Berufsschule zu schicken und einen handwerklichen Beruf erlernen zu lassen. Ron und Janet, die einsahen, dass man aus Brenda keine Gelehrte machen konnte, waren einverstanden, und Brenda selbst war ganz begeistert. Sie erklärte Dr. McKenty, sie würde gern Automechaniker werden. Der einzige Nachteil an dem Job sei, dass »kein Mensch sein Auto von einem Mädchen richten lassen würde«.

Im September 1979 trat die 14-jährige Brenda in die neunte Klasse der R. B. Russell Vocational School ein. Die Schule lag am anderen Ende der Stadt im West End, einem bunt zusammengewürfelten Industriegebiet. In ihrer Broschüre hatte die Schule mit Fotos von einem hübschen städtischen Schulgelände geworben, aber die Wirklichkeit sah anders aus. Die Schule erwies sich als Sammelbecken für Kinder mit Verhaltensstörungen und familiären Problemen (angeblich betätigten sich einige Teenager bereits als Prostituierte), und der ganze Komplex bestand aus abstoßenden, mit Graffiti bemalten Betongebäuden.

Die Schulanfänger mussten sich in der ersten Woche einem

demütigenden Initiationsritual unterziehen. Um Brenda lächerlich zu machen, wählten die Schüler der oberen Klassen sie zur »Freshie Queen«. Dafür sollte sie einen Preis von 25 Dollar erhalten, und am dafür festgesetzten Tag erschien sie, wie gefordert, in ihren besten Sachen, einem langen Kleid mit Puffärmeln und gerüschtem, spitzenbesetztem Ausschnitt. Nun erfuhr sie, sie bekäme das Preisgeld erst nach einem Tanz mit dem »Freshie King«. Der dafür auserkorene Junge hatte einen Bürstenhaarschnitt, war klein und bucklig und machte ein gequältes Gesicht. Die beiden standen auf und tanzten vor den anderen Schülern. »Ich wäre fast gestorben«, sagt David.

Dieses Erlebnis war für Brenda ein Wendepunkt. In diesem September, nach ihrem Eintritt in die R.-B.-Russell-Schule, beschloss sie, ihr Schicksal selbst in die Hand zu nehmen, und hörte auf, als Mädchen zu leben. Die Pullover mit gerüschtem Ausschnitt, die Granatanhänger und die Handtaschen, die sie sich im vorigen Jahr an der Glenwood High School zugelegt hatte, wurden ausrangiert. Jetzt trug sie eine Jeansjacke, die an beiden Ellbogen zerrissen war, schmutzige, ausgefranste Cordhosen und, wie Dr. McKenty sagt, »Männerhandschuhe aus Leder« sowie schwere Bauarbeiterstiefel. Sie wusch sich die Haare nicht mehr, die allmählich verfilzten. Und ihre Stimme geriet in die Tieflage, in der David heute noch spricht. Körperlich war sie in einem Zustand, dass sich »Fremde nach ihr umdrehen«, wie Dr. McKenty notierte. Wer genauer hinschaute, hätte jedoch gemerkt, dass es ihr seelischer Zustand war, der größere Aufmerksamkeit gebraucht hätte. Wie die Fotos aus dieser Zeit zeigen, hat Brenda, auch wenn sie immer bereitwillig lächelt, den Blick eines gejagten Tiers.

»Das war die schlimmste Zeit ihres Lebens«, meint Sigmundson. »In der R.-B.-Russell-Schule hat sich eine Entwicklung zugespitzt, die in einer kultivierteren Umgebung, wo die anderen Kinder besser mitgespielt hätten, wohl viel länger gedauert hätte. In anderen Schulen hatte man sie ›Höhlenmensch‹ genannt. In der R. B. Russell schauten die anderen sie an und riefen: ›Du Scheißgorilla!‹«

Obwohl sie von ihren Altersgenossen nun noch grausamer verhöhnt wurde, änderte sie sich keineswegs. »Ich will nicht so komisch gehen wie die Mädchen«, erklärte sie Dr. McKenty. Und sie sprang auf und äffte den Gang eines Mädchens nach: »Trippelte herum«, wie Dr. McKenty notierte, »mit angewinkelten Armen und affektiert abgespreiztem kleinen Finger.« Brenda schrieb sich für »Technische Reparaturen« ein – als erstes und einziges Mädchen während der zwölf Jahre, in denen diese Fachrichtung an der Schule angeboten wurde. Der Lehrer Hillel Taylor war zunächst skeptisch, ob Brenda mit den Jungen in der Klasse zurechtkommen würde, aber seine Befürchtungen waren unbegründet. »Brenda ging mit den Jungen um, als wäre sie ihresgleichen«, erklärt Taylor, der über Brendas Krankengeschichte nicht informiert war. »Ich konnte mir vorstellen, dass jemand wie sie auch beim Militär hätte Karriere machen können. Ich erinnere mich, dass mein Direktor und andere – Erziehungsberater und so weiter – mich fragten: ›Wie passt sie in die Klasse?‹ ›Wie kommt sie mit den Jungen zurecht?‹« Taylor teilte ihnen mit, sie habe sich angepasst, »als wäre sie ein Junge«.

Ron und Janet waren über Brendas Verhalten nicht gerade glücklich, aber das war ihr nur recht. »Ich war in dem Alter, wo man rebelliert«, sagt David. »Inzwischen hatte ich es endgültig satt, das zu tun, was die anderen von mir erwarteten. Mir war klar geworden, dass ich ein Sonderling war. Wenn ich meine Haare verfilzen lassen wollte, dann ließ ich sie eben verfilzen. Und ich zog mich auch so an, wie es mir passte.«

Aber Brenda rebellierte noch auf andere Weise. Seit frühester Kindheit hatten ihre Eltern und Dr. Money sie angehalten, sich zum Urinieren hinzusetzen – obwohl sie sich viel lieber vor die Toilette gestellt hätte. Seit sie von einem anderen Kind im Kindergarten dabei ertappt worden war, dass sie stehend pinkelte, hatte sie versucht, es sich abzugewöhnen. Damit war es jetzt vorbei. »Wenn niemand in der Nähe war, stellte ich mich hin«, sagt David. »Für mich war es leichter so. Ich dachte mir: Ist doch egal.« Ihren Schulkameraden war es nicht egal. Als sie eines Tages dabei erwischt wurde, dass sie wie ein Junge urinierte, durfte sie die Mädchentoilette nicht mehr benutzen. Daraufhin schlich sie sich in die Jungentoilette, wurde aber auch dort rausgeworfen und bekam Prügel angedroht, falls sie sich noch einmal blicken ließe. Weil sie nicht wusste, wohin, musste Brenda zum Pinkeln in eine Seitengasse neben dem Schulgelände gehen.

Bei einem solchen Ausflug bemerkte sie ein Auto, das in der Lücke zwischen den Häusern stand. An dem Firmenschild erkannte sie, dass es ein Mietwagen war. Am Steuer saß ein Mann, der sie beobachtete. Sie machte ihren Reißverschluss zu und ging, aber der Wagen folgte ihr. Dann sah sie, dass der Fahrer eine Kamera auf sie richtete.

»Ich rannte zurück zur Schule«, sagt David. »Ich wusste nicht, was er vorhatte. Vielleicht ist es ja ein Reporter, dachte ich. Man weiß ja, dass man anders ist. Man fährt in die USA zu Terminen mit all diesen wichtigen Leuten, also ist es ja denkbar, dass ein Reporter mit einem reden will, aber warum, ist einem nicht klar – oder warum er unbedingt ein Foto von einem machen will.«

Die British Broadcasting Corporation interessierte sich zu diesem Zeitpunkt bereits seit acht Monaten für Moneys berühmten Zwillingsfall. Der preisgekrönte Dokumentarfilmer Edward Goldwyn, der für die BBC-Serie *Horizon* arbeitete, hatte Ende 1978 mit Recherchen für einen Film über Geschlechtsidentität begonnen. Als hartnäckiger, wissenschaftlich vorgebildeter Reporter hatte sich Goldwyn in das Thema vertieft und war rund um den Globus gereist, um Experten in der Dominikanischen Republik, der DDR, Los Angeles, New York und London zu interviewen. Natürlich hatte er auch von Moneys bahnbrechendem Fall gehört, der als überzeugendster Beweis dafür gehandelt wurde, dass in erster Linie die Erziehung und nicht die Biologie

174

für die Herausbildung der Geschlechtsidentität ausschlaggebend sei. Als er das Experiment jedoch mit den Experten diskutierte, stellte er überrascht fest, dass gemunkelt wurde, der Fall sei keineswegs so klar, wie Money ihn in seinen Publikationen darstellte.

»Ich bekam Hinweise von Leuten in Baltimore, die es höchst peinlich fanden, wie Money sich verhielt und wie der Fall in der Literatur dargestellt wurde«, erklärt Goldwyn. »Mir war nicht entgangen, dass diese Leute die Sache mit wachsender Besorgnis beobachteten.« Man legte ihm nahe, dem Experiment keinen allzu großen Wert beizumessen, solange er nicht mit den behandelnden Ärzten gesprochen hatte. Von einem Informanten, dessen Namen er nicht nennen möchte, erfuhr Goldwyn, dass das Kind bei Jeremy Winter in Behandlung war. Ende 1978 nahm er Kontakt mit Winter auf und erzählte ihm von dem Dokumentarfilm, an dem er arbeitete.

»Ein Reporter, der Unterhaltungssendungen fürs Fernsehen produzierte, machte mich extrem misstrauisch«, berichtet Winter. »Anfangs war ich ausgesprochen kühl.« Aber Goldwyn, der Winter demonstrierte, wie viel er gelesen und recherchiert hatte, konnte bald sein Vertrauen gewinnen. »Er hat mich vollkommen überzeugt.« Nachdem seine Befürchtungen ausgeräumt waren, befragte ihn Goldwyn nach den Zwillingen. Winter kann sich nicht an seine genauen Worte erinnern, aber er stellte klar, dass der Fall keineswegs ein Erfolg war. »Bestimmt habe ich zumindest Folgendes gesagt: ›Ich würde diesen Fall nicht allzu ernst nehmen, denn in Wahrheit sieht es mit der psychologischen Anpassung bei diesem Kind ganz anders aus.‹«

Goldwyn wollte Näheres dazu wissen und erhielt eine schockierende Antwort: »[Winter] sagte mir, wenn Mary McKenty nicht wäre, dann wäre der Zwilling selbstmordgefährdet.«

Im Januar 1979 besuchte Goldwyn die Reimers sogar in ihrem Haus – allerdings erinnert sich 20 Jahre später keiner aus der Familie mehr daran. Goldwyn wollte die Reimers gern kennen lernen, sie aber nicht damit konfrontieren, dass ein Journalist ihre Identität herausbekommen hatte, und so griff er auf einen Trick zurück. Was er tat, um Zutritt zu ihrem Haus zu bekommen, will er nicht verraten, aber er sagt: »Ich ging hinein, so als wollte ich sie bitten, ihr Auto wegzufahren, weil es mir im Weg stand. Wahrscheinlich war das, was ich da tat, moralisch nicht einwandfrei, aber für mich war es wichtig, hinzugehen und mir selbst ein Bild zu machen.« Ron und Janet wirkten auf ihn wie »bedrückte, einsame Menschen«. Brenda war mürrisch, von zweifelhafter Geschlechtszugehörigkeit und sah aus, als sei sie »wirklich wütend«. Kurz gesagt, die Familie entsprach keineswegs dem heiteren Bild, das Money in *Sexual Signatures* zeichnet. »Nachdem ich herausgefunden hatte, dass der Fall nichts hergab – das heißt, dass Moneys Untersuchung im Grunde gar nichts bewies«, so Goldwyn, »hielt ich es für das Beste, ihn in meinem Film überhaupt nicht zu erwähnen. Man hätte nur aus dem einen Grund darüber berichten können: um zu zeigen, was für ein Blödsinn das Ganze war.«

Diese Entscheidung hinderte Goldwyn aber nicht daran, seine Informationen an einen BBC-Kollegen weiterzugeben, der gern kontroverse Themen aufgriff. Peter Williams, vormals freier Fernsehjournalist, stand seit kurzem bei der BBC unter Vertrag und war für eine neue Serie namens *Open Secret* verantwortlich, die sich ausschließlich mit Medizinskandalen befasste. Williams fand die Geschichte, die Goldwyn über Moneys berühmten Fall zu erzählen hatte, äußerst spannend und beauftragte den freien Dokumentarfilmemacher Martin Smith damit, eine dreißigminütige Sendung über den Fall zu drehen.

Ende September 1979 trafen Williams, seine Frau Jo Taylor, Smith und ein kleines Kamerateam der BBC in Winnipeg ein. Wenige Tage nach ihrer Ankunft berichtete Dr. McKenty Sigmundson, was Brenda von dem merkwürdigen Zwischenfall in der Gasse unweit der Schule erzählt hatte. Sigmundson war sofort klar, dass Reporter herausbekommen hatten, wo Brenda wohnte. Als Leiter der psychiatrischen Abteilung der Erziehungsberatungsstelle hatte Sigmundson die meiste Erfahrung mit der Presse, und so kam man überein, dass er sich den Reportern stellen sollte.

»Zu der Zeit«, so Sigmundson, »hatte ich ganz klare Zweifel daran, ob das [die Geschlechtsneuzuweisung] je hätte geschehen dürfen. Ich war an dem Punkt angelangt, wo ich wirklich wollte, dass die Welt davon erfährt.« Sigmundson erklärte sich bereit, mit den Reportern zu sprechen, allerdings nur unter der Bedingung, dass die Anonymität der Reimers gewahrt blieb. Ferner mussten sich die Journalisten schriftlich verpflichten, ihre Aufnahmen von Brenda nicht zu veröffentlichen und auch keine weiteren Versuche zu machen, sie zu filmen oder zu fotografieren. Auch sollte der Wohnort der Reimers geheim gehalten werden und die Namen sämtlicher behandelnder Ärzte ungenannt bleiben. Zuletzt verlangte er noch, die Sendung dürfe weder in Kanada noch in den Vereinigten Staaten ausgestrahlt werden. Nachdem Williams und Smith den Bedingungen zugestimmt hatten, vereinbarte Sigmundson mit ihnen einen Interviewtermin am 30. September in seiner Wohnung.

Obwohl er als anonymer Psychiater auftrat, machte Sigmundson vor den BBC-Kameras einen ziemlich nervösen Eindruck. Immer wieder warf er einen Blick auf die Notizen, die er bereithielt, während er »die gravierenden psychologischen Probleme« schilderte, an denen Brenda gelitten hatte, als ihre Eltern zum ersten Mal die Erziehungsberatungsstelle aufsuchten. Er berichtete von Brendas maskulinem Auftreten, ihren schulischen Problemen und ihren Schwierigkeiten, mit Gleichaltrigen Freundschaft zu schließen. Als Williams fragte, welche Prognose er für die Geschlechtszuweisung gebe, überlegte Sigmundson. Mehrere Sekunden verstrichen, bevor er antwortete.

»Als ich diese lange, lange Pause machte«, sagt Sigmundson heute, »fragte ich mich, ob ich wirklich die Wahrheit sagen oder dem Problem ausweichen sollte. Schließlich ging es um Johns-

Hopkins. Money war die Autorität.« Als er schließlich antwortete, wählte er seine Worte so vorsichtig, als bewege er sich durch ein Minenfeld.

»Ich glaube nicht, dass schon alle Daten vorliegen«, begann er. »Und es kann sein, dass wir über diesen speziellen Fall erst dann alles wissen, wenn sie eine junge Erwachsene ist. Zum jetzigen Zeitpunkt zeigt sie jedoch gewisse Eigenarten, die mich daran zweifeln lassen, ob ihr jemals eine Anpassung als Frau gelingen wird.«

Brendas ehemalige Therapeutin Doreen Moggey war ebenfalls zu einem Interview bereit. »Ich hatte das Gefühl, dass es sein musste«, erklärt sie. »Jemand musste einfach sagen, dass es nicht die wunderbare Erfolgsstory war, als die es in der wissenschaftlichen Literatur hingestellt wurde.« Vor der Kamera schilderte sie die ungeheuren Schwierigkeiten, die sie mit Brenda erlebt hatte, und berichtete, wie sie Dr. Money in einem Brief davon in Kenntnis gesetzt hatte.

Ron und Janet erfuhren von der Anwesenheit der BBC durch Dr. McKenty, die es abgelehnt hatte, den Filmemachern ein Interview zu gewähren.

»Sie rief uns an und erzählte von den Reportern, die mit uns sprechen wollten«, erinnerte sich Janet. Dr. McKenty versicherte ihr, sie seien in keiner Weise verpflichtet, ihnen ein Interview zu geben, aber Ron sah keinen Grund, Nein zu sagen, solange das Gespräch nicht gefilmt oder auf Tonband aufgezeichnet wurde. Zu diesem Zeitpunkt waren Ron und Janet immer noch überzeugt, dass Dr. Moneys Behandlung erfolgreich sein würde, und sie glaubten, sie könnten mit ihrer Aussage anderen Eltern helfen, die in einer ähnlich schlimmen Lage waren. »Wir hatten keinen Abstand zu der Situation«, sagt Janet. »Ich hatte mich selber einer Gehirnwäsche unterzogen. Etwas anderes zu glauben konnte ich mir einfach nicht leisten.«

Das Gespräch mit Williams und seiner Frau Jo Taylor fand im Wohnzimmer der Reimers statt. Auf die Frage, wie Brendas Behandlung anschlug, erwiderte Janet, sie habe noch Hoffnung. Als die Journalisten jedoch ansprachen, was Dr. Sigmundson und Dr. Moggey zu Brendas schulischen Schwierigkeiten und ihren sozialen Probleme gesagt hatten, schlug die Stimmung sofort um. Janet fing an zu weinen, und Ron versank in sein typisches melancholisches Schweigen. Da baten die Reporter darum, mit Brenda sprechen zu dürfen. Janet rief ihre Tochter von draußen herein und stellte die britischen Besucher als Herausgeber einer Lyrikzeitschrift vor, die ein Gedicht von Janet veröffentlichen wollten.

Brenda kam ins Wohnzimmer, bekleidet mit einer ramponierten Jeans und einer zerrissenen Jacke, die ungewaschenen Haare hingen ihr in Strähnen ins Gesicht. Sie sagte mit ihrer tiefen Stimme unbeholfen »Guten Tag« und zog sich dann rasch wieder zurück. Ihre Erscheinung beeindruckte die Reporter offenbar nachhaltig.

»Als Brenda das Zimmer verließ«, sagt Janet, »stand die Frau auf und sagte: ›Wir werden dieser Sache auf den Grund gehen!‹ Sie sah ziemlich wütend aus.«

Die nächste Station der BBC-Reporter war Baltimore. Sie hatten Money schon vor einigen Wochen mitgeteilt, dass sie an einem Dokumentarfilm über die Zwillinge arbeiteten. »Money war anfangs sehr aufgeschlossen und an einer Mitarbeit interessiert«, berichtet Smith, aber da war ihm noch nicht klar gewesen, dass die Reporter auch in Winnipeg recherchierten.

Williams und Smith suchten Money am 3. Oktober 1979 am frühen Abend in seiner Wohnung auf. Nach seiner Scheidung, die 25 Jahre zurücklag, war Money aus einem Vorort in die Innenstadt von Baltimore gezogen, wo er heute noch lebt. Seine Wohnung liegt nur wenige Gehminuten vom Johns-Hopkins-Krankenhaus entfernt. »Man hätte nicht damit gerechnet, dass in dieser Gegend ein gutbetuchter Akademiker oder Wissenschaftler lebt«, sagt Smith. Money wohnte in einem Eckhaus über einem heruntergekommenen Laden. Williams und Smith wurden durch eine Haustür eingelassen, die mit drei Schlössern gesichert war, und betraten eine Wohnung, deren Innenausstattung nicht weniger erstaunlich wirkte als ihre Lage, denn sie war, ähnlich wie Moneys Büro, mit Masken, Totems und sexuellen Artefakten dekoriert. Money selbst zeigte sich – zumindest anfangs – als freundlicher Gastgeber.

»Es waren ein paar Studenten in höheren Semestern da«, erinnert sich Smith. »Wir saßen vor dem Kamin, tranken etwas und unterhielten uns über die Vorbereitungen für das Interview, das am nächsten Tag stattfinden sollte.«

Vorsichtig machten die Reporter Money klar, welche Stoßrichtung sie mit ihrem Dokumentarfilm verfolgten. »Wir halten den Fall für sehr interessant«, sagte Smith, »und wir wollen eine Dokumentation darüber drehen…«

»Aber wir möchten Ihnen vorab sagen«, schaltete sich Williams ein, »dass wir auch andere Dinge gehört haben.«

Smith teilte Money mit, dass sie mit den Psychiatern des Kindes gesprochen hatten, die den Fall anders darstellten als Money in seinen Publikationen. »Daraufhin wurde er ziemlich ungehalten«, sagt Smith. »Ich glaube, er fühlte sich in die Enge getrieben. Das war aber nicht der Fall. Wir informierten ihn sogar in voller Absicht darüber, dass wir mit den Psychiatern bereits Kontakt hatten, *bevor* wir die Filmaufnahmen machten.«

Money war jedoch nicht in der Stimmung, solche Feinheiten journalistischer Etikette zur Kenntnis zu nehmen. »Vielleicht war er wütend, weil er meinte, das Kind würde durch unsere Nachforschungen belästigt oder gefährdet«, meint Smith. »Oder er fühlte sich persönlich gekränkt, weil jemand seine Arbeit in Frage stellte. Keine Ahnung. Jedenfalls änderte sich sein Verhalten schlagartig und kurze Zeit später standen wir vor der Tür.«

Noch am selben Abend klingelte bei den Reimers in Winnipeg das Telefon. Janet und Ron lagen schon im Bett. Janet stand auf und meldete sich. Es war Dr. Money, der in heller Panik aus Baltimore anrief. Der Inhalt des Gesprächs ist durch die Aufzeichnungen Dr. McKentys überliefert, der Janet am nächsten Tag Bericht erstattete. Money hatte eine ziemlich verrückte Geschichte erzählt. Sie handelte von »unbekannten Personen« – »verdächtig sei ein Mr. Smith von der BBC« und ein anderer Mann, »ein Freund von Mr. Goldwyn« – von gestohlenen Akten und von Reportern, die irgendwie erfahren hätten, wo sich Brenda aufhielt.

»Er war vollkommen außer sich«, berichtet Janet. »Er sagte: ›Reden Sie auf keinen Fall mit Journalisten.‹ Daraufhin blieb ihr nichts anderes übrig, als zuzugeben, dass sie und Ron bereits mit einem Mann und einer Frau von der BBC gesprochen hatten.

Wie bestürzt Money war, geht auch aus einem Brief hervor, den er am folgenden Tag an Sir Charles Curran richtete, den Generaldirektor der BBC. Money erzählte zunächst seine Geschichte über Williams und Smith und sprach dann eine Drohung aus. »Ich wüsste es zu schätzen, wenn Sie den Inhalt dieser Sendung genauestens prüfen würden, und zwar im Hinblick auf die moralische und rechtliche Verpflichtung der BBC, die Privatsphäre einer Familie zu respektieren, die derzeit unter den möglichen Auswirkungen der Verletzung ihrer Privatsphäre schwer zu leiden hätte. Ich muss nicht eigens betonen, dass es mein Anliegen ist, diese Familie zu schützen. Allerdings muss ich Sie in Kenntnis setzen, dass ich [den Betroffenen] raten werde, rechtliche Schritte zu unternehmen, um eine Entschädigung für jeden Schaden einzuklagen, den sie durch die BBC erleiden. Ich hoffe jedoch, dass sich dies als unnötig erweisen wird.«

Aber die BBC stellte sich hinter Williams und Smith, und die Journalisten konnten sich der letzten Phase der Berichterstattung zuwenden und Ausschau nach einem Experten halten, der die Bedeutung der von ihnen gewonnenen Erkenntnisse richtig beurteilen konnte. Dabei stießen sie immer wieder auf den Namen des Wissenschaftlers, der schon 14 Jahre zuvor Moneys Zorn auf sich gezogen hatte, als er dessen Schlussfolgerungen erstmals in Frage stellte, und mit dem Money später auf dem

Symposium über Geschlechtsidentität in Dubrovnik aneinander geraten war.

»Als wir uns an Dr. Diamond wandten«, sagt Smith, »zeigte sich interessanterweise, dass wir in eine Art Wissenschaftskrieg hineingerieten – und in einem solchen Krieg kann Blut fließen.« Angesichts der langjährigen Kontroverse zwischen Money und Diamond scheuten sich die BBC-Reporter zunächst, Diamond als Sachverständigen heranzuziehen, weil sie befürchteten, die von ihm geäußerte Meinung stelle nicht unbedingt einen objektiven wissenschaftlichen Standpunkt dar. »Wir mussten zunächst sorgfältig klären, ob es sich um einen persönlichen Konflikt handelt oder nicht«, betont Williams. »Ich habe mich davon überzeugt, dass es Diamond um eine Frage ging, die ihn wegen des ethischen Aspekts zutiefst beunruhigte. Ob er Money mochte oder nicht, stand auf einem ganz anderen Blatt.«

Wie Diamond erklärt, verspürte er keine besondere Abneigung gegen Money. Den handgreiflichen Streit, der sechs Jahre zurücklag, habe er ihm verziehen; Ausfälle dieser Art müsse man einem Wissenschaftler zubilligen. Und dass es auf der Cocktailparty in Dubrovnik so feuchtfröhlich zuging, habe bestimmt auch dazu beigetragen. Selbst nach dieser Begegnung hatte Diamond noch versucht, mit Money ins Gespräch zu kommen: »Ich fragte John Ende der Siebzigerjahre mehrmals nach den Zwillingen. Er wollte nicht darüber reden. Er behauptete, das Kind habe Schwierigkeiten, die aber mit der Geschlechtszuweisung nichts zu tun hätten, und es sei nicht richtig, das Mädchen ausgerechnet jetzt zu behelligen. Also ließ ich es auf sich beruhen.«

Aber Diamond beharrte weiterhin auf dem Standpunkt, dass eine Geschlechtsneuzuweisung bei einem normal entwickelten Kind unmöglich sei, und er hatte sich nie gescheut, diese Meinung auch öffentlich zu vertreten. Nur wenige Monate bevor die BBC mit ihm Kontakt aufnahm, war er in seinem Buch *Frontiers of Sex Research* (1979) auf den Fall eingegangen und hatte erklärt, die von Money bisher veröffentlichten Beobachtungen stützten die Auffassung, dass die Erziehung größeren Einfluss habe als die Biologie. Andererseits sprach Diamond eine Warnung aus, die im Rückblick geradezu prophetisch erscheint: »Es ist wahrscheinlich, dass der penisamputierte Zwilling mit der Pubertät gegen die durch Erziehung erfolgte Geschlechtszuweisung rebelliert, weil sie im Konflikt mit seiner biologischen Veranlagung steht.«

Diamond war zu einem Interview bereit, das auf einer Felsklippe über dem Ozean gefilmt wurde. Williams fragte, welche Auswirkungen es auf sein Fach habe, wenn sich zeige, dass der Zwilling »ernste und anhaltende« Probleme habe. Darauf antwortete Diamond: »Ich glaube, das hängt davon ab, wem Sie diese Frage stellen. Es gibt Leute, die an diesen Fall glauben, beinahe wie an eine religiöse Erscheinung.« Weiter erklärte er, wenn durch alle medizinischen, chirurgischen und sozialen Bemühungen nicht erreicht werden könne, dass das Kind eine weibliche Geschlechtsidentität annehme, »dann müssen wir wohl wirklich vermuten, dass die biologische Veranlagung des Individuums von Bedeutung ist, dass wir nicht als Neutrum in diese Welt kommen, sondern mit einem gewissen Grad an Männlichkeit und Weiblichkeit [einer Veranlagung], die bedeutsamer ist als das, was die Gesellschaft dazu beisteuert.«

Der Dokumentarfilm mit dem Titel *Die erste Frage* (die erste Frage, die generell nach einer Geburt gestellt wird: ›Ist es ein Junge oder ein Mädchen?‹) wurde in Großbritannien am 19. März 1980 ausgestrahlt. Er liefert einen beeindruckend klaren Überblick über die komplexen Probleme, die mit diesem Thema zusammenhängen, und versucht außerdem, Moneys Lebenswerk ausgewogen darzustellen. So wurde zu dem Thema auch die Mutter eines Transsexuellen interviewt, der ebenfalls von Money behandelt worden war. Er war als Junge mit XY-Chromosomen, aber mit einem winzigen Penis und in der Bauchhöhle verbliebenen Geschlechtsdrüsen zur Welt gekommen. Auf Moneys Anraten war er operativ zum Mädchen gemacht worden. Im Alter von acht Jahren lebte Paula nach Aussage der Mutter zufrieden in ihrer weiblichen Identität. Der theoretisch weit wichtigere Fall des normal entwickelten Zwillings, der offenbar zu scheitern drohte, wurde hingegen schonungslos dargestellt.

Williams und Smith rechneten damit, dass ihre Sendung eine kontroverse Diskussion auslösen würde, was aber nicht geschah. »Die Reaktionen waren merkwürdig zurückhaltend«, sagt Smith. »Ich war etwas überrascht, dass die Presse die Sache nicht aufgriff.« Auch für Diamond war es unerklärlich, warum das Thema in amerikanischen Sendungen wie *60 Minutes* weder kommentiert noch weiterverfolgt wurde.

Diamond wollte die Erkenntnisse der BBC unter nordamerikanischen Ärzten bekannt machen und fasste die Resultate in einer kurzen wissenschaftlichen Abhandlung zusammen. Sie erschien 1982 unter dem Titel »Sexual Identity, Monozygotic Twins Reared in Discordant Sex Roles and a BBC Follow-Up« in der amerikanischen Fachzeitschrift *Archives of Sexual Behavior*. Hier zitierte er wörtlich die Äußerungen Sigmundsons und Moggeys über Brendas Probleme sowie Sigmundsons Zweifel, ob sich Brenda jemals an eine Frauenrolle anpassen werde. Er ging noch auf die weiteren Folgerungen des offenbar vom Scheitern bedrohten Falls ein und erklärte: »Was den Zwilling betrifft, ist es aus wissenschaftlicher Sicht zu bedauern, dass auf den mutmaßlichen Ergebnissen eines einzigen nicht überprüften und nicht erhärteten Falls ein so ausladender theoretischer und philosophischer Oberbau errichtet wurde. Bedauerlich erscheint außerdem, dass wir hier in den Vereinigten Staaten darauf angewiesen waren, dass investigative Journalisten aus Großbritannien die klinische Nachuntersuchung eines Falls in die Hand genommen haben, der ursprünglich in der amerikanischen Fachliteratur solche Berühmtheit erlangt hat.«

Diamond musste enttäuscht feststellen, dass sein Artikel ähnlich zurückhaltend aufgenommen wurde wie die Dokumentation. Einige feministische Wissenschaftlerinnen strichen den Fall der Zwillinge in aller Stille aus der nächsten Auflage ihrer Standardwerke, aber die akademische, wissenschaftliche und medizinische Welt hüllte sich in Schweigen. »Sie ignorierten es«, erklärt Diamond. »Es war nicht das, was sie hören wollten.«

In den Tagen und Wochen nachdem Brenda den mysteriösen Mann mit der Kamera in der Gasse neben der Schule gesehen hatte, zeigte sie in den Sitzungen bei Dr. McKenty immer deutlicher, dass sie alles Mädchenhafte ablehnte. Sie klagte, Brian habe mehr Freunde, weil er nicht unaufhörlich gehänselt werde, und es machte sie wütend, dass ihr Bruder raufen konnte, ohne als »Verrückter« abgestempelt zu werden. »Mädchen dürfen nur Kinder kriegen«, sagte sie.

Wegen ihrer »verrückten« Jungenhaftigkeit war sie in der Schule wachsendem Druck durch Spötteleien und Drohungen ihrer Altersgenossen ausgesetzt. Eines Tages kurz vor Weihnachten wurde sie von einem Mitschüler mit einem Messer bedroht. »Da sagte ich zu meiner Mutter: ›In die Schule gehe ich nicht mehr. Ich hau ab‹«, berichtet David. Janet unterstützte Brendas Entscheidung, ebenso Dr. McKenty, die dafür sorgte, dass Brenda staatlich finanzierten Privatunterricht erhielt.

Nachdem sie nun nicht mehr von Schulkameraden drangsaliert wurde, lebte sie zu Hause ihr jungenhaftes Benehmen in Sprache und Kleidung voll aus. Janet hoffte, Brenda mache nur eine »Phase« durch, und wartete noch immer darauf, dass ihre Tochter weibliches Verhalten zeigte. »Bei jedem kleinen Zeichen war ich im siebten Himmel«, sagt sie. »Da habe ich vieles, was sie getan hat, falsch interpretiert.«

David erinnert sich, dass er während dieser Zeit in einem Schrank ein Paar Glacéhandschuhe seiner Mutter fand. »Sie fühlten sich innen so schön weich an. Ich zog sie über. Sie erinnerten mich an diese coolen italienischen Rennautos, die man im Film sieht, und ich dachte: Damit könnte man das Lenkrad gut greifen. Plötzlich merkte ich, dass meine Mutter hinter mir stand. Ich drehte mich um, und sie lächelte mich an und sagte: ›Nur zu. Wenn du sie tragen willst, du kannst sie haben.‹ Sie dachte, ich wollte feminin sein.«

Im Lauf des Winters fiel es Janet immer schwerer, in solchen Phantasien Trost zu finden. Eines Nachts hatte sie einen Traum, den sie Jahre später als Symbol für all das erkannte, was sie bei ihrer Tochter zu unterdrücken versuchte. In diesem Traum besuchte Janet eine Frau, deren Freund gerade ausgezogen war. Die verzweifelte Frau öffnete eine Truhe und holte ehrfurchtsvoll einen riesigen Stoffpenis hervor. »Sie hielt ihn mir entgegen, als wäre es ein Goldbarren«, erinnert sich Janet. »Und sie sagte: ›Das habe ich noch als Erinnerung an ihn.‹«

In diesem Winter stellte sie fest, dass die tiefe Hoffnungslosigkeit sie wieder überfiel, unter der sie schon in British Columbia gelitten hatte. Ende Januar stellte ihre Psychiaterin Dr. Nona Doupe fest, dass sie in eine schwere Depression abglitt und selbstmordgefährdet war. Sie wies Janet in das Victoria-Krankenhaus ein, wo sie einen Monat blieb. Kurz nach ihrer Entlassung geriet sie wieder in den Strudel der Verzweiflung, und das Familienleben nahm chaotische Züge an. Brenda hielt es nicht aus, dass ihre Mutter bei ihr unaufhörlich nach Anzeichen von Weiblichkeit suchte, während Janet den Anblick Brendas, gekleidet wie ein Junge und mit verfilzten Haaren, als unausgesprochene und unerträgliche Kritik an der Entscheidung auffasste, die sie mit Ron vor 13 Jahren getroffen hatte. Anfang März hielt Dr. McKenty Brendas Klagen fest: »Nichts, was sie tut, gefällt ihrer Mutter, die unentwegt an ihr herumnörgelt und sie anschreit.« Ein paar Tage später erreichte die Krise ihren Höhepunkt.

»Sie befahl mir, den Kühlschrank sauber zu machen«, erinnert sich David. »Ich legte mich wirklich ins Zeug, aber sie war nicht zufrieden. Da schrie ich: ›Ich mache es, so gut ich kann!‹ Sie warf mir eine Packung Cornflakes ins Gesicht. Ich warf sie zurück. Daraufhin wollte sie mich schlagen. Da packte ich ihr Handgelenk und stieß sie weg. Meine Mutter drohte: ›Ich sag's deinem Vater!‹«

Ron, der vorgab, erschöpft zu sein, wollte mit dem Streit nichts zu tun haben, setzte sich vor den Fernseher und schenkte sich einen Drink ein. Janet sah, dass sie in das fatale Verhaltensmuster zurückfielen, das sich während der schlimmen Zeit in British Columbia eingespielt hatte. Sie rief Dr. McKenty an, deren Aufzeichnungen zeigen, wie es in der Familie zuging: Ron trank Unmengen Whiskey; Janet und Brenda zankten sich unaufhörlich; und nun war auch zwischen Brenda und Brian ein offener Krieg ausgebrochen, und die Zwillinge hackten ständig aufeinander herum.

Zu diesem Zeitpunkt konnten Dr. McKenty und die übrigen Mitglieder des Behandlungsteams das Offensichtliche nicht länger leugnen: Nachdem beinahe vier Jahre lang versucht worden war, Dr. Moneys Plan in die Tat umzusetzen, waren Brenda und ihre Familie noch schlechter dran als zuvor. Dr. Winter war der einzige Arzt, der überhaupt noch Hoffnung hatte. Da er überzeugt war, das Erscheinungsbild von Brendas unvollständiger Vagina sei das Hauptproblem, das sie hindere, sich selbst als Mädchen zu akzeptieren, war er lange Zeit als entschiedenster Befürworter der Operation aufgetreten. Aber jetzt wurde auch er unsicher. »Von Anfang an hatte ich … auf eine frühzeitige Operation gedrängt«, berichtete er in einem Brief an Dr. McKenty. »Jetzt bin ich nicht mehr so überzeugt, dass das eine gute Idee ist, und habe daher zurzeit keine präzisen Pläne oder Meinungen hinsichtlich des richtigen Zeitpunkts für die Operation.«

Zuletzt zwang Brenda den Endokrinologen, seine unentschlossene Haltung aufzugeben. Bei einem Termin in seiner Praxis Mitte März weigerte sie sich, sich auszuziehen, um ihre Brust untersuchen zu lassen. Der Arzt bat sie noch einmal. Sie lehnte ab. Das ging 20 Minuten lang so. »Irgendwann kommt man im Leben an einen Punkt, an dem man sagt: ›Jetzt reicht's‹«, erklärt David. »Für jeden gibt es eine Grenze. Meine Grenze war erreicht.«

Dr. Winter kam auch an seine Grenzen. »Willst du ein Mädchen sein oder nicht?«, fragte er ungeduldig.

Das war eine Frage, die ihr Dr. Money gestellt hatte, seit sie sich erinnern konnte – eine Frage, mit der das Behandlungsteam sie jahrelang traktiert hatte. Dass auch Dr. Winter sie jetzt stellte, brachte das Fass zum Überlaufen.

Sie hob den Kopf. »Nein«, schrie sie dem Arzt ins Gesicht.

Zu Brendas Erstaunen wurde Dr. Winter nicht wütend. Vielmehr ging er einfach eine Weile hinaus und kam dann wieder. »In Ordnung«, sagte er. »Du kannst jetzt heimgehen.«

Erst später erfuhr Brenda, dass Winter draußen auf dem Korridor mit Dr. McKenty gesprochen und ihr erklärt hatte, seiner Meinung nach sei es an der Zeit, Brenda darüber aufzuklären, wer sie war und was mit ihr geschehen war.

Am 14. März i980 holte Ron wie jede Woche Brenda von ihrer Therapiesitzung bei Dr. McKenty ab. Als Brenda ins Auto stieg, sagte Ron, diesmal würden sie sich erst noch ein Eis holen, bevor sie nach Hause fuhren.

Brenda wurde sofort misstrauisch. »Wenn sich in der Familie irgendeine Katastrophe anbahnte, dann packte einen der gute alte Dad ins Auto und lud einen zum Eis oder zu sonst was ein«, sagt David. »Also dachte ich mir: Liegt Mutter im Sterben? Wollt ihr euch etwa scheiden lassen? Ist mit Brian alles in Ordnung?« »Nein, nein«, erwiderte Ron auf Brendas nervöse Fragen. »Alles läuft bestens.« Erst als er Brenda ein Eis gekauft und den Wagen in der Einfahrt vor dem Haus geparkt hatte, fand er die richtigen Worte.

»Er fing an, mir Schritt für Schritt alles zu erklären, was mit mir passiert war«, sagt David. »Zuerst sagte er mir, dass ich als Junge geboren wurde, dann erzählte er von dem Unfall bei meiner Beschneidung und wie sie daraufhin alle möglichen Spezialisten aufgesucht und den Rat befolgt hatten, der ihnen damals als der Beste erschien. Das heißt, es wurde der Versuch gemacht, mich umzuwandeln. Mein Dad hat sich ziemlich aufgeregt.« Zum ersten Mal in ihrem Leben sah Brenda ihren Vater weinen.

Sie aber starrte trockenen Auges durch die Windschutzscheibe, während das Eis in der Waffel langsam schmolz.

»Sie hat einfach dagesessen und vollkommen ruhig zugehört«, sagt Ron fast zwei Jahrzehnte nach dem Gespräch. »Ich glaube, sie war völlig gebannt von dieser *unglaublichen* Geschichte, die ich ihr da erzählt habe.«

Heute sagt David, die Enthüllung habe ganz unterschiedliche Emotionen bei ihm ausgelöst – Wut, Unglauben, Erstaunen. Aber ein Gefühl war stärker als alles andere. »Ich war *erleichtert*. Plötzlich verstand ich, warum ich mich so fühlte, wie ich mich fühlte. Ich war gar kein komischer Kauz. Ich war *nicht verrückt*.«

Eine Frage aber stellte Brenda ihrem Vater über die ersten acht Monate nach ihrer Geburt, diese kurze wunderbare Zeit, in der sie ein völlig intakter Mensch gewesen war.

»Welchen Namen hatte ich?«

12

Brenda beschloss praktisch sofort, ihr biologisches Geschlecht wieder anzunehmen. »Mit achtzehn bin ich, was ich will«, erklärte sie Dr. McKenty bei ihrer ersten Therapiesitzung, nachdem sie die Wahrheit erfahren hatte. »Dann will ich kein Mädchen mehr sein, sondern ein Junge.« Es stellte sich nur die Frage, wie sie das anstellen sollte, ohne großes Gerede auszulösen. Sie erwog, eine Zeit lang nach Vancouver zu gehen und dann als Verwandter wiederzukommen, der bei den Reimers wohnte. Aber dieser Plan hatte einen Nachteil: »Ich sehe aus wie Brian«, sagte Brenda zu Dr. McKenty. »Die Leute werden es merken.« Dann sprach sie ein noch qualvolleres Problem an. Brenda, die ihr Leben lang angehalten worden war, sich wie ein Mädchen zu verhalten und ihre Impulse und Gefühle zu verbergen, überlegte, wie ihre Eltern es aufnehmen würden, wenn sie ihr wahres Selbst zeigte. »Was werden sie sagen«, fragte sie Dr. McKenty, »wenn ich mit einem Mädchen ausgehe?«

Anderthalb Monate später waren die Reimers zu einem großen Familienfest eingeladen, auf dem die Verlobung von Janets jüngerem Bruder gefeiert wurde. Da Brenda nach außen hin weiter als Mädchen lebte, blieb ihr nichts anderes übrig, als sich für den Anlass feminin zurechtzumachen, und zwar mit einem Kleid, roten Schuhen, Feinstrumpfhose, Make-up und einem modischen kurzen Nerzimitatmantel, den Janet eigens gekauft hatte – vielleicht als letzten Anreiz für Brenda, dem Geschlecht treu zu bleiben, das die Eltern für sie gewählt hatten. Aber die Demütigung, sich in aller Öffentlichkeit als Mädchen zur Schau zu stellen, obwohl sie die Wahrheit wusste, war mehr, als Brenda ertragen konnte. Also verlegte sie die Frist, die sie sich gesetzt hatte, um ein Jahr vor: »In *zwei* Jahren«, so versicherte sie Dr. McKenty, »will ich aussehen wie ein Junge. Ich hätte gern einen Schnurrbart.«

Bei ihrer nächsten Sitzung verlegte sie erneut den Termin, an dem sie ein Junge werden wollte: Sie wollte es jetzt tun, und sie hatte sich auch schon Gedanken über einen passenden Namen gemacht. Ihren Taufnamen Bruce wollte sie nicht wieder annehmen, denn das sei ein Name für »Langweiler und Trottel«. Aber sie hatte sich zwei Alternativen überlegt. Joe gefiel ihr, weil es schlicht und unauffällig war, ein ganz gewöhnlicher Name. Sie hatte auch darüber nachgedacht, sich David zu nennen, nach dem biblischen König, der Goliath besiegt hatte. »[Der Name] erinnerte mich an den Kerl, der kaum eine Chance hatte«, sagt David, »den Kerl, der sich einem zweieinhalb Meter großen Riesen gestellt hat. Er erinnerte mich an Mut.«

Die endgültige Entscheidung überließ Brenda ihren Eltern, die den Namen David wählten. Ron sagt, es sei ihm leicht gefallen, sich an den neuen Namen seines Kindes zu gewöhnen, und er kann sich nicht erinnern, dass er seinen Sohn irgendwann versehentlich Brenda genannt hätte. Auch anderen fiel es unerwartet leicht, Brendas Verwandlung in David zu akzeptieren. Davids Privatlehrerin Dorothy Troop erinnert sich, sie sei anfangs nervös gewesen, als sie von dem Plan erfuhr. Aber als David dann zum Unterricht erschien, stellte Mrs. Troop fest, dass sein neues Geschlecht überhaupt kein Problem für sie darstellte. Brenda war stets missmutig, deprimiert und zornig gewesen. Mit David sah die Sache anders aus. »Er war zufriedener«, erklärt Mrs. Troop, »sehr viel gelassener, und er nahm aufmerksamer wahr, was um ihn herum vor sich ging.« Die Lehrerin schenkte David eine Kette, auf der sein neuer Name eingeprägt war. Als Gegengabe bekam sie die Kunstpelzjacke, die er auf der Familienfeier getragen hatte. »Anscheinend wollte er alles loswerden, was ihn an seine Zeit als Brenda erinnerte«, meint Mrs. Troop.

Im August, eine Woche nach seinem fünfzehnten Geburtstag, hatte David im weiteren Familienkreis sein großes Debüt als Junge. Der Anlass war die Hochzeit seines Onkels Dale. Die Brüste, die infolge der Hormonbehandlung entstanden waren, wurden mit einem Leinenband flach gedrückt, darüber trug David ein gestärktes weißes Hemd und den gleichen dunklen Anzug mit Krawatte wie sein Bruder Brian. Es war nicht leicht, vor Tanten, Onkeln, Großeltern und Freunden zum ersten Mal als Junge aufzutreten. David wusste zwar, dass die ganze Familie vor langer Zeit von seiner Geschlechtsumwandlung als Baby erfahren hatte, aber es saß ihm einfach noch in den Knochen, dass man ihm sein Leben lang eingeschärft hatte, er müsse vor der Verwandtschaft die kleine Dame spielen. Dennoch blieb er standhaft und tanzte sogar mit der Braut und mehreren Brautjungfern, »glücklich«, notierte sich Dr. McKenty zwei Tage später. »Die Hochzeit war ein Erfolg.«

Von nun an erhielt David Testosteronspritzen. Bald spross der erste Flaum auf Wangen und Kinn, und er wuchs etwa 3 cm. Am 22. Oktober 1980 unterzog er sich einer zweifachen Brustamputation, ein äußerst schmerzhafter Eingriff, unter dem er noch wochenlang litt. Weitere Operationen schob er deshalb bis zum folgenden Sommer auf, dem Ende der zehnten Klasse.

In den Monaten, die folgten, grübelte er viel über den Unfall nach, durch den sein Leben aus der Bahn geworfen worden war. »In diesem Stadium seiner Existenz«, sagt Dr. Winter, »wollte er nur das eine: ein Gewehr, um den Arzt umzubringen, der ihm das angetan hatte.« Im Laufe der tristen Wintermonate nahmen Davids Rachephantasien immer konkretere Züge an. Für die 200 Dollar, die er von seinem Job als Zeitungsausträger gespart hatte, kaufte er sich auf dem Schwarzmarkt eine nicht zugelassene russische Luger aus dem Jahr 1950. An einem Tag im Februar suchte er Dr. Jean-Marie Huot in seinem Zimmer in einem Krankenhaus von Winnipeg auf.

»Ich hatte die Pistole in der Tasche«, sagt David. »Als ich die Tür zu seinem Sprechzimmer aufmachte, sagte er: ›Ja, was kann ich für Sie tun?‹ Ich sagte: ›Erinnern Sie sich an mich?‹ Er fragte: ›Sollte ich mich an Sie erinnern?‹ ›Schauen Sie einmal genau hin‹, sagte ich. Dann wusste er, wer ich war. Er nickte. Ich hatte vor, die Pistole zu ziehen und ihm den Schädel wegzublasen, aber er fing an zu weinen. Da tat er mir Leid. Er ließ den Kopf hängen. Ich sagte: ›Wissen Sie eigentlich, dass ich durch die Hölle gegangen bin?‹ Er schwieg, saß einfach da und weinte. Da ging ich hinaus. Ich hörte noch, wie er mir nachrief ›Warten Sie! Warten Sie!‹ Aber ich ging. Ich setzte mich an den Fluss und weinte.«

David zerschmetterte die Pistole mit einem Stein und warf sie in den Red River. Ein paar Tage später gestand er Dr. McKenty, dass er Huot aufgesucht und »ihn wegen des Unfalls fertig gemacht« hatte. Die Pistole, die er in der Tasche gehabt hatte, erwähnte er nicht.

Im Sommer 1997 nahm ich Kontakt zu Dr. Huot auf. Er war nicht bereit, über diese Begegnung zu sprechen. »Es ist siebzehn Jahre her«, sagte er, »das ist eine lange Zeit.« Auch den Zwischenfall, der überhaupt erst dazu geführt hatte, dass ein mörderisch deprimierter Junge in seiner Praxis aufgetaucht war, wollte er nicht erörtern. Auf die Frage nach dem Unfall bei der Beschneidung erklärte er in seinem starken frankokanadischen Akzent: »Ich bin nicht in der Lage, jetzt darüber zu sprechen, ganz gewiss nicht, ganz gewiss nicht.«

Am 2. Juli 1981, einen Monat vor seinem sechzehnten Geburtstag, unterzog sich David einer Operation, bei der ein rudimentärer Penis geschaffen wurde. Dafür wurden Muskeln und Haut von der Innenseite seiner Schenkel entnommen und der Penis an den Stumpf des verbliebenen Penisschafts unter der Haut angefügt. In das rekonstruierte Skrotum wurden künstliche Hoden aus hellem Kunststoff eingesetzt. Das Gefühl, einen Penis zwischen den Beinen zu haben, war zunächst ungewohnt und eigenartig. Und David lernte bald die Nachteile der Phalloplastik kennen. Im Lauf des ersten Jahres musste er wegen Funktionsstörungen und Infektionen an seiner künstlichen Harnröhre achtzehnmal ins Krankenhaus. Und auch in den nächsten drei Jahren kam es immer wieder zu Komplikationen, die einen Krankenhausaufenthalt erforderlich machten.

Unterdessen versuchte David, mit seinem neuen Leben zurechtzukommen, und bereitete sich darauf vor, wieder in die Welt zurückzukehren. In mancher Hinsicht war das einfacher, als er befürchtet hatte. Denn abgesehen von der kurzen Freundschaft mit Heather Legarry und Esther Haselhauer war Brenda sozial isoliert gewesen. Dies und der häufige Schulwechsel hatten dazu geführt, dass niemand Fragen stellte, als sie plötzlich verschwand – und dafür David auftauchte. Auch nach der Rückkehr zu seinem biologischen Geschlecht führte David (der befürchtete, von irgendeinem Bekannten als die ehemalige Brenda erkannt zu werden) ein zurückgezogenes Leben im Souterrain seines Elternhauses. Er sah fern, hörte Platten, dachte über alles nach, was ihm widerfahren war, und versuchte, es zu begreifen und zu verarbeiten. Diese Periode dauerte annähernd zwei Jahre, bis er sich, etwa um seinen achtzehnten Geburtstag herum, ab und zu aus dem Haus wagte und zusammen mit Brian in Cafés, auf der Rollschuhbahn und in Kneipen mit anderen Jungen traf.

Brians Freunde akzeptierten David sofort als einen der Ihren, aber es war nicht zu vermeiden, dass sich einige Jugendliche noch an Brians Schwester Brenda erinnerten.

Gemeinsam dachten sich die Zwillinge eine Geschichte aus, um Brendas Verschwinden zu erklären. Sie behaupteten, Brenda sei mit ihrem Freund nach British Columbia gezogen und bei einem Flugzeugabsturz ums Leben gekommen und David sei Brians lang vermisster Cousin. David aber habe einen Motorradunfall gehabt und müsse wegen der Nachbehandlung seiner Verletzungen so oft ins Krankenhaus.

»Wir wussten alle, dass sie uns nicht die ganze Wahrheit sagten«, sagt Lyle Denike, einer von Brians und Davids Freunden aus dieser Zeit. »Aber wir wollten mit unseren Fragen nicht zu weit gehen. Wir ahnten, dass es um sehr persönliche Dinge ging.«

Heather Legarry, Brendas Freundin aus der sechsten Klasse, hatte ebenfalls ihre Zweifel. Im Juli 1983 arbeitete sie nach ihrem ersten Jahr am College in den Sommerferien in der Gokart-Bahn ihres Bruders. »Ich verkaufte Tickets«, sagt Heather. »Plötzlich sah ich ein vertrautes Gesicht vor dem Schalter. Es war Brian Reimer – dachte ich wenigstens. Ich sagte hallo, aber statt zu lächeln, wurde er rot und stammelte irgendwas, dann trat er zurück und zeigte auf diesen anderen Typ. Da kam der echte Brian die Treppe hoch. »Ich fragte: ›Wer war denn das?‹ Da sagte Brian: ›Das ist mein Cousin David.‹, Ich überlegte, ob es wohl Brenda wäre, aber dann wischte ich den Gedanken weg und sagte mir: Wenn er sagt, es ist sein Cousin, dann ist es auch sein Cousin.«

»Ich konnte nicht mit ihr reden«, sagt David über die Begegnung mit dem einzigen Menschen seiner Kindheit, mit dem ihn eine echte Freundschaft verband. »Es hätte zu lang gedauert, alles zu erklären. Da war es leichter, den Leuten aus dem Weg zu gehen.«

Als David in diesem Sommer schließlich achtzehn wurde, erreichte er einen weiteren Meilenstein, denn jetzt bekam er das Geld ausbezahlt, das seit sechzehn Jahren für ihn auf einem Treuhandkonto lag – die Entschädigung, die das St.-Boniface-Krankenhaus nach einer außergerichtlichen Einigung im Jahr 1967 an seine Eltern ausgezahlt hatte. Die 66 000 Dollar lagen zwar weit unter den Prognosen eines Schmerzensgelds von mehreren Millionen Dollar, die zuweilen für den Verlust des Penis angesetzt wurden. Aber die Reimers, die damals knapp bei Kasse waren, nahmen das Angebot des Krankenhauses an, zumal ihr Anwalt befürchtete, ein höherer, durch Geschworene festgelegter Schadensersatz würde einer Prüfung durch den Richter nicht unbedingt standhalten. Und für Ron, der damals nur 6000 Dollar im Jahr verdiente, waren 66 000 Dollar zur damaligen Kaufkraft eine Menge Geld. Die Summe wurde auf ein Treuhandkonto gelegt und nur für medizinische Behandlungen verwendet, die mit Davids Verletzung zusammenhingen. Außerdem wurde die jährliche Reise der Familie nach Baltimore damit finanziert. Im Jahr 1983 war die Summe auf 170 000 Dollar angewachsen, ein kleines Vermögen, mit dem David finanziell wesentlich besser dastand als seine Freunde. In der Hoffnung, »ein paar Damen einzufangen« (wie er später Diamond erzählte), kaufte er sich einen ausgebauten Kleinbus. Ausgestattet mit Hausbar, Fernseher und Teppichboden, erhielt der Bus bald den Spitznamen »Bumsmobil«.

David benutzte den Bus allerdings nicht für solche Zwecke. Denn seine Beziehung zu Mädchen erwies sich als der komplizierteste Aspekt seiner Verwandlung – und dieses Problem verschärfte sich noch durch die Tatsache, dass er mit achtzehn Jahren nicht nur ganz passabel aussah, sondern ausgesprochen attraktiv wirkte. Seine plötzliche Beliebtheit beim nunmehr anderen Geschlecht führte zu einem schrecklichen Dilemma, denn David wusste, dass sein Penis weder so aussah noch so funktionierte wie das Original (er bekam keine Erektion). »Wie soll man da auch nur *anfangen*, ein Mädchen kennen zu lernen?«, sagt David über die damalige Zeit. »Man kann es nicht. Es ist eine furchtbar peinliche Situation.«

Schließlich freundete er sich doch mit einem etwas jüngeren

Mädchen an, einer hübschen, aber launischen Sechzehnjähri-
gen. David aber plagte die ständige Sorge: »Was wird bloß passieren, wenn sie mehr will als einen Kuss? Wie soll ich damit fertig werden?« Er entwickelte eine Strategie, um die sexuellen
Kontakte abzubrechen, bevor sie zu intim wurden: Er trank eine
Menge und sagte dann: *Ich bin müde, mich haut's gleich um.* Aber
einmal verkalkulierte er sich und schlief tatsächlich wie ein
Stein, nachdem er zu viel getrunken hatte. Als er am Morgen auf-
wachte, lag seine Freundin neben ihm im Bett, und er konnte ihr
vom Gesicht ablesen, dass sie nachgeschaut hatte, was er zwischen den Beinen trug. Da blieb ihm nichts anderes übrig, als ihr
die Wahrheit zu sagen. Er erklärte ihr, er habe einen »Unfall« gehabt. Nach ein paar Tagen wussten alle Bescheid. Wie in seiner
Kindheit wurde plötzlich hinter seinem Rücken geflüstert, geki-
chert und gealbert. Für David war das nicht zu ertragen. Am
nächsten Tag schluckte er eine Packung der Antidepressiva seiner Mutter und legte sich aufs Sofa seiner Eltern, um zu sterben.

Ron und Janet fanden ihn bewusstlos. »Wir sahen uns an«, erinnert sich Ron, »und wir waren uns nicht sicher, ob wir ihn
überhaupt aufwecken sollten.«

Janet weiß noch, dass sie zu Ron sagte: »Ich frage mich, ob wir
ihn einfach lassen sollten. Dieses Kind hat sein Leben lang nur
gelitten. Er will wirklich sterben.« Aber innerhalb von Sekunden
war die Entscheidung gefallen, sie hoben ihren Sohn auf und
brachten ihn ins Krankenhaus, wo ihm der Magen ausgepumpt
wurde. Nach seiner Entlassung eine Woche später versuchte er
es noch einmal, schluckte eine Packung Antidepressiva und ließ
sich dann ein Bad einlaufen, um sich zu ertränken. »Ich dachte:
*Wenn du tot bist, dann spürst du nichts mehr, keinen Schmerz im Her-
zen, keinen Schmerz im Körper, keine Demütigung – nichts.* Aber ich
schaffte es nicht bis zur Badewanne. Bei jedem Schritt war mir,
als hätte ich Hundertpfundgewichte an den Füßen.« Als die
Überdosis ihre Wirkung tat, legte er sich aufs Sofa und wurde
bewusstlos. Diesmal rettete ihn Brian.

David zog sich aus der Welt zurück. Einmal verbrachte er sechs Monate allein in einer Hütte im Wald am Winnipeg-See. Nicht einmal Dr. McKenty wollte er noch sehen, aber sie hatte ihn überredet, ein Kassettengerät mitzunehmen und seine Gedanken auf Band zu sprechen. Eines Abends im Januar 1985 tat er das auch.

»Hier spricht David Reimer«, begann er mit alkoholumnebelter Stimme. »Ich bin neunzehn. Bald werde ich zwanzig. Die zwölfte Klasse habe ich halbwegs geschafft. Was ich in meinem Leben vorhabe, ist…« Nach einer Pause fuhr er in verändertem Tonfall fort. »Okay, wenn ich fünfundzwanzig bin, sollte bei mir alles geregelt sein. Heiraten will ich erst mit über dreißig, weil ich nicht – nicht der richtige Typ zum Heiraten bin.« Ein paar Minuten lang schweifte er ab, bis er wieder auf das Thema zurückkam, das ihn obsessiv beschäftigte. »Ich möchte ein Mädchen heiraten, das ein bisschen schüchtern ist. Nicht *zu* schüchtern. Und es wäre mir lieber, wenn sie schon Kinder hätte. Weil ich nämlich Kinder möchte. Und ich kann selbst keine haben.« Diese Aussage setzte offenbar eine neue Assoziationskette in Gang. »Oh, ja, ich habe etwas Geld, ungefähr hunderttausend, wegen einem Unfall, den ich vor langer Zeit hatte. Als ich klein war.« Wieder hielt er inne, vielleicht weil er überlegte, ob er die Kraft oder die Lust hatte, über diesen Teil seines Lebens zu sprechen. Er entschied sich dagegen. »Ja, das ist alles«, sagte er. »Ich hoffe, dass alle da draußen ein tolles Leben führen.« Er schaltete den Kassettenrekorder ab und machte keine weiteren Aufnahmen mehr.

Nach Davids Rückzug in die Hütte verging beinahe ein Jahr, bis ihn zwei seiner Freunde, Harold Normand und Ron Mandel, überredeten, die Einöde zu verlassen und dem eisigen kanadischen Winter den Rücken zu kehren. Die Ironie des Schicksals wollte es, dass die drei jungen Männer ausgerechnet Hawaii als Urlaubsziel wählten. Am 11. Januar 1986 flogen sie nach Honolulu und verbrachten eine Woche im Outrigger Hotel, nur zehn

Autominuten von Milton Diamonds Haus entfernt. Die Reise hatte eine heilsame Wirkung auf David, aber bereits auf dem Flug *nach* Hawaii geschah etwas, das zeigte, dass er endlich so weit war, seine Depression zu überwinden und mit den Geheimnissen seiner Vergangenheit zu Rande zu kommen.

Während sie den Pazifik überflogen, fing er ein Gespräch mit Harold an. »Er sagte zu mir: ›Ich wollte dir immer von Brians Schwester erzählen‹«, erinnert sich Harold. »Da sagte ich: ›Das brauchst du nicht. Ich weiß schon Bescheid.‹«

Harold hatte die Wahrheit drei Jahre zuvor erfahren, als er David kennen lernte. Da ihm die Geschichte über den Tod der Schwester bei einem Flugzeugabsturz von Anfang an verdächtig vorkam, sprach Harold mit seinen Eltern über das Rätsel. Sie erinnerten sich sofort an einen kurzen Zeitungsartikel aus dem Jahr 1967, den Bericht über ein Zwillingskind, das bei einer Beschneidung im St.-Boniface-Krankenhaus seinen Penis verloren hatte. Später hatten sie von irgendjemandem gehört, die Familie hieße Reimer. Es war sogar gemunkelt worden, der Junge werde als Mädchen aufgezogen. »Meine Eltern zählten zwei und zwei zusammen«, erinnert sich Harold. Da er selbst ein sehr zurückhaltender junger Mann war, hatte er Davids Geheimnis im Freundeskreis nie preisgegeben und ließ ihn auch selbst nicht wissen, dass er es kannte.

In den Monaten nach der gemeinsamen Hawaiireise vertraute David seinem Freund vieles an, was er bisher niemandem außer Dr. McKenty gesagt hatte. »Er erzählte mir, dass er sich nie wie ein Mädchen gefühlt hatte, weshalb er sich sofort entschloss, wieder ein Junge zu werden, nachdem er die Wahrheit erfahren hatte«, sagt Harold. »Entweder das, oder er wäre lesbisch geworden. Weil das sein größtes Problem als Jugendlicher war: Er empfand etwas für Mädchen.«

Nach seiner Rückkehr aus Hawaii hörte David von einem neuen Typ von künstlichem Penis, der, wie sein Arzt meinte, gegenüber seiner derzeitigen Rekonstruktion eine gewaltige Verbesserung darstellte. Sein neuer Penis werde dem Original ähneln und durch Anwendung fortschrittlicher mikrochirurgischer Techniken auch gefühlsempfindlich sein. Kurz vor seinem zweiundzwanzigsten Geburtstag unterzog sich David einer zweiten Phalloplastik. In einer zwölfstufigen Operation, an der drei Chirurgen dreizehn Stunden lang arbeiteten, wurde eine Prozedur durchgeführt, die als Peniskonstruktion durch freien Unterarmlappen bezeichnet wird. Dabei werden Fleisch, Nerven und eine Arterie des rechten Unterarms herausgeschnitten und zu einer Röhre geformt, sodass eine neue Harnröhre und der Penisschaft entstehen; ferner wird von einer linksseitigen Rippe Knorpel entnommen, um dem Organ strukturellen Halt zu geben. Trotz der langen Rekonvaleszenz war David von dem Ergebnis begeistert, das der vorherigen Phalloplastik in jeder Hinsicht überlegen war. »Danach fuhr ich die Straße hinunter«, sagt David, »und fing an zu weinen.«

Trotz der deutlichen Verbesserung in Erscheinung und Empfindungsfähigkeit des neuen Penis dauerte es noch zwei Jahre, bis David ihn zum Geschlechtsverkehr benutzte. Diese Wartezeit hatte weniger mit dem Vertrauen zu tun, das er in seinen Penis setzte, als mit den Folgen des Eingriffs, den er im Alter von 22 Monaten im Operationssaal des Johns-Hopkins-Krankenhauses erlitten hatte – seiner Kastration. »In einem fort dachte ich: Was soll ich der Frau sagen, die ich kennen lerne und heiraten möchte?«, erinnert sich David. »Was soll ich ihr sagen, wenn sie Kinder haben möchte und ich ihr keine geben kann?« Selbst wenn er eine Frau kennen gelernt hätte, die keine Kinder wollte, konnte es ja sein, dass sie im Lauf des Lebens ihre Meinung änderte und ihm die Sache übel nahm. »Ich dachte, es wäre *unfair*, das jemandem anzutun, den ich liebe.«

Dennoch ließ ihn der Gedanke an Heirat und Kinder nicht los. Sein Bruder hatte mit neunzehn geheiratet und war schon im Sommer 1988 zweifacher Vater. Er besaß all das, was David sich auch wünschte. »Ich war so schrecklich einsam«, sagt David. »Da tat ich etwas, das ich noch nie getan hatte. Ich betete zu Gott. ›Weißt du‹, sagte ich, ›mein Leben ist so grauenhaft verlaufen. Ich will mich nicht bei dir beklagen, weil du ja wissen musst, warum du mich das durchmachen lässt. Aber ich könnte ein guter Ehemann sein, wenn ich die Chance bekomme. Ich glaube, ich könnte ein guter Vater sein, wenn ich nur die Chance bekomme.‹«

Zwei Monate später stellten ihm Brian und seine Frau eine hübsche junge Frau aus ihrem Bekanntenkreis vor. Jane Fontane war 25 Jahre alt, hatte blaue Augen und schulterlange rotblonde Haare. Bei einer Größe von 1,58 m wog sie 160 Pfund. Ihr Gewicht war ihr wunder Punkt, aber ihre üppigen Formen standen ihr gut, und wer sie kannte, sah darin nur den natürlichen Ausdruck ihrer fürsorglichen Wesensart. Als ich Jane im Sommer 1997 kennen lernte, erinnerte mich ihr ganzes Wesen, eine Kombination aus Unerschütterlichkeit, aufrichtiger Freundlichkeit und ansteckendem Lachen, sofort an die Hauptfigur in Joyce Carys heiterem Roman *Herself Surprised* – an die unverwüstliche Sara Monday, Mutter von fünf Kindern, von Joyce Cary als eine Art Naturgewalt geschildert, die dank ihrer erdverbundenen Güte und ihres unbeirrbaren Optimismus jeden Schlamassel, in den sie gerät, glücklich übersteht – unter anderem ihre eigenen Jugendtorheiten.

Wie Sara besaß Jane eine Arglosigkeit und Unschuld, die erklären, warum sie, als sie David kennen lernte, allein erziehende Mutter von drei Kindern mit drei verschiedenen Vätern war. Denn von weltlichen Vergnügungen hielt sie im Grunde gar nichts. Sie rauchte nicht, trank nicht, ging nicht gern aus und missbilligte das »Fluchen«. Ihr Hauptfehler war ihre emotionale Bedürftigkeit, vielleicht eine Folge ihrer schwierigen Kindheit bei Mutter und Stiefvater.

Mit 16 Jahren schloss sie sich den Zivilkadetten an – ein Freizeitangebot der Armee, das an ihrer Schule gewählt werden konnte. Dort lernte sie Robert kennen, der ein paar Jahre älter war als sie. »Er war meine erste Liebe«, sagt sie. Robert schlug ihr vor, mit ihm in seine Heimatstadt Bancroft in Ontario zu ziehen. Zum Kummer ihrer Eltern verließ Jane tatsächlich Winnipeg. Den Sommer über wohnte das Paar bei Roberts Eltern, dann zogen sie nach Quebec um, wo Jane bald feststellte, dass sie schwanger war. Robert sprach vom Heiraten, aber dann ging er immer häufiger allein aus. »Er ging Zigaretten holen und kam erst nach sechs Stunden wieder«, erinnert sich Jane. Eines Tages sah sie ihn auf der Straße Hand in Hand mit einem anderen Mädchen. Kurz danach fuhr sie mit dem Zug heim nach Winnipeg.

Ihre Eltern waren wutentbrannt, als sie hörten, dass Jane schwanger war, aber sie hatte weder Arbeit noch Geld, und es blieb ihr nichts anderes übrig, als zu Hause zu wohnen. Ihre Tochter kam 1982 zur Welt. Jane, inzwischen 20 Jahre alt, war eine zärtliche Mutter und gab ihrem Kind die Liebe, die sie selbst von ihren Eltern nie bekommen hatte. Schließlich bezog sie eine kleine Wohnung im West End von Winnipeg, wo sie durch Freunde Dean kennen lernte, einen gut aussehenden, dunkelhaarigen jungen Mann, der als Wachmann arbeitete. Sie trafen sich ab und zu, aber als Jane erneut schwanger wurde, fand er, er sei noch zu jung, um sich zu binden. Die gemeinsame Tochter kam 1984 zur Welt. Dean unterstützte Mutter und Kind, so gut er konnte, besuchte sie aber immer seltener und kam schließlich gar nicht mehr. Mit zwei kleinen Kindern konnte Jane nicht berufstätig sein, aber dann bekam sie durch ein Regierungsprogramm einen Job und verdiente ihr eigenes Geld. Allmählich ging es bergauf. Da lernte sie Raymond kennen, einen jungen Mann aus der Nachbarschaft. Er wohnte in dem Block direkt gegenüber von Jane. Als er ihr anbot, seine Waschmaschine und seinen Trockner zu benutzen, nahm sie nicht nur diese Offerte an.

»Ich bin nicht stolz darauf«, erklärt Jane. »Aber ich bin bei meiner Suche nach Liebe immer an den Falschen geraten. Ich wünschte mir eine Beziehung, einfach jemanden, der mich liebt.« Als Raymond erfuhr, dass Jane ihr drittes Kind erwartete, erzählte er ihr von seiner ›rechtmäßigen Frau‹, die zufällig demnächst aus British Columbia wiederkam. So verlor Jane auch Raymond. Ihr Sohn wurde im Frühling 1988 geboren. Jane war am Tiefpunkt ihres Lebens angelangt.

Drei Wochen nach der Geburt ihres Sohnes bekam sie einen Anruf von ihrer Mutter. Anne hatte Neuigkeiten. Kürzlich hatte sie einer jungen Frau im Haushalt geholfen, die sich von einer Operation erholte. Anne hatte ihr von Janes schwieriger Situation erzählt und gemeint, weil Jane nun drei Kinder am Hals hatte, würde sie nun bestimmt keinen Mann zum Heiraten mehr finden. Daraufhin hatte die Frau erwähnt, sie kenne einen jungen Mann, der Jane vielleicht gern kennen lernen würde. Es sei ihr Schwager, der Zwillingsbruder ihres Mannes Brian.

Jane setzte wenig Hoffnung in diese von langer Hand geplante Eheanbahnung, aber sie rief die Frau an. Davids Schwägerin erzählte Jane von seinem Unfall und erwähnte, dass er eine bedeutende Summe als Schadensersatz erhalten hatte. »Sie sagte, er hat ein Wohnmobil und ein Kabriolett. Darauf sagte ich: ›Spielt es denn eine Rolle, wie viel Geld er hat und was er zwischen den Beinen hat? Wenn er zu mir und den Kindern nicht gut ist, interessiert er mich nicht.‹«

Brians Frau lud Jane zu sich nach Hause ein, damit sie David kennen lernen konnte. Jane und David verstanden sich auf Anhieb. David, der von beiden wahrscheinlich der nervösere war, sagt: »Sie war so ehrlich und aufrichtig.«

Die vier verabredeten, am Wochenende miteinander essen zu gehen. Als der Abend zu Ende ging, nahm David Janes Hand, und sie vereinbarten ein Rendezvous zu zweit. Bald trafen sie sich regelmäßig, und da sie sich immer mehr verliebten, quälte sich David mit dem Problem, wann und wie er Jane von seiner Verletzung erzählen sollte. Als sie eines Tages in seinem Bus zu seiner Hütte im Wald hinauffuhren, fasste er sich ein Herz. Kaum hatte er angefangen, fiel ihm Jane ins Wort. Sie wisse es schon, erklärte sie, und es sei ihr nicht wichtig. »Sie sagte, sie hätte es schon die ganze Zeit gewusst, wollte aber nicht darüber sprechen, weil sie glaubte, es würde mich belasten. In diesem Augenblick wusste ich, dass sie die Richtige war. Ich wusste, dass sie mich wirklich gern hatte.«

Die Tatsache, dass ihr Mann bis zum Alter von fünfzehn Jahren als Mädchen aufgewachsen war, ist für Jane eher ein Anlass, wütend zu werden, als ein Grund zur Verwunderung. »Als ich die Fotos von ihm als Brenda sah, schüttelte ich nur den Kopf und dachte: armes Kind. Für mich sah er nicht wie ein Mädchen aus. Er sah wie Dave aus. Und ich dachte mir: In der Schule muss es am schlimmsten gewesen sein.«

Im Herbst 1989 bezogen sie eine gemeinsame Wohnung. Dank seiner Phalloplastik konnte David mit Jane schlafen. »Sie wissen schon, wie das ist, wenn man eine Beziehung anfängt«, lacht Jane. »Im ersten Jahr macht man es ziemlich oft.«

David verkaufte sein »Bumsmobil« – das Symbol der wilden, unbekümmerten Jugend, die er eigentlich nie gehabt hatte. Von dem Geld kaufte er einen Diamantring.

»Ich weiß noch«, sagt Jane, »wie er ins Schlafzimmer kam und mit ernster Stimme sagte: ›Ich muss mit dir reden.‹ Wir saßen auf dem Bett. Da holte er die Schachtel heraus und machte sie auf. Darin war ein Ring. Ich machte Augen wie Wagenräder, und er sagte: ›Willst du mich heiraten?‹«

Am 22. September 1990, zwei Jahre und vier Monate nachdem sie sich kennen gelernt hatten, heirateten David Peter Reimer und Jane Anne Fontane in der Regents Park United Church in Winnipeg. Janes Töchter waren Brautjungfern. David trug einen weißen Smoking, Jane ein weißes Kleid. In Anwesenheit einer Hochzeitsgesellschaft von 130 Verwandten und Freunden sprachen David und Jane an diesem ungewöhnlich warmen Morgen das Treuegelöbnis, das sie füreinander aufgeschrieben hatten.

»Jane«, sagte David, »ich nehme dich zu meiner Frau, um mit dir in glücklichen Tagen zu lachen, im Kummer zu trauern, mit dir in Liebe zu wachsen und dir treu zu sein, solange wir beide leben.«

Und Jane sagte zu ihm: »David, ich erwähle dich zu meinem Lebenspartner. Ich verspreche, dich zu achten, dich zu ermutigen, dir zu verzeihen und Hoffnung zu geben. Ich schenke dir meine Liebe für heute und für alle Tage, die noch kommen werden.«

Teil III

Wie die Natur ihn schuf

13

Keith Sigmundson erinnert sich, wie unbehaglich ihm zu Mute war, als er die Anzeige sah. Sie erschien irgendwann in den Achtzigerjahren in einem Rundschreiben der American Psychiatric Society, und sie besagte: »Ich bitte den Kollegen, der die Zwillinge behandelt, sich zu melden.« Unter diesem Ansuchen stand ein Name und eine Adresse: Dr. Milton Diamond, University of Hawaii-Manoa, John A. Burns School of Medicine, Honolulu.

»Ich sah sie«, erklärt Sigmundson, »aber ich brachte es nicht über mich zu antworten.«

In den zehn Jahren, die seit Brendas Verwandlung in David verstrichen waren, hatte Sigmundson immer wieder mit dem Gedanken gespielt, die Wahrheit über den Fall zu veröffentlichen. Er hatte sich dagegen entschieden, und zwar aus einem einfachen Grund: »Ich hatte eine Heidenangst vor John Money«, gibt er zu. »Ich wusste nicht, welche Folgen das für meine Karriere gehabt hätte.« Es war eine Sache, als anonymer Psychiater in der BBC-Dokumentation aufzutreten und über »Schwierigkeiten« bei der psychologischen Anpassung des Zwillings zu sprechen. Etwas ganz anderes war es, einen so mächtigen Mann wie Money direkt anzugreifen, und zwar in Form eines namentlich gezeichneten Artikels, der schilderte, wie sein vielfach publizierter und einflussreichster Fall von Anfang an gescheitert war. Sigmundson hatte sich die Idee aus dem Kopf geschlagen. Daher fühlte er sich von Diamonds Anzeige peinlich berührt. Zunächst war die Verlockung zu antworten groß, aber Sigmundson tat es nicht.

Auch Money selbst sah sich nicht veranlasst, über das Ergebnis des Falls zu berichten. Nach seiner Begegnung mit den BBC-Reportern im Oktober 1979 vermied er es, in seinen Fachpublikationen, Büchern und Vorlesungen den Fall zu erwähnen. Viele Forscher auf dem Gebiet der Sexualentwicklung fanden dieses plötzliche Schweigen verwirrend.

Virginia Prince, eine Aktivistin der Transvestitenbewegung, die 1960 die erste Zeitschrift für Transvestiten *Transvestia* gegründet hatte, gehörte zu denen, die sich dafür interessierten, wie es mit dem Fall weiterging, der wesentlich dazu beigetragen hatte, dass sie sich und ihre Sexualität akzeptieren konnte. Der als Junge zur Welt gekommene Charles Prince begann als Teenager Frauenkleidung zu tragen, um sich erotisch zu stimulieren, und hielt an dieser heimlichen Gewohnheit auch nach seiner Heirat und der Geburt seines Sohnes fest. Mit über vierzig schlüpfte Prince schließlich ganz in die Rolle einer Frau, ließ sich von seiner zweiten Frau scheiden und nahm den Namen Virginia an. Obwohl sie sich bereits offen als Transvestit bekannte, als sie von dem Fall der Zwillinge hörte, erklärt Prince, die Geschichte von der Geschlechtsumwandlung des Babys habe dennoch tief greifenden Einfluss auf sie gehabt.

Zum ersten Mal hörte sie davon auf einer Versammlung der Society for the Scientific Study of Sex (oder Quad-S), einem Verband von Sexualforschern und -aktivisten, dessen Vorsitzender Money Anfang der Siebzigerjahre war. Auf einer Konferenz von Quad-S im November 1972 in Palm Springs, Kalifornien, gab der damalige Vorsitzende Money den Zuhörern ersten Einblick in den Fall der Zwillinge – einen Monat bevor er ihn bei der American Association for the Advancement of Science in Washington, D. C., einer breiteren Öffentlichkeit vorstellte.

»John präsentierte Bilder der Zwillinge«, erinnert sich Prince. »Ein Foto zeigte die Kinder beim Spielen. Das Mädchen hatte eine Schleife im Haar und trug ein Kleidchen. Sie saß in einem Schubkarren, und ihr Bruder schob sie herum. Das andere war ein Porträt – ein Schnappschuss, aber gestellt. Der Junge macht ein finsteres Gesicht und versucht gar nicht erst, den schönen Schein zu wahren. Aber das kleine Mädchen sitzt aufrecht da, lächelt und schaut in die Kamera, als wollte sie sagen: ›Ich bin glücklich wie ein Schneekönig.‹ Dieses Bild hat sich bei allen eingeprägt.«

Für Prince war Moneys Zwillingsfall ein ermutigender Beweis, dass körperliche Geschlechtsmerkmale und Geschlechtsidentität keine unveränderlichen, biologisch vorbestimmten Phänomene sind. Bei allen späteren Begegnungen mit Money erkundigte sich Prince danach, welche Fortschritte die Zwillinge machten. In der Regel ging Money gern auf diese Fragen ein. »Er war sehr optimistisch und zufrieden mit den Ergebnissen und stolz darauf, was er erreicht hatte«, sagt Prince. Aber bei einem Vortrag in Los Angeles zehn Jahre später legte Money eine andere Haltung an den Tag. Es war schon eine Weile her, seit Prince sich zuletzt nach dem Fall erkundigt hatte, und Diamonds Artikel über die Nachforschungen der BBC war noch nicht erschienen. »Ich fragte ihn: ›Was ist denn aus den Zwillingen geworden?‹ Er war nicht sehr mitteilsam. Dass ich diese Frage gestellt hatte, schien ihn ein wenig zu ärgern. Und er handelte sie sehr kurz ab.«

Auch an der Johns-Hopkins-Universität zeigte sich Money ähnlich zurückhaltend. Immer wenn die Frage auf Station oder im Hörsaal aufkam, wehrte Money ab und erzählte neugierigen Studenten und Kollegen, er habe nach einer »Medieninvasion« durch Reporter den Fall »aus den Augen verloren«. »Er sagte, dass diese Familie das Opfer von Schikanen der BBC geworden sei«, erklärt Moneys ehemaliger Student Howard Devore, »und die Familie und der Fall hätten infolgedessen irreparablen Schaden genommen.« Eine ähnliche Erklärung für sein Schweigen lieferte er der Psychologin Dr. June Reinisch, die in den Sechzigerjahren bei Money studiert hatte und anschließend Leiterin des Kinsey Institute geworden war. »[Er sagte], er habe den Kontakt zu der Familie verloren, weil sie ihm die Schuld an der Sache mit der BBC gegeben hätten«, sagt June Reinisch.

Janet Reimer hat die Ereignisse jedoch völlig anders in Erinnerung. Sie erklärt, sie sei auch nach dem Besuch der BBC in Winnipeg mit Money in Kontakt geblieben. »Ich schrieb ihm, dass David sich entschlossen hatte, wieder ein Junge zu werden, und was sich in seinem Leben tat«, sagt Janet. »David hatte inzwischen seine [Entschädigung vom Krankenhaus] ausbezahlt bekommen. Er ging bereits mit Mädchen aus – das heißt, er war öfter mit Mädchen zusammen.« Money beantwortete diese Briefe auch. »Er schrieb, er würde gern von David und Ron hören. Und ich sagte ihm in meinem nächsten Brief die Wahrheit: ›Ron und David möchten nicht mit Ihnen in Verbindung treten. Das sage ich Ihnen in aller Freundschaft, ich möchte nicht, dass Sie sich abgewiesen fühlen, aber sie wollen nichts mehr mit Ihnen zu tun haben.‹« Wie Janet berichtet, äußerte sich Money in seinen Briefen ganz gelassen zu der Neuigkeit, dass aus Brenda David geworden war. »Er ließ sich nicht anmerken, dass er enttäuscht war.« Während der Achtzigerjahre setzten sie ihren Briefwechsel sporadisch fort. Money erzählte Janet von einer Reise nach Simbabwe, die er unternommen hatte; er vertraute ihr an, dass er an Prostatakrebs erkrankt war, und er erwähnte, dass die Psychohormonal Research Unit 1986 umgezogen war und sich nun nicht mehr auf dem Campus der Johns-Hopkins-Universität befand.

Anscheinend hatte Money diesen Briefwechsel bald vergessen, denn seinen Kollegen aus Wissenschaft und Medizin erklärte er weiterhin, Nachuntersuchungen seien in diesem Fall nicht möglich – eine überraschende Behauptung, zumal die Reimers noch in eben demselben Haus wohnten, in dem Money sie 1979 besucht hatte, und auch nach wie vor unter derselben Telefonnummer zu erreichen waren.

Zwar erwähnte Money nach 1980 den Fall Brenda Reimer in seinen Publikationen nicht mehr, aber er vertrat weiterhin die

Ansicht, es sei sinnvoll, bei Jungen ohne Penis bereits im Säuglingsalter eine Geschlechtsumwandlung vorzunehmen. In der Johns-Hopkins-Klinik wurde dieses Verfahren auch nach wie vor angewandt, obwohl Dr. Mel Grumbach an der Universität von Kalifornien in San Francisco Mitte der Siebzigerjahre eine alternative Behandlung entwickelt hatte. Er entdeckte, dass sich bei Babys, die mit einem kleinen Penis zur Welt kamen, die Phallusgröße verbessern ließ, indem man dem Organ kurz nach der Geburt Testosteronspritzen verabreichte. Bei Patienten, die auf das Hormon reagierten, erreichte der Penis auf diese Weise eine Größe, die Urinieren im Stehen und normalen Koitus ermöglichte.

Grumbach schilderte das Verfahren auf dem Symposium des Birth Defects Institute zum Thema »Genetische Mechanismen der Geschlechtsentwicklung«, das im November 1976 in Albany, New York stattfand. Überrascht stellte er fest, dass das Verfahren bei der Johns-Hopkins-Universitätsklinik, nach wie vor die einflussreichste Institution auf dem Gebiet der Intersexualität, keinen Anklang fand. Der Kinderendokrinologe Robert Blizzard, der im Jahr 1966 Money bei der Umwandlung von Bruce Reimer in Brenda beraten hatte und jetzt die Konferenz leitete, erklärte, das Johns-Hopkins-Krankenhaus werde den Behandlungsplan der Kalifornier nicht übernehmen. »Ich glaube, wir werden in einigen Jahren – wenn auch nicht sofort – in der Lage sein, die Frage hinsichtlich des Vorrangs der Erziehung bei jenen [Patienten mit Mikropenis] zu beantworten«, führte Blizzard in seinen Abschlussbemerkungen aus. »Ich denke, Dr. Grumbachs Gruppe an der Westküste wird das tun, was sie für richtig hält, nämlich diese Kinder als Jungen aufziehen, und unsere Gruppe an der Ostküste wird tun, was sie für richtig hält, nämlich diese Kinder als Mädchen aufziehen.«

John Money verfocht diese Entscheidung der Johns-Hopkins-Krankenhauses in den folgenden Jahren mit unermüdlichem Eifer. In Interviews, Vorträgen, Büchern und Aufsätzen behauptete er immer wieder, eine Geschlechtsneuzuweisung sei die einzige Möglichkeit für männliche Babys mit Mikropenis – und für Jungen, die wie David Reimer ihren Penis durch einen ärztlichen Kunstfehler verloren hatten. Bei einer Konferenz des National Institute of Child Health and Human Development im September 1987 bezeichnete Money solche Geschlechtsumwandlungen bei Kindern als einen seiner wichtigsten Beiträge zur medizinischen Wissenschaft. Dies behauptete Money anlässlich einer Feier, bei der er als einer von vier Wissenschaftlern des Landes geehrt wurde, die 25 Jahre lang ohne Unterbrechung durch Steuergelder mittels der National Institutes of Health gefördert worden waren. »Bei den Syndromen des männlichen Hermaphroditismus und Mikropenis sowie in Fällen von *ablatio penis* durch Zirkumzisionstrauma kann ein Baby in ein Mädchen umgewandelt und durch Gewöhnung gemäß dieser Rolle geprägt werden, sofern nicht genügend phallisches Gewebe für die chirurgische Rekonstruktion eines adäquaten, für Harnabsonderung und Koitus geeigneten Penis vorhanden ist«, erklärte Money seinen Zuhörern von den National Institutes of Health. »Ein Vergleich im Erwachsenenalter ergibt, dass bei denen, die als Frauen leben, die Ergebnisse zufrieden stellender sind als bei denen, die als Männer ohne Penis leben.«

Moneys Kommentare erscheinen aus mindestens zwei Gründen merkwürdig: Erstens hatten weder Money noch andere Johns-Hopkins-Forscher systematische Nachuntersuchungen veröffentlicht, die bewiesen, dass hier tatsächlich zufrieden stellendere Ergebnisse erzielt wurden. Zweitens hatte Money zu dem Zeitpunkt, als er behauptete, Ärzte könnten an *normal entwickelten* Jungen bei Penisverlust eine erfolgreiche Geschlechtsumwandlung vornehmen, lediglich ein einziges derartiges Experiment von der Kindheit bis ins Erwachsenenalter verfolgt. Und das war der Fall Brenda Reimer – ein Experiment, das bereits sieben Jahre zuvor gescheitert war, als Brenda sich entschloss, David zu werden.

14

Milton Diamond kann sich nicht erinnern, was ihn Anfang der Neunzigerjahre bewog, sich erneut mit dem Fall der Zwillinge zu beschäftigen. Wahrscheinlich war er wegen des Schweigens, das dieses Experiment umgab, einfach ungeduldig geworden. »Damals dachte ich mir: Dieser Mensch muss jetzt erwachsen sein«, sagt Diamond. »Wir sollten doch in der Lage sein, einen Artikel darüber zu schreiben.«

Einen weiteren Anreiz, sich mit dem Thema zu beschäftigen, gab Money selbst, der 1991 mit *Biographies of Gender and Hermaphroditism in Paired Comparisons* eine umfassende Darstellung seiner 40-jährigen Tätigkeit an der Psychohormonal Research Unit vorlegte. Hier stellte er seine bisher größte Sammlung von »Vergleichspaaren« zur Untermauerung seiner Theorie vor, dass soziales Lernen größeren Einfluss auf die Gestaltung der menschlichen Geschlechtsidentität habe als die biologischen Gegebenheiten. Was er in diesem Werk unerwähnt ließ, war der definitive Prüfstein für seine These – sein ultimatives Vergleichspaar: der geschlechtsveränderte Zwilling und sein Bruder. In der Einleitung zu seinem Buch erklärte der Verfasser, warum ausgerechnet dieser Fall in der sonst so umfassenden Darstellung fehlte, und deutete an, dies sei auf die Machenschaften seines langjährigen Gegners Milton Diamond zurückzuführen.

»In internationalen akademischen Kreisen«, behauptete Money, »führte die Rivalität unterschiedlicher Lehrmeinungen über die Ursprünge der Geschlechtsidentität zu einer Allianz mit einem skrupellosen Medium« – hier fügte er einen Hinweis auf Diamonds 1982 erschienenen Aufsatz über den schwierigen Fall ein –, »die den vorzeitigen Abbruch einer einzigartigen Langzeitstudie an eineiigen Zwillingen nach sich zog. Ein BBC-Team von TV-Spürhunden, angespornt durch die Aussicht, einen Streit unter Wissenschaftlern an die Öffentlichkeit zu bringen, fand heraus, wo die Zwillinge und ihre Familie lebten, und drang in deren Privatsphäre ein.« Money ließ unerwähnt, dass sich Brenda im Jahr 1980 entschlossen hatte, David zu werden, und der kurze Hinweis, mit dem unterstellt wird, Diamond habe mit dem vorzeitigen Abbruch der Studie irgendetwas zu tun, war Moneys letzte öffentliche Äußerung zu dem Fall.

Es ist durchaus verständlich, dass Diamond nicht geneigt war, diese Unterstellung als letztes Wort zu dem Experiment an den Zwillingen stehen zu lassen. Dass in akademischen Kreisen Moneys Darstellung der Ereignisse im Großen und Ganzen geglaubt wurde, geht aus einem weiteren Buch hervor, das in diesem Jahr erschien: *John Money: A Tribute*, eine Aufsatzsammlung zu Moneys siebzigsten Geburtstag. Neben Lobeshymnen von Schülern wie Anke Ehrhardt und June Reinisch enthält der Band auch eine übertriebene Huldigung seitens Dr. John Bancroft, einem Psychiater und klinischen Berater am Royal Edinburgh Hospital in Schottland und derzeit Leiter des Kinsey Institute. Als Behaviorist, der an den Vorrang der Erziehung über die Biologie bei der sexuellen Orientierung glaubt, hatte Bancroft diese Sicht in seiner klinischen Arbeit konsequent umgesetzt. Als Sexualtherapeut in Großbritannien hatte er (vergeblich) damit experimentiert, homosexuelle Erwachsene durch Aversionstherapie zur Heterosexualität zu bekehren. In seiner Huldigung an Money kritisierte Bancroft die »wiederkehrenden Angriffe von Diamond« aufs Schärfste und zog sodann die Glaubwürdigkeit der Informationen in Zweifel, die Diamond durch die BBC über Brendas psychische Probleme erhalten hatte.

»In Übereinstimmung mit seinen [theoretischen] Erwartungen hat Money über ihre Entwicklung in verschiedenen Stadien berichtet«, schrieb Bancroft. »Seit der Vorpubertät hat die wissenschaftliche Welt jedoch keine weiteren maßgeblichen Berichte mehr erhalten, sondern nur Gerüchte (*nicht* von Money) über eine gestörte Entwicklung.« Sodann verteidigte er Moneys jahrzehntelanges Schweigen zu dem Fall, das nur beweise, wie gewissenhaft er die seelische Gesundheit seiner Forschungssubjekte schütze. »In einem Fall wie diesem«, schrieb Bancroft, »bei dem sich die Aufmerksamkeit wissenschaftlicher Kreise (und in diesem Fall auch der Medien) auf ein bestimmtes Individuum richtet, ist die Notwendigkeit, sich zurückzuziehen und zu schweigen, um diese Person zu schützen, leicht einzusehen. Es muss äußerst schwierig sein, der lebende Prüfstein einer kontroversen Theorie zu sein!«

Da seine eigene wissenschaftliche Integrität in Frage gestellt wurde, konnte sich Milton Diamond den Luxus nicht leisten, sich zurückzuziehen und zu schweigen. Seit Ende der Siebzigerjahre hatte er in regelmäßigen Abständen Erkundigungen eingezogen (und mindestens eine Anzeige veröffentlicht), um von Endokrinologen und Psychiatern Informationen über den Fall zu bekommen. Jetzt aber beschloss er, seine Anstrengungen zu verdoppeln, um Aufschluss über das Schicksal des Zwillings zu erhalten.

Durch die BBC erfuhr Diamond den Namen einer Psychologin, die mit dem Fall zu tun gehabt hatte – Dr. Doreen Moggey. Im Frühjahr 1991 nahm er Kontakt mit ihr auf.

Brendas Therapie bei Dr. Moggey lag 14 Jahre zurück. Als Diamond sie anrief, erklärte sie, sie wisse nicht, wie das Experiment ausgegangen sei. Allerdings war sie bereit, Diamond die Telefonnummer des Mannes zu geben, der Brendas psychiatrische Behandlung überwacht hatte: Keith Sigmundson.

»Ich weiß noch, mit welchen Worten Sigmundson mich begrüßte, als ich anrief«, erinnert sich Diamond schmunzelnd. »Er sagte etwas in dem Sinne: ›Ich habe mich schon gefragt, wie lange Sie brauchen, um mich zu finden.‹«

Damals lebte Sigmundson in Victoria, British Columbia, wo er die Abteilung für Kinderpsychiatrie des Gesundheitsamts der Provinz leitete. »Mickey sagte: ›Keith, wir *müssen* das machen‹«, erinnert sich Sigmundson. Zunächst versuchte Sigmundson, sich aus der Affäre zu ziehen, aber Diamond ließ nicht locker.

Da Sigmundson aus nächster Nähe beobachtet hatte, wie eine als Erfolg hingestellte Geschlechtsumwandlung tatsächlich verlaufen war, hielt er es ebenso wie Diamond für einen verschrobenen Einfall, aus kleinen Jungen Mädchen zu machen. Sigmundson war jedoch von Kollegen gewarnt worden, Diamond sei ein »Fanatiker«, der eigennützige Zwecke verfolge. Weitere Gespräche mit Diamond und die Lektüre von dessen wissenschaftlichen Arbeiten belehrten Sigmundson eines Besseren. »Mir wurde klar, dass Mickey ein ernsthafter Forscher und ein mitfühlender Mensch ist, der wirklich glaubt, dass Moneys Theorie Kindern schweren Schaden zugefügt hat und weiterhin zufügt.« Sigmundson erklärte sich bereit, mit David Reimer Kontakt aufzunehmen und ihn zu fragen, ob er bereit sei, an einer Fachpublikation über sein Leben mitzuwirken.

»Ich war mir nicht sicher, worum es überhaupt ging«, sagt David über den Telefonanruf, den er in diesem Frühjahr von Sigmundson erhielt. Damals war er noch nicht einmal ein Jahr verheiratet und wünschte sich nichts sehnlicher, als seine qualvolle Vergangenheit hinter sich zu lassen. Aber Sigmundson ließ nicht locker, und David erklärte sich schließlich bereit, mit Diamond zu sprechen.

Diamond flog nach Winnipeg, um David zu treffen. Beim Mittagessen in einem Lokal hörte David zum ersten Mal, welche Berühmtheit er in der medizinischen Literatur erlangt hatte und dass der angebliche Erfolg des Experiments als Präzedenzfall galt, mit dem seither die Durchführung von vielen tausend Geschlechtsneuzuweisungen gerechtfertigt worden war. »Es gibt Menschen, die jeden Tag genau dasselbe durchmachen wie Sie«, sagte Diamond, wie David sich erinnert, »und wir versuchen, dem ein Ende zu setzen.«

David war sprachlos. »Ich dachte, ich wäre der Einzige«, sagt er. »Und nun erzählt mir Diamond, dass ich für all diese Operationen das Vorbild bin. Deshalb beschloss ich, mit Mickey zusammenzuarbeiten.« Und es gab noch einen Grund: David spürte, dass Diamond zu den Menschen gehörte, die sein Leiden nicht vollkommen distanziert und professionell betrachten: »Als ich ihm so manches aus meinem Leben erzählte, sah ich, wie Mickey Tränen über die Wangen liefen.«

Im Lauf des folgenden Jahres erzählten David, seine Frau und seine Mutter Diamond und Sigmundson die Geschichte von Davids qualvoller Verwandlung vom Jungen in ein Mädchen und wieder zurück. Auf Grund dieser Interviews und der detaillierten Patientenberichte, die sich in der Erziehungsberatungsstelle angesammelt hatten, schickte sich Diamond als Hauptautor des Fachartikels an, die Resultate zusammenzufassen. Er hatte den Reimers Anonymität zugesichert. Auch ihr Wohnort und die Namen der behandelnden Ärzte in Winnipeg wurden nicht genannt. David erhielt zwei Pseudonyme, denn Diamond stand vor dem Problem, Davids Doppelleben abwechselnd mit den Pronomen »sie« und »er« zu schildern. Er entschied sich für die Lösung, David entweder Joan zu nennen (solange er Brenda war) oder John (nach der Rückkehr zu seinem genetischen Geschlecht). Erst bei einem Gespräch mit mir zwei Jahre später fiel Diamond auf, dass sich für die Vornamen der beiden wichtigsten Mitarbeiter Moneys entschieden hatte: Drs. John und Joan Hampson – was, wie mir Diamond versicherte, völlig unbewusst geschehen war.

In der Abhandlung, niedergeschrieben im Winter 1994, wurde gezeigt, dass Davids Leben Moneys Behauptungen über das Experiment in allen Punkten widerlegte. Diamond zitierte die klassische Arbeit des Kansas-Teams vom Ende der Fünfzigerjahre und erklärte, Davids Fall beweise, dass Geschlechtsidentität und sexuelle Orientierung weitgehend angeboren und ein Ergebnis pränataler Hormonausschüttungen und anderer genetischer Einflüsse auf Gehirn und Nervensystem seien. Daher seien der Fähigkeit des Menschen, ohne Beeinträchtigung das Geschlecht zu wechseln, Grenzen gesetzt. Diamond vertrat den Standpunkt, dass die Erziehung zwar Einfluss darauf haben könne, in welchem Maß ein Mensch seine Männlichkeit oder Weiblichkeit zum Ausdruck bringe, dass aber die Natur bei weitem die stärkere der beiden Kräfte sei, welche die Entwicklung des inneren Selbstgefühls als Mann oder Frau, Junge oder Mädchen beeinflussen.

Diamonds Aufsatz lieferte nicht nur auf anekdotischer Ebene beeindruckende Beweise für die neurobiologische Basis der Sexualität, sondern warnte auch mit deutlichen Worten vor den Gefahren einer Geschlechtsneuzuweisung bei Neugeborenen – und zwar nicht nur bei solchen, die wie David mit normalen Genitalien und Nervensystem zur Welt gekommen waren. Diamond vertrat den Standpunkt, das Verfahren sei für intersexuelle Neugeborene genauso unangebracht, weil Ärzte nicht in der Lage sind vorherzusagen, in welche Richtung sich die Geschlechtsidentität des Kindes entwickelt hat. Solche Kinder chirurgisch dem einen oder anderen Geschlecht zuzuordnen zwinge mindestens die Hälfte von ihnen, ein genauso qualvolles Leben zu führen wie David.

Dementsprechend entwarfen Diamond und Sigmundson neue Richtlinien für die Behandlung von Babys mit uneindeutigen Genitalien. Es lag auf der Hand, dass ein Kind entweder als Junge oder als Mädchen aufwachsen musste; daher empfahlen sie, die Ärzte sollten dem Baby weiterhin ein festes Geschlecht zuweisen – aber nur im Hinblick auf Haarlänge, Kleidung und Namen. Jeder irreversible chirurgische Eingriff müsse aber aufgeschoben werden, bis die Kinder alt genug seien, zu wissen und zu artikulieren, welchem Geschlecht sie sich am ehesten zugehörig fühlten. Oder wie Diamond es im Gespräch mit mir formulierte: »Ein Kind in einem bestimmten Geschlecht aufziehen – aber Hände weg vom Messer.«

Er war sich darüber im Klaren, dass eine derartige Abhandlung aus seiner Feder unweigerlich das Gespenst einer persönlichen Fehde gegen Money heraufbeschwören würde. Um dieser Gefahr zu begegnen, tilgte Diamond aus den Aussagen Davids, die er zitierte, jeden Hinweis auf den berühmten Psychologen. »Moneys Name«, sagt Diamond, »wird nur ein einziges Mal erwähnt. Ich wollte nicht, dass es wie ein persönlicher Streit aussieht. Mir ging es um eine theoretische Diskussion.«

Dennoch dauerte es zwei Jahre, bis Diamond und Sigmundson einen Herausgeber fanden, der bereit war, ihre Abhandlung zu veröffentlichen. »Wir bekamen Absagen von mehreren Zeitschriften mit der Begründung, das Thema sei zu kontrovers«, sagt Sigmundson, »darunter *The New England Journal* und *The Journal of the American Medical Association*.« Schließlich wurde der Aufsatz im September 1996 von den *Archives of Pediatrics and Adolescent Medicine* der American Medical Association angenommen und sollte im März 1997 erscheinen. In den Monaten bis zur Veröffentlichung wurden Diamond und Sigmundson, die darauf warteten, dass die Bombe hochging, von bösen Vorahnungen geplagt. »Im Grunde erklärten wir doch all diesen Ärzten, dass sie in den letzten dreißig Jahren alles falsch gemacht hatten«, sagt Sigmundson. »Wir wussten, dass wir uns damit den Zorn vieler Leute zuziehen würden.«

Erwartungsgemäß versuchten einige Kritiker, den Aufsatz mit der Begründung abzutun, Diamond benutze Davids Geschichte lediglich, um einen wissenschaftlichen Rivalen in Verlegenheit zu bringen. Aber mindestens ein Arzt, der einen Vorabdruck der Abhandlung las, war geneigt, den Schlussfolgerungen seiner Kollegen zuzustimmen: Dr. William Reiner hatte zwei Jahre zuvor die erste umfassende Langzeitstudie über Patienten begonnen, bei denen eine Geschlechtsumwandlung erfolgt war. Als Kinderurologe hatte Reiner die ersten 18 Jahre seiner medizinischen Laufbahn in Kalifornien damit zugebracht, »normalisierende« Genitaloperationen an intersexuellen Kindern vorzunehmen. Während seiner Tätigkeit waren ihm schon bald erste Zweifel an dem Johns-Hopkins-Modell gekommen. »Ich behandelte sowohl Babys als auch Zweijährige, Vierjährige, Achtjährige und Sechzehnjährige«, sagt er. »Folglich gewann ich tatsächlich einen Langzeitüberblick über all diese urologischen Leiden – all diese Geburtsdefekte –, und ich konnte mir in einem relativ kurzen Zeitraum ein Bild davon machen, welche Auswirkungen diese Leiden auf das Leben der Kinder und ihrer Familien hatten.« Im Jahr 1986 lernte Reiner dann eine Patientin kennen, die sein Leben veränderte.

Es war ein 14-jähriges Mädchen – eine Immigrantin aus Kambodscha –, die erklärte, sie wolle die High-School abbrechen, weil sie »kein Mädchen« sei. Dem äußeren Anschein nach war sie weiblichen Geschlechts und anatomisch völlig normal. Dennoch hatte sie von jeher Mädchenspiele abgelehnt und darauf bestanden, sich geschlechtsneutral zu kleiden. In der Pubertät hatte sie den unerschütterlichen Entschluss gefasst, ihr Geschlecht zu ändern und als Junge zu leben. Sie wurde an Reiner verwiesen, der mit ihr die Möglichkeiten der rekonstruktiven Chirurgie besprach. Sie drohte mit Selbstmord, falls ihren Wünschen nicht entsprochen werde.

»Ich ließ dieses Kind gründlichst untersuchen«, sagt Reiner. Die Tests ergaben, dass »sie« biologisch ein Er war – mit einem 46XY-Chromosomensatz. Allerdings hatte ein seltener Chromosomendefekt eine maskuline Differenzierung der Genitalien verhindert. Reiner führte eine chirurgische Geschlechtsumwandlung durch, nach der das ehemalige Mädchen mühelos in die durch seine DNA vorgegebene Geschlechtsrolle schlüpfte. Der Fall bestätigte für Reiner eine lange gehegte Vermutung: dass die biologischen Grundlagen für psychosexuelle Identität eines Menschen nicht ohne weiteres von sozialen Einflüssen, Milieu und Erziehung zunichte gemacht werden können, wie er (und jeder andere Kinderurologe, -endokrinologe, -psychiater und -psychologe) in seiner Ausbildung gelernt hatte. Dies zwang ihn zu der unangenehmen Schlussfolgerung, dass es ein gravierender Fehler gewesen war, intersexuelle Kinder nach der Geburt mit chirurgischen Mitteln zu einem bestimmten Geschlecht hinzulenken. Im Jahr 1996 veröffentlichte er im *Journal of the American Academy of Child and Adolescent Psychiatry* einen Aufsatz über den Fall des Immigranten und warnte seine Kollegen vor der allgemein anerkannten Theorie, dass die Erziehung bei der Ausprägung der menschlichen Sexualität eine wichtigere Rolle spiele als die Biologie.

Reiner schrieb nicht nur, er handelte auch. Nach 18-jähriger Tätigkeit als Chirurg legte er das Skalpell beiseite. Er bildete sich als Kinderpsychiater weiter und spezialisierte sich auf psychosexuelle Entwicklung und intersexuelle Leiden. 1995 erhielt er einen Lehrauftrag für Psychiatrie an der Johns-Hopkins-Universität. Dort begann er mit seiner Studie über die psychosexuellen Langzeitfolgen der Geschlechtsneuzuweisung. Reiner verfolgte die Entwicklung von sechzehn Patienten und konzentrierte sich insbesondere auf sechs Personen, die mit männlichen Genen, aber ohne Penis zur Welt gekommen waren und die man daher kastriert und als Mädchen aufgezogen hatte. Bereits nach zwei Jahren zeichnete sich in der Untersuchung ab, dass alle sechs geschlechtsveränderten Jungen in Einstellung und Verhalten eher männliche als weibliche Züge aufwiesen. Zwei hatten sich spontan entschlossen, als Jungen zu leben, ohne dass man sie über ihren männlichen XY-Chromosomensatz aufgeklärt hatte.

»Dies sind Kinder, die keinen Penis hatten«, erklärte mir Reiner, »die als Mädchen aufzogen wurden und dennoch *wussten*, dass sie Jungen sind. Sie sagten nicht: ›Ich wünschte, ich wäre ein Junge‹ oder ›Ich glaube, dass ich ein Junge bin.‹ Sie sagten: ›Ich *bin* ein Junge.‹« Reiner betonte die Parallelen zwischen den Kindern, die er untersucht hatte, und David Reimer, der trotz seiner Erziehung als »Brenda« wusste, dass er kein Mädchen war. Reiner schrieb dazu einen Artikel, der zusammen mit Diamonds und Sigmundsons Abhandlung in den *Archives of Pediatrics and Adolescent Medicine* erschien.

Heute erklärt Reiner, dass sowohl Davids Fall als auch der Trend seiner eigenen Untersuchung in Einklang mit den neueren Erkenntnissen über den Vorrang neurobiologischer Einflüsse auf Geschlechtsidentität und sexuelle Orientierung stehen. Er zitiert die Untersuchung der Universität Oxford aus dem Jahr 1971 – heute eine Klassiker –, die anatomische Unterschiede zwischen männlichem und weiblichem Hirn bei Ratten feststellte. An der Universität von Kalifornien in Los Angeles konnten Forscher sechs Jahre später diese Unterschiede auf eine Zellgruppe im Hypothalamus eingrenzen. Durch eine Studie, die Mitte der Neunzigerjahre in Amsterdam durchgeführt wurde, konnte der entsprechende Bereich im menschlichen Hypothalamus lokalisiert werden, und es zeigte sich, dass er bei homosexuellen Männern doppelt so groß ist wie bei heterosexuellen. Weitere Untersuchungen haben diese Erkenntnisse bestätigt. 1993 und 1995 gab der Forscher Gean Hamer bekannt, dass er in zwei getrennten Untersuchungen bei homosexuellen Brüdern ein bestimmtes charakteristisches Muster auf den X-Chromosomen festgestellt hatte. Dieses Ergebnis lässt darauf schließen, dass die sexuelle Orientierung eine genetische Komponente haben könnte.

Zwar wurden Hamers Untersuchungen von anderen Wissenschaftlern bisher nicht bestätigt, aber heute stellen nur wenige Sexualforscher in Frage, dass es eine angeborene Neigung gibt, sich innerlich mit einem bestimmten Geschlecht zu identifizieren und sich entsprechend zu verhalten. »Es ist ziemlich klar, dass die große Mehrheit der Jungen, die mit funktionsfähigen Hoden geboren werden, ein maskulines Gehirn haben«, sagt Reiner. Er bekräftigt Diamonds und Sigmundsons Empfehlung, in Fällen von Penisverlust oder Intersexualität eine Operation aufzuschieben und nur eine vorläufige Geschlechtszuweisung vorzunehmen, die geändert werden kann, wenn das Kind den starken Wunsch äußern sollte, das Geschlecht zu wechseln. Dieses Behandlungsmodell steht, wie Reiner unterstreicht, in diametralem Gegensatz zu dem Verfahren, das John Money und seine Kollegen an dem Johns-Hopkins-Krankenhaus eingeführt haben und das vorsieht, dem Kind durch eine unwiderrufliche Verfügung seitens der Ärzte eine sexuelle Identität zuzuweisen, wobei alle Anzeichen von Zweifel und Verwirrung, die das Kind zeigt, von den Betreuungspersonen geleugnet werden. Reiner erklärt, dass das jahrzehntealte Johns-Hopkins-Modell auf der Grundlage von Davids Fall und den anderen von ihm untersuchten Fällen neu beurteilt werden muss: »Wir müssen lernen, auf die Kinder selbst zu hören. Sie sind es, die uns sagen, welche Vorgehensweise die Richtige ist.«

Bevor Diamonds und Sigmundsons Artikel im März 1997 in den *Archives of Pediatrics and Adolescent Medicine* erschien, machte die PR-Abteilung der American Medical Association die Medien darauf aufmerksam, dass eine brisante Debatte bevorstand. An dem Tag, an dem die Abhandlung erschien, titelte die *New York Times* auf der ersten Seite: SEXUELLE IDENTITÄT LAUT STUDIE DOCH NICHT BEEINFLUSSBAR. Natalie Angier, die Verfasserin des Artikels, erklärte, Davids Leben besitze »symbolische Kraft«. Das *Time Magazine*, das vierundzwanzig Jahre zuvor über den Erfolg des Falls berichtet hatte, brachte nun einen ganzseitigen Artikel, in dem es hieß: »Die Experten haben alles falsch verstanden.« Ähnliche Pressestimmen gab es in aller Welt – und bald erhielten Diamond und Sigmundson unzählige Anrufe von Reportern aus verschiedenen Ländern, die um ein Interview mit dem jungen Mann baten, der nun als John/Joan bekannt war.

David erklärte sich bereit, in zwei Nachrichtenmagazinen im Fernsehen aufzutreten. In *Primetime Live* auf ABC-TV war er als dunkle Silhouette zu sehen, und in einer Dokumentarsendung der Canadian Broadcasting Corporation erschien er mit unkenntlich gemachtem Gesicht. Bei den Aufnahmen für die Dokumentation, die im Juni 1997 in New York City entstanden, wurde ich durch Diamond und Sigmundson mit David bekannt gemacht. Die Forscher hatten die Namen vieler Journalisten, die um ein Interview ersucht hatten, an David weitergereicht, und der Rock'n'Roll-Fan David hatte sich für den Reporter des *Rolling Stone* entschieden.

Bei der ersten Begegnung mit mir war David nervös und vorsichtig. Er erklärte mir, dass es ihm wegen seiner Kindheitserlebnisse schwer falle, Fremden zu vertrauen, aber bei einem Bier im Hardrock Café taute er bald auf. Er sprach davon, dass ihm seine Eltern und sein Bruder während seiner Kindheit, die er als »finsteren Abgrund« schilderte, die wichtigste Stütze gewesen seien. Ich kam bald dahinter, dass sein unverwüstlicher Humor gewiss auch ein wenig zu seinem Überleben beigetragen hatte. Die körperlichen Unterschiede zwischen ihm und seinem schwerer gebauten Zwillingsbruder, der zur Glatze neigt, schilderte er schreiend, um die hämmernde Musik zu übertönen: »Ich bin der junge *coole* Elvis. Er ist der fette *alte* Elvis.«

Was mich aber am stärksten beeindruckte, war Davids eindeutige Männlichkeit. Seine Gesten, sein Gang, seine Ansichten, seine Vorlieben und sein Vokabular – nichts davon hätte ahnen lassen, dass er als Mädchen aufgewachsen war. Und als ich fragte, ob er glaube, dass ihm seine außergewöhnliche Kindheit ein besonderes Verständnis für Frauen eröffnet habe, winkte er ab. David war offensichtlich nie ein Mädchen *gewesen* – zumindest nicht in seinem Denken, und darauf kommt es an. Er erklärte, sein Rollentausch im Alter von 14 Jahren sei nichts weiter gewesen als eine oberflächliche Namensänderung – als wären die zweifache Mastektomie, zwei Phalloplastiken und die lebenslange Verabreichung von Testosteron, das er braucht, um seine Kastration zu kompensieren, nur Nebensächlichkeiten. »Ich habe das Geschlecht gewechselt«, sagt David, »aber nur durch Namensänderung. Der Rest war kosmetisch. Ich habe reparieren lassen, was beschädigt war. Das ist alles.«

Auch im Sommer und Herbst 1997 riss die Berichterstattung über Davids Geschichte nicht ab. Mit diesem Medienecho wurden in der Debatte um die bisher nicht überprüften Praktiken der Geschlechtsneuzuweisung bei Kleinkindern auch andere Stimmen laut. Es waren die Stimmen jener intersexuellen Menschen, die nach dem Erscheinen von Moneys Protokollen von 1955 geboren waren und als Babys eine normalisierende Genitaloperation und Geschlechtsneuzuweisung über sich hatten ergehen lassen. Die Betroffenen, heute zwischen dreißig und vierzig, waren nun bereit, ihre Erfahrungen publik zu machen.

Sie hatten bereits vier Jahre zuvor begonnen, an die Öffentlichkeit zu gehen, was vor allem den Anstrengungen der Aktivistin Cheryl Chase aus San Francisco zu verdanken war. Die Frau mit dem Kurzhaarschnitt und einer lakonischen Ausdrucksweise, die leicht darüber hinwegtäuschen kann, mit welcher Leidenschaft sie ihre Sache verficht, trat schon Anfang der Neunzigerjahre dafür ein, bei der Behandlung von Intersexualität grundsätzlich anders zu verfahren. »Ich kam nicht sehr weit«, gibt sie zu. »Das änderte sich über Nacht, als der John/Joan-Fall aufflog.«

Als Cheryl Chase 1956 in New Jersey zur Welt kam, war sie der klassische Fall zweideutiger Genitalien. An Stelle von Penis und Hoden hatte sie eine vaginaartige Öffnung hinter der Harnröhre und ein phallisches Organ, das nach Form und Größe entweder als vergrößerte Klitoris (beim Mädchen) oder als Mikropenis (beim Jungen) aufgefaßt werden konnte. Nach dreitägiger Beratung empfahlen die Ärzte den Eltern, ihr Kind als Jungen aufzuziehen. Es erhielt den Namen Charlie. Aber anderthalb Jahre später zogen die Eltern, die Charlies ungewöhnliche Anatomie nach wie vor beunruhigend fanden, andere Experten zu Rate. Dem Kind wurde nun eine weibliche Identität zugeordnet, und man versicherte den Eltern, es werde zu einer glücklichen, gesunden, normalen Frau heranwachsen. Die Eltern nannten ihr Mädchen fortan Cheryl, und die Ärzte entfernten ihre vergrößerte Klitoris.

Wie David Reimer wurde Cheryl nun aufgezogen, ohne die Umstände ihrer Geburt zu kennen. Während ihrer Kindheit erduldete sie mysteriöse Operationen, deren Sinn ihr niemand erklärte, sowie in regelmäßigen Abständen Genital- und Rektaluntersuchungen. Wie David hatte sie verworrene Vorstellungen von ihrem Geschlecht. »Ich interessierte mich mehr für Gewehre und Radios«, sagt Cheryl, »und wenn ich versuchte, mich mit anderen Kindern anzufreunden, waren das meist Jungs. Meinen Bruder wollte ich körperlich überbieten. Ich passte weder zu den Jungs noch zu den Mädchen, von den Gleichaltrigen wurde ich diskriminiert und geächtet und unaufhörlich gehänselt.« Im Alter von zehn Jahren begann Cheryl eine Therapie bei einer Psychiaterin, die versuchte, das Kind auf seine Rolle als Frau und Mutter vorzubereiten. Während der Pubertät wurde Cheryl jedoch klar, dass sie sich erotisch zu Frauen hingezogen fühlte.

Mit neunzehn Jahren hatte sich Cheryl bereits einige medizinische Kenntnisse angeeignet. Sie wusste, dass sie als Kind eine Klitoridektomie erlitten hatte, und begann, ihre Krankengeschichte zu erforschen, stieß aber auf den erbitterten Widerstand der Ärzte, die sich weigerten, ihr Auskunft über die Umstände ihrer Geburt zu geben. Es dauerte drei Jahre, bis sie einen Arzt fand, der bereit war, ihr die Krankenakten auszuhändigen. Nun erst erfuhr sie, dass die Ärzte sie als »echten Hermaphroditen« klassifiziert hatten – eine Bezeichnung für Menschen, in deren Geschlechtsdrüsen gleichzeitig Ovar- und Testisgewebe vorhanden ist. Zum ersten Mal hörte sie, dass sie die ersten achtzehn Monate ihres Lebens als Junge namens Charlie gelebt hatte und dass ihre Eltern, Großeltern, Onkel, Tanten und Freunde der Familie sich verschworen hatten, ihr dieses Geheimnis vorzuenthalten. Außerdem erfuhr sie, dass bei einer Operation im Alter von acht Jahren (um »Magenschmerzen« zu beheben) in Wirklichkeit das Testisgewebe ihrer Geschlechtsdrüsen entfernt worden war.

Wütend und entsetzt über das falsche Spiel, das man mit ihr getrieben hatte, und bedrückt über den Verlust ihrer Klitoris, mit der sie ihre Orgasmusfähigkeit eingebüßt hatte, machte sich

Cheryl auf die Suche nach Menschen, denen es genauso ergangen war. Durch Briefe an die Herausgeber medizinischer Fachzeitschriften, Zeitungsartikel, Eintragung bei Krisentelefonen und schließlich auf einer Website errichtete sie ein Netzwerk von Intersexuellen im ganzen Land. 1993 gab sie der Gruppe den Namen Intersex Society of North America (ISNA), eine Selbsthilfegruppe, die aktiv für ihre Rechte eintrat. Mitte 1999 hatte Cheryl Chase Kontakte zu knapp 400 Intersexuellen in aller Welt – die vielfach Ähnliches durchgemacht hatten wie sie.

Ich begegnete Cheryl Chase und den Mitgliedern von ISNA im Frühjahr 1997, als sie eine friedliche Demonstration vor dem Columbia Presbyterian Hospital in New York veranstalteten, wo Cheryls Klitorisamputation durchgeführt worden war, und betrat damit eine Welt, in der die gewohnte binäre Unterscheidung zwischen Junge und Mädchen, Mann und Frau hinfällig wird. Hier lernte ich Heidi Walcutt kennen, genetisch männlich mit einem XY-Chromosomensatz, aber zur Welt gekommen mit rudimentärer Gebärmutter, Eileitern, Samenleiter im Körperinneren und Mikropenis. Sie sagt über sich, sie sei geschlechtlich ein »echter amerikanischer Patchwork-Quilt«. Oder Martha Coventry, geboren mit einer vergrößerten Klitoris, aber voll funktionsfähigen weiblichen Fortpflanzungsorganen, die nun Mutter zweier Töchter ist. Oder Kiira Triea, die seit dem Alter von zwei Jahren als Junge erzogen wurde und erst in der Pubertät von ihrer Intersexualität erfuhr, als ihre Menstruation einsetzte, und zwar durch den Phallus. Im Alter zwischen 14 und 17 Jahren wurde sie von Dr. Money in der Psychohormonal Research Unit behandelt. Das war Mitte der Siebzigerjahre, also zur selben Zeit, als auch Brenda Reimer ihre Termine in Baltimore hatte.

Kiira und David haben sich nie kennen gelernt, aber die Erfahrungen beider weisen erstaunliche Parallelen auf. Kiira schildert, wie Dr. Money, offenbar um festzustellen, ob sie eine männliche oder eine weibliche Geschlechtsidentität besaß, sie in der unverblümten Sprache, für die er bekannt ist, über ihr Sexualleben befragte. Sie erinnert sich an Fragen wie: »Hast du schon mal jemanden gefickt?« »Würdest du gern mal jemanden ficken?« Außerdem zeigte ihr Money auf einem Projektor, der in seinem Büro stand, einen Pornofilm. »Er wollte wissen, mit welcher der Personen im Film ich mich identifiziere.«

Es zeigte sich jedoch, dass Kiira Trieas Sexualität und Selbstgefühl weitaus komplizierter waren, als Money vermutete, der sich auf die Behauptung versteifte, ein intersexuelles Baby, das als Junge aufwuchs, würde eine klare männliche Geschlechtsidentität entwickeln. Mit vierzehn ließ sie sich im Johns-Hopkins-Krankenhaus operieren – ein Eingriff, bei der weibliche Geschlechtsorgane nachgebildet wurden. Aber sobald sie im Alter von zweiunddreißig zum ersten Mal sexuell aktiv wurde, wandte sie sich Frauen zu.

Die anderen Intersexuellen aus Cheryl Chases Gruppe zeigen eine ähnlich komplexe Sexualität. Max Beck wurde zunächst als Mädchen namens Judy großgezogen. Obwohl ihr Denken, ihre Neigungen, ihr Verhalten und ihre Ansichten stark maskulin geprägt waren, blieb Judy, um besorgte Eltern und Verwandte zu beruhigen, ihrer Geschlechtszuschreibung treu und heiratete sogar mit Anfang zwanzig. Mit siebenundzwanzig verließ Judy ihren Mann und ließ sich scheiden. Und mit zweiunddreißig hörte sie schließlich auf, Östrogene zu schlucken, führte fortan den Namen Max und nahm Testosteron. Noch heute widersetzt sich Max der schlichten Bezeichnung »männlich«. »Ich habe mich immer als intersexuell gefühlt – und das ist heute noch so«, teilte er mir unlängst durch E-mail mit. »Maskulin ist einfach nur ein angenehmerer Kompromiss, Testosteron ein schmackhafterer Hormoncocktail als Östrogen.« Nicht alle Intersexuellen, die sich Cheryl Chase anschlossen, wurden als Babys auf ein bestimmtes Geschlecht getrimmt. Dr. Howard Devore, ein Psychologe, der in den Achtzigerjahren bei Money studierte, kam 1958 mit akuter Hypospadie (einem von der Wurzel bis zur Spitze offenen Penis) und Hodendystopie zur Welt. Im Alter von drei Monaten erlitt er die erste von insgesamt sechzehn »normalisierenden« Operationen, die darauf abzielten, ihm einen kosmetisch überzeugenden Penis zu verleihen. Diese Erfahrung war, so Devore, emotional verheerend – und vollkommen überflüssig. Seine Genitalien sehen immer noch nicht so aus wie die eines normalen Mannes, und die einzige Folge seiner unaufhörlichen Krankenhausaufenthalte sind seelische Narben, die weit schlimmer sind als das, was er erlebt hätte, wenn man ihm als Kind therapeutisch geholfen hätte, seine untypischen Geschlechtsorgane zu akzeptieren. Devore unterließ es, Money mit diesen Argumenten zu konfrontieren. »Ich merkte bald, dass man es, wenn man sich auf einen Kampf mit John einließ, mit einem jähzornigen Gegner zu tun hatte, der es einen büßen ließ, dass man ihn herausgefordert hatte.« Devore erklärt, erst nach den Enthüllungen um »John/Joan« habe er es gewagt, sich öffentlich zu seiner Intersexualität zu bekennen – und seinem ehemaligen Professor offen die Stirn zu bieten.

Bewaffnet mit ihrer eigenen Geschichte und der ihrer Mitstreiter versuchte Cheryl Chase, die Ärzteschaft auf die Gefahren der Protokolle zur Behandlung Intersexueller aufmerksam zu machen, die vom Johns-Hopkins-Krankenhaus eingeführt worden waren. Das erklärte Ziel von ISNA war es, alle kosmetischen Genitaloperationen an Kindern abzuschaffen – nicht nur die Kastration und Geschlechtsumwandlung von Jungen mit Mikropenis. Gegen lebensrettende korrektive Genitaloperationen hatte Cheryl Chase nichts einzuwenden, aber alle medizinisch unnötigen kosmetischen Eingriffe bei Neugeborenen, die irreversible Folgen für das erotische Empfinden und die Fortpflanzungsfähigkeit haben können, prangerte sie als »barbarisch« an. Darüber hinaus ging es ihr darum, »mit der Vorstellung aufzuräumen, dass es monströs sei, anders zu sein«.

Aber sie stellte bald fest, wie schwierig es war, bei den einflussreichen Leuten auf diesem Gebiet – zum Beispiel John Money – Gehör zu finden. »Ich habe ihm mehrmals höflich geschrieben und darum gebeten, uns seine Position zu erläutern«, berichtete Cheryl Chase. »Jedesmal bekam ich meinen Brief mit einer in die Ecke gekritzelten Notiz zurück, die besagte, er hätte keine Zeit, mit mir zu sprechen.«

Cheryl Chase schrieb auch an die American Academy of Pediatrics – einen Verband, dem über 55 000 Kinderärzte in den Vereinigten Staaten, Kanada und Lateinamerika angehören. Die AAP hatte Moneys Protokolle zur Behandlung Intersexueller schon seit langer Zeit gebilligt. »Ich möchte Ihnen mitteilen, dass viele Menschen, die nach dem von Ihnen entworfenen Modell behandelt wurden, erfahren mussten, dass erst die Behandlung ihnen das Leben zur Qual gemacht hat«, schrieb Cheryl Chase 1995 an die AAP. »Wir Intersexuelle haben unsere Erfahrungen innerhalb der Intersex Society of North America diskutiert… und wir stellen fest, dass das gegenwärtigen Behandlungsmodell nichts dazu beiträgt, die Scham und Heimlichtuerei zu mindern, die mit Intersexualität verbunden sind…. Wir möchten mit Ihnen in einen Dialog treten und fordern Sie auf, in Ihren Lehrseminaren über die Behandlung von Intersexualität darauf hinzuweisen, dass sich eine organisierte Gruppe intersexueller ehemaliger Patienten zu Wort meldet, die das gegenwärtige Modell ablehnt.«

Die AAP ließ diesen Brief unbeantwortet. Cheryl Chase schrieb erneut im Jahr 1996 und erhielt wieder keine Antwort. Im Oktober desselben Jahres demonstrierte sie mit anderen ISNA-Mitgliedern auf der nationalen Konferenz der AAP in Boston. Die Verbandsfunktionäre weigerten sich, mit den Demonstranten zu sprechen, aber sie verteilten an die anwesenden Journalisten und Kundgebungsteilnehmer eine Presseerklärung: »Die American Academy of Pediatrics, die seit über sechzig Jahren für die Interessen von Kindern eintritt, ist sich der Sorgen und Bedürfnisse der Intersexuellen bewusst«, hieß es darin. Die AAP werde jedoch ihre Haltung zur Behandlung Intersexueller nicht ändern; zur Verteidigung dieser Position wurde auf Moneys Arbeiten aus den Fünfzigerjahren verwiesen.

Cheryl Chase appellierte auch an die ehemalige US-amerikanische Gesundheitsministerin Joycelin Elders, die vor ihrer Berufung in die Regierung Clinton über zwanzig Jahre lang als Kinderendokrinologin in Arkansas praktiziert und Moneys Protokolle zur Behandlung Intersexueller auf Neugeborene mit uneindeutigen Geschlechtsmerkmalen angewandt hatte. Auch Dr. Elders reagierte nicht.

Im Jahr 1996 konnte Cheryl Chase jedoch die *New York Times* dazu veranlassen, eine Reportage über die neue Intersex-Bewegung zu bringen, aber auch im Rahmen dieses Beitrags weigerten sich die Angehörigen des medizinischen Establishments, zu den Vorwürfen der ISNA Stellung zu nehmen. Dr. John Gearhart, Leiter der Abteilung für Kinderurologie am Johns-Hopkins-Krankenhaus, bezeichnete die Aktivisten als »Fanatiker«. Mitten im Medienrummel, den Diamonds und Sigmundsons Artikel über das Scheitern des Falls Brenda Reimer im Sommer 1997 ausgelöst hatte, gab er sich im Gespräch mit mir etwas diplomatischer. Zu den durch die ISNA und Davids Fall aufgeworfenen Fragen erklärte er, eine Geschlechtsneuzuweisung sei nach wie vor eine mögliche Option für Jungen, die mit Mikropenis zur Welt kommen oder ihren Penis durch Verletzung verlieren. Angesichts der Fortschritte bei der Penisrekonstruktion empfehle er das Verfahren heute jedoch nicht mehr unbedingt. »Wenn der Fall John/Joan heute passieren würde«, sagte er, »würde ich mich mit den Eltern zusammensetzen und ihnen erklären: ›Das Kind hat Hoden, es ist ein normales männliches Kind.‹ Ich würde darauf hinweisen, dass man das Geschlecht des Kindes zwar ändern *könnte*, dass ich es aber nicht empfehlen würde, weil die rekonstruktive Genitalchirurgie seit Johns/Joans Unfall um Lichtjahre vorangekommen ist.«

Laut Gearhart sind die Bedenken der ISNA durch den medizinischen Fortschritt obsolet geworden: »Als die Mitglieder von ISNA vor 25 oder 30 Jahren operiert wurden, gab es noch kaum Chirurgen, die auf die Rekonstruktion von Geschlechtsorganen bei Kindern spezialisiert waren. Folglich wurde bei den meisten [dieser Babys] die Klitoris oder der Penis amputiert. Das war falsch, okay? *Das war* falsch. Aber die Chirurgen wussten es nicht besser. Heutzutage, in der modernen rekonstruktiven Chirurgie, schneidet man kleinen Babys nicht mehr die Klitoris oder den Penis ab oder Ähnliches.« Gearhart behauptet, die moderne Mikrochirurgie erhalte das Empfindungsvermögen.

Wenn man die Auseinandersetzung zwischen Ärzten wie Gearhart und Aktivisten wie Cheryl Chase verfolgt, wird deutlich, dass eine Einigung über die Streitfragen so bald wohl nicht in Sicht ist. Zum Beispiel bestreitet Cheryl Chase schlicht und einfach Gearharts Behauptung, Chirurgen könnten bei einer Verkleinerung der Klitoris die Empfindungsfähigkeit des Organs bewahren. Gearhart weist dagegen die Forderung nach einer Änderung der derzeitigen Behandlungsmethoden zurück und versichert, dass viele Intersexuelle mit dem ihnen zugewiesenen Geschlecht glücklich und zufrieden seien. Cheryl Chase und die Mitglieder von ISNA repräsentieren in seinen Augen nur eine »verärgerte« Minderheit – ein Vorwurf, gegen den die ISNA-Mitglieder entschieden protestieren. Vielmehr bedeute das Schweigen intersexueller Erwachsener keineswegs, dass sie mit der Entscheidung zufrieden seien, die in der Kindheit für sie getroffen wurde. Dieses Schweigen sei in Wahrheit ein Symptom für Scham und Heimlichtuerei als Folge der üblichen Behandlungsmethoden.

»Das reicht bis in die Kindheit zurück, in der man völlig isoliert war«, meint Heidi Walcutt. »Man *weiß*, dass dieser Unterschied da ist, aber man wird zum Schweigen gebracht und glaubt, sich schämen zu müssen. Manche Menschen kommen nie an den Punkt, an dem sie anfangen, nach Antworten zu suchen – geschweige denn laut dagegen zu protestieren, was ihnen angetan wurde.« Cheryl Chase führt weiter aus, dass Intersexuelle sich häufig scheuen, deutlich ihre Meinung zu sagen, weil das oft eine traumatische Konfrontation mit den Eltern bedeute, die die Operationen mit ihrer Zustimmung überhaupt erst ermöglicht haben. Chase betont, dass nicht wenige ISNA-Mitglieder keinen Kontakt mehr zu ihrer Familie haben.

Für einen neutralen Dritten ist es nicht leicht herauszufinden, wer mit seinen Behauptungen über das Lebensglück erwachsener Intersexueller Recht hat, solange sich diese in Schweigen hüllen und nicht an die Öffentlichkeit gehen. Auf die Frage nach einem zufriedenen Patienten erhielt ich von jedem Spezialisten, mit dem ich sprach, die übliche Antwort, sie hätten ihre Patienten als junge Erwachsene »aus den Augen verloren«. Gearhart fügte noch hinzu: »Und diejenigen, die ich kenne, wollen ihre Privatsphäre schützen.«

Allerdings gelang es mir, eine Intersexuelle aufzuspüren, die bereit war, mit mir zu sprechen, obgleich sie weder der ISNA noch einer anderen Aktivistengruppe angehört. Bereits Ende der Siebzigerjahre wurde sie wiederholt als besonders erfolgreiches Beispiel für die Geschlechtszuweisung bei einem intersexuellen Kleinkind zitiert. Ihr Fall wurde nicht nur in einer mit dem Emmy ausgezeichneten Dokumentarsendung einer Wissenschaftsserie von ABC-TV dargestellt, sondern auch in dem BBC-Bericht über Brenda Reimer. Es ist Paula, die ehemalige Patientin John Moneys, die Peter Williams und Martin Smith aus Gründen der Ausgewogenheit in ihre Fernsehsendung über die Zwillinge einbezogen hatten. Heute lebt sie anonym im Nordosten Amerikas, konnte aber durch eine Internet-Suchmaschine gefunden werden, in der man Zensusdaten abrufen kann. Unter der Bedingung, dass ich weder ihren Nachnamen noch andere Hinweise auf ihre Identität preisgebe, war Paula zu einem Gespräch mit mir bereit.

Durch eine Reihe von Telefonaten und ein fünfstündiges persönliches Interview mit Paula und ihrer Mutter erfuhr ich Näheres über Paulas Geburt. Ihre Geschichte weist in vieler Hinsicht erstaunliche Parallelen zu den Lebensberichten auf, die ich von Cheryl Chase und anderen ISNA-Mitgliedern gehört hatte. Als

Paula im September 1971 als zweites von drei Kindern geboren wurde, hatte sie uneindeutige Genitalien mit Skrotum, aber ohne sichtbare Hoden und mit einem kleinen Penis, der hauptsächlich aus leerer Haut bestand. Die Ärzte empfahlen eine Zuweisung als Junge und meinten, der Penis werde wachsen und die Hoden im Lauf der Zeit herabsteigen. Das Baby erhielt den Namen Michael Edward. Aber Michaels Mutter fand das Erscheinungsbild ihres Kindes nach wie vor beunruhigend und zog im Lauf der ersten anderthalb Jahre immer wieder Ärzte zu Rate. Als Michael achtzehn Monate alt war, brachte eine Nachbarin, die Michaels Mutter ins Vertrauen gezogen hatte, die neueste Ausgabe des *Time Magazine* vorbei, in dem ein Bericht über einen Zwillingsjungen zu lesen war, der bei der Beschneidung seinen Penis verloren hatte und später auf Anraten des Johns-Hopkins-Psychologen John Money als Mädchen großgezogen wurde. Dem *Time*-Artikel zufolge war die Geschlechtsumwandlung ein voller Erfolg. Michaels Mutter schrieb umgehend an Dr. Money, der prompt antwortete und ihr riet, mit Michael nach Baltimore zu kommen, wo eine sofortige Geschlechtsneuzuweisung als Mädchen erfolgen sollte. »Zwei Tage später«, sagt Paulas Mutter, »machte ich mich mit meinem Mann und meinem Kind auf den Weg.«

Am 23. Februar 1973 wurde Michael im Johns-Hopkins-Krankenhaus von Dr. Howard Jones operiert. Der Chirurg stellte fest, dass die Gonaden des Kindes (wie bei Cheryl Chase) gleichzeitig Ovar- und Testisgewebe aufwiesen. Jones entfernte die nicht herabgestiegenen Hoden (um eine spontane Maskulinisierung während der Pubertät zu vermeiden) und rekonstruierte die äußeren Genitalien, sodass sie femininer wirkten. Die vollständige Schaffung einer Neovagina musste warten, bis das Kind zum Teenager herangewachsen war. In der Zwischenzeit sollte Paula in regelmäßigen Abständen zur Beratung bei Dr. Money ins Johns-Hopkins-Krankenhaus kommen. Tatsächlich erschien Paula während ihrer Kindheit mehrmals im Jahr mit ihrer Mutter zu Terminen bei Dr. Money. Da Money oft erklärt hatte, Paula sei eine seiner besten Patientinnen, überraschte es die Mutter nicht, als der Psychologe kurz nach dem siebten Geburtstag ihrer Tochter fragte, ob Paula im Fernsehen auftreten dürfe, um ihre erfolgreiche Geschlechtsneuzuweisung zu erörtern. »Ich sagte: ›Wenn damit auch nur einem Menschen geholfen wird‹«, erinnert sich Paulas Mutter, »›dann bin ich damit schon zufrieden.‹«

Die Sendung war Teil der ABC-TV-Wissenschaftsserie *The Human Body*. In der Folge mit dem Titel »Die Geschlechter« war Paula, ein sommersprossiges Mädchen mit kurzen Haaren, bei einem ihrer Termine in der Psychohormonal Research Unit zu sehen. Während die Kamera es tunlichst vermied, die Fruchtbarkeitsskulpturen in Moneys Sprechzimmer ins Visier zu nehmen, präsentierte sich der berühmte Psychologe in Hemdsärmeln und mit Krawatte an seinem Schreibtisch. Er richtete Fragen an Paula, die in einem großen, mit einem Kelimteppich bedeckten Sessel vor ihm saß. In einem geblümten Kleid mit Spitzenkragen und mit leuchtend rot lackierten Fingernägeln lächelte Paula argwöhnisch und beantwortete zögernd Moneys Fragen über Ehe und Beruf. Unterdessen erklärte der Erzähler im Off-Kommentar: »Im Johns-Hopkins-Krankenhaus unter der sachkundigen Betreuung durch den Spezialisten Dr. John Money wird sorgfältig darauf geachtet, Paulas Selbstbild als Mädchen zu fördern und sie auf die umfassenden Erfahrungen der weiblichen Rolle vorzubereiten.«

Kurz nach dieser Sendung, die im Mai 1979 ausgestrahlt wurde, bat Money Paulas Mutter erneut, ihre Tochter vor der Kamera zu präsentieren. Diesmal kamen die Reporter von der BBC. Wieder stimmte Paulas Mutter zu, und Dr. Money traf die nötigen Vorkehrungen für ein Interview, das Williams und Smith mit Paulas Mutter führen wollten. Die Aufnahmen fanden Anfang Oktober 1979 statt. Paulas Mutter zufolge verlief dieses Interview weniger befriedigend als die Begegnung mit den Leuten von

ABC-TV. Wenige Stunden nach dem Interview erhielt sie einen aufgeregten Anruf von Dr. Money, der berichtete, er habe erfahren, dass die BBC-Reporter ein »verborgenes Motiv« hätten. Money wollte, dass Paulas Mutter den Interviewtermin absagte. Als er hörte, dass sie bereits mit den Reportern gesprochen hatte, wurde er ungehalten. »Er war furchtbar wütend auf diese Reporter«, erinnert sie sich. »Richtig wütend.« Dieser Zornesausbruch beeinträchtigte seine Beziehung zu Paulas Mutter jedoch keineswegs. Sie erschien weiterhin regelmäßig mit ihrer Tochter zu den Terminen bei Dr. Money, bis sich Paula mit 18 Jahren dem letzten Teil der Vaginaloperation unterzog und danach ihre Besuche im Johns-Hopkins-Krankenhaus einstellte.

Heute ist die 27-jährige Paula eine schlanke Frau mit blauen Augen und dunkelblondem, seitlich gescheiteltem Haar, das ihr bis auf die Taille fällt. In Jeans, blauem T-Shirt und Plateausandalen geht sie trotz ihrer jungenhaften Figur ohne weiteres als Frau durch. Ihre kleinen Brüste und die Rundung ihrer Hüften sind jedoch nur durch die lebenslange tägliche Einnahme von Östrogenen entstanden. Sie achtet darauf, ihre raue Stimme in einer oberen Tonlage zu halten, die aber dennoch hin und wieder in tiefere Bereiche abfällt, als man selbst von einer Frau mit tiefer Stimmlage erwarten würde. Paula legt großen Wert auf eine gepflegte Erscheinung und widmet ihrer langen Mähne viel Zeit. Einmal wöchentlich geht sie zur Fußpflege und zur Maniküre. Und während unseres Gesprächs frischt sie mit dem Geschick einer gelernten Kosmetikerin mehrmals ihr Make-up auf.

Ungeachtet all dieser Bemühungen um ihr äußeres Erscheinungsbild erklärt Paula, dass sie tagtäglich über ihren körperlichen Zustand nachdenkt. Wie andere Intersexuelle, mit denen ich gesprochen habe, erinnert ihre chirurgisch geschaffene Vagina sie täglich daran, dass sie nicht als typische Frau geboren wurde. »Ich sehe nicht aus wie die anderen«, sagt sie. »Überhaupt nicht. Folglich wird man natürlich ständig daran erinnert.« Als ich frage, ob ihre Vagina gefühlsempfindlich sei, zieht Paula an ihrer Zigarette. »Die Gefühlsempfindlichkeit ist immer beeinträchtigt, wenn Narbengewebe vorhanden ist«, sagt sie. Angesichts dieser Tatsachen überrascht es kaum, dass Paula erklärt, sie habe trotz aller Bemühungen der Medizin permanent das Gefühl, »mit einem Geheimnis zu leben«. Bei der Frage, ob sie gute Freunde habe, mit denen sie unbefangen über ihr Geheimnis sprechen kann, wird ihr Gesichtsausdruck hart, und sie stößt ein leises, zynisches Lachen aus. »Auf dieser Welt hat man sehr wenige Freunde, das können Sie mir glauben.« Wieder zieht sie an ihrer Zigarette. »Ja«, fährt sie im selben Tonfall fort, »Leute, denen man vertrauen kann ... es gibt sehr wenige solche Menschen auf der Welt.« Als sie um die zwanzig war, hatte sie sechs Jahre lang einen Freund, dem sie ihr Geheimnis anvertraute, und er zeigte Verständnis. Seither hat sie es jedoch vorgezogen, über ihr Leiden und die Umstände ihrer Geburt Stillschweigen zu bewahren.

Paula, die mit siebenundzwanzig noch Jungfrau ist, erklärt, sie habe sich sexuell nie zu Frauen hingezogen gefühlt. Als ich danach frage, schneidet sie mir das Wort ab. »Überhaupt nicht«, antwortet sie. »Niemals. Überhaupt nie. Gar nicht.« Als ich frage, ob sie sich in ihrer Kindheit nie gedacht habe: »Vielleicht bin ich ja ein Junge«, ist sie wieder schneller als ich. »Niemals«, erwidert sie. »Überhaupt nie.«

Paula gibt ganz offen zu, dass sie keinerlei Zweifel an der für sie getroffenen Entscheidung äußert, weil sie ihre Mutter nicht beunruhigen möchte. Sie betont, sie sei zufrieden damit, dass sie als Mädchen erzogen wurde – das heißt, sie ist der Ansicht, dass damals keine andere Entscheidung möglich war: »Ich kann mir nicht vorstellen, wie es anders hätte sein können. Verstehen Sie?« Nach einer Pause fährt sie fort: »Für alle, die damals damit zu tun hatten, gab es praktisch keine Alternative.«

Wie die anderen ehemaligen Forschungsobjekte John Moneys, mit denen ich sprach, hat auch Paula ihre Therapiegespräche mit dem Psychologen in lebhafter Erinnerung. Er zeigte ihr

Bilder von Männern und Frauen beim Geschlechtsverkehr und befragte sie nach ihren intimsten seelischen Regungen. »Er stellte Fragen, die man einer Sechs-, Sieben, Neun-, *Zehn*jährigen niemals stellen würde«, erinnert sich Paula: über Masturbation, ihre geheimen Sexphantasien, wie man lesbische Annäherungsversuche anderer Mädchen abwehrt. »Er wollte Antworten erzwingen«, sagt Paula. »Er saß da und übte unaufhörlich Druck aus. Als Kind war ich davon völlig überfordert. Zu meiner Mutter sagte ich immer: ›Ich weiß nicht, warum zum Teufel ich da hingehen muss.‹«

Der Fernsehauftritt, bei dem sich die Siebenjährige als erste Intersexuelle öffentlich präsentierte, war ebenfalls ein traumatisches Erlebnis. Wenn sie über diesen Aspekt ihrer Erfahrungen spricht, legt sie ihren weiblich-gelassenen Tonfall ab. Mit deutlich tieferer Stimme macht sie ihrem Unmut Luft: »Dieser ganze TV-Mist war Müll«, stößt sie wütend hervor. »Es war *beschissen*, es war traumatisch. Ich meine, Sie müssen bedenken, dass ich damals in der Grundschule war. Am nächsten Tag haben mich meine Klassenkameraden danach gefragt. Ich war zu jung, um selbst Entscheidungen zu treffen, aber wenn ich die Wahl gehabt hätte, dann hätte ich das nie gemacht. Aber so ist meine Mama«, fügt sie mit einem verzeihenden Lächeln, aber nicht ganz gelassen hinzu. »Sie liebt John Money. Sie würde alles tun, was er sagt. Sie dachte, sie würde damit etwas Gutes tun. Anderen Müttern helfen. Aber ich finde, es war Mist.«

Paulas Mutter hat die Entscheidungen, die sie für Paula getroffen hat, nie in Frage gestellt. Bis zum heutigen Tag bezeichnet sie Money als ihren »Retter« und spricht in den höchsten Tönen von ihm und von der Umwandlung ihres Sohnes in eine Tochter. »Für Paula hat sich alles phantastisch entwickelt«, erklärte sie mir voller Begeisterung am Telefon, bevor ich ihre Tochter kennen lernte. »Sie ist so lebendig und immer so gut gelaunt. Niemals hat sie mir irgendwelche Sorgen anvertraut. Sie ist ein charakterstarker Mensch! Ein richtiges Partygirl. Sie liebt das Leben, geht gern aus, hat jede Menge Freunde. Das Telefon steht nie still.« Nach ihrer Schilderung ist Paula die Weiblichkeit in Person. »Sie *liebt* es, ein Mädchen zu sein, geht gern einkaufen, kauft sich die teuersten Kleider und Schmuck – alles von Top-Designern.« Der Mutter zufolge verhielt sich Paula als Kind keineswegs wie ein Wildfang. (Ein Mitarbeiter von ABC-TV hat das allerdings etwas anders in Erinnerung: »Der kleine Junge blieb ein kleiner Junge, egal, was sie mit ihm angestellt hatten.«)

Eine kleine Sorge kann Paulas Mutter dennoch nicht verhehlen: dass ihre Tochter unverheiratet ist. Als die Eltern mit ihr ins Johns-Hopkins-Krankenhaus kamen, hatte Dr. Money insbesondere betont, die Geschlechtsneuzuweisung erfolge, damit Paula eines Tages heiraten, ein normales heterosexuelles Liebesleben führen und Kinder adoptieren könne: »Dr. Money besaß solchen Weitblick!« Die Ehe ist der eine Aspekt, in dem Dr. Moneys Vorhersagen bisher nicht eingetreten sind, aber Paulas Mutter hat die Hoffnung noch nicht aufgegeben. »Für mich«, sagt sie, »ist die Sache abgeschlossen, wenn Paula heiratet.« Paula beobachtet ihre Mutter, während sie das sagt, nimmt einen tiefen Zug von ihrer Zigarette und wendet den Blick ab.

Paula selbst bezweifelt, ob sie je heiraten wird. Zum einen ist da die heikle Frage ihrer ungewöhnlichen Genitalien – für Paula ein ernsthaftes Hindernis, das der körperlichen und seelischen Intimität mit einem Partner im Wege steht. Und außerdem betrachtet Paula die Ehe als überholte Institution. Deshalb lebt sie vorerst weiter zu Hause bei ihren Eltern. Ihr Vater, der an einer schweren Depression leidet, hält sich meist in seinem Zimmer auf. Folglich hat Paula vor allem mit ihrer Mutter zu tun. Zu ihr hat sie eine enge, aber emotional komplizierte Beziehung, das heißt, sie opfert sich für die Mutter auf, lässt aber hin und wieder spitze Bemerkungen vom Stapel. Im Laufe ihrer Kindheit hat sie immer wieder gehört, welch schweres Trauma ihre Geburt für ihre Mutter bedeutete. Daher widmet sie sich nun voll und ganz der Aufgabe, jede weitere Störung oder Beunruhigung, die ihre

Existenz verursachen könnte, auf ein Minimum zu beschränken. Sie hat ihrer Mutter auch versichert, sie wolle für immer zu Hause leben, sich um sie kümmern und »sie nie verlassen«.

Gleichzeitig geht Paula in ihrer Arbeit auf. Der Beruf, den sie gewählt hat, stellt zwar Ansprüche, ist ihrer überragenden Intelligenz aber kaum angemessen. Bei einem Test, den Paula als Zehnjährige am Johns-Hopkins-Krankenhaus ablegte, ergab sich ein IQ von 132, eine Leistung, die nur 2,2 Prozent der Bevölkerung erbringen. Damals schrieb Moneys Mitarbeiter Gregory K. Lehne in Paulas Akte, ihre »künftige Ausbildungsplanung kann ein Studium und eine überaus Erfolg versprechende Berufsausbildung einschließen«. Tatsächlich hatte Paula einmal vorgehabt, Juristin zu werden. Diese Pläne wurden jedoch zu Beginn des Studiums zurückgestellt, als ihre Mutter den Wunsch äußerte, sie solle Krankenschwester werden. Obwohl sie einen verständlichen Widerwillen gegen alle medizinischen Berufe entwickelt hatte, brach sie ihr Studium ab und besuchte eine Schwesternschule. Heute ist Paula staatlich geprüfte Krankenschwester und studiert Krankenpflege an der Hochschule. Ihre Mutter ist von dieser Entwicklung »begeistert« und verkündet stolz, mit ihrer Tochter sei es »seither ständig bergauf gegangen«.

Offensichtlich ist Paula eine junge Frau, die auf ihrem Weg nach oben nicht zurückblickt. Sie will keine Kritik an den Intersex-Aktivisten üben, die sich für Veränderungen in der Medizin einsetzen, aber persönlich steht sie auf dem Standpunkt, es sei besser, nach vorn zu schauen und die Vergangenheit ruhen zu lassen. Als ihre Mutter das Haus verlassen hat, sagt Paula ruhig: »Vielleicht sollte man wirklich abwarten und den Kindern die Entscheidung überlassen, bevor man operiert.« Die Mediziner werden diese Meinung von ihr allerdings nicht zu hören bekommen. Erst unlängst hat sie es abgelehnt, an einer Follow-up-Untersuchung des Johns-Hopkins-Krankenhauses über Patienten nach einer Geschlechtsneuzuweisung teilzunehmen. Sie will ihre Kindheit nicht wieder aufleben lassen, die jedoch, wie sie beteuert, vollkommen glücklich war. Dass sie mit ihrer Kindheit doch noch ungeklärte Gefühle verbindet, zeigt sich vielleicht in der Tatsache, dass sie Geburtshilfe und Gynäkologie als Schwerpunkte ihrer Krankenpflegeausbildung wählte. Heute arbeitet sie in ebenjenem kleinen Krankenhaus, in dem sie vor 27 Jahren als Michael Edward zur Welt kam, und steht dort den Frauen bei der Entbindung bei.

Cheryl Chase wundert sich kaum, dass sich das medizinische Establishment weigert, jenen Intersexuellen Gehör zu schenken, die sich entschieden haben, über ihre Erfahrungen zu sprechen. »Unsere Position macht deutlich, dass sie – bestenfalls unwissentlich und schlimmstenfalls durch wissentliche Verleugnung – im Laufe ihrer Karriere ihren Patienten schweren und nicht wieder gutzumachenden Schaden zugefügt haben«, schrieb sie einmal. Deshalb rechnet sie nicht damit, dass die Ärzte ihre Methoden ändern werden, solange sie nicht dazu gezwungen werden. Cheryl Chase hat vor, sie zu zwingen. »Ich glaube, dass eine Situation entstehen wird, in der Chirurgen, die das weiterhin tun, gerichtlich belangt werden können«, sagte sie im Gespräch mit mir. »Aber es wird eine Weile dauern, bis wir so weit sind. Im Augenblick können wir nicht klagen, weil es gängige Praxis ist und die Eltern ihre Einwilligung geben. Zunächst wollen wir nur erreichen, dass den Eltern bei der Beratung klipp und klar gesagt wird: Es handelt sich um ein Experiment, es gibt keine Garantie dafür, dass es funktioniert, und es gibt viele Menschen, mit denen es gemacht wurde und die eine Stinkwut haben.«

Aber es muss noch mehr getan werden. Anne Fausto-Sterling, Embryologin an der Brown-Universität, fordert, dass die Ärzteschaft den Eltern, die vor der schwierigen Aufgabe stehen, ein Kind mit atypischen Genitalien aufzuziehen, Beratung und emotionale Unterstützung anbieten muss. »Im Augenblick gibt es keine kontinuierliche Beratung durch Fachleute, die sich mit psychosexueller Entwicklung auskennen«, sagt Anne Fausto-

Sterling. »Wenn sich hier wirklich grundlegend etwas ändern soll, müssten die Mediziner ähnliche Anstrengungen unternehmen wie bei der genetischen Beratung. Es müssten Spezialisten ausgebildet werden, die mit diesen Familien mehrere Jahre lang arbeiten und ihnen helfen, emotionale und praktische Probleme zu lösen. Die praktischen Fragen sind sehr konkret: Was mache ich, wenn sich alle vor dem Turnen um- und ausziehen? Wie kann ich im Schulsystem intervenieren? Es muss eine andere Infrastruktur aufgebaut und umgesetzt werden. Ich glaube, den Medizinern fällt die Verantwortung zu, das zu tun.«

Die wichtigste Veränderung muss wahrscheinlich in den Köpfen der Ärzte stattfinden, die nach wie vor glauben, was Money und das Johns-Hopkins-Krankenhaus in ihren Richtlinien zum Umgang mit Kindern uneindeutigen Geschlechts festgeschrieben haben: dass sich eine solche Kindheit psychisch und psychosexuell verheerend auswirken müsse. Allerdings findet man kaum Studien, die den Wahrheitsgehalt dieser intuitiven Beobachtungen überprüfen. Fallstudien von Kindern, die mit uneindeutigen Genitalien aufwachsen, gibt es kaum, weil nur wenige intersexuelle Neugeborene der Operation entgangen sind. 1989 erschien jedoch eine Studie im *Journal of Urology* über das Leben von zwölf Personen mit Mikropenis, die in ihrem biologischen Geschlecht aufgezogen wurden. Die Ärzte Justine Reilly und C. R. J. Woodhouse vom St. Peter's Hospital und dem Hospital for Sick Children in London schildern, dass diese Patienten im Alter zwischen zehn und dreiundvierzig Jahren allesamt eine gesunde männliche Geschlechtsidentität gebildet hatten und »in Kindheit und Jugend an normalen männlichen Aktivitäten teilnahmen«. Sie berichten ferner, dass neun (75 Prozent) der älteren Patienten sexuell aktiv seien und dass »in der Regel die vaginale Penetration möglich ist, unter Umständen aber angepasste Stellungen und Techniken angewandt werden«. Die Forscher zogen daraus zwei wichtige Schlussfolgerungen: »Ein kleiner Penis ist kein Hindernis für eine normale männliche Geschlechtsrolle, und ein Mikropenis oder Mikrophallus allein sollte in der frühen Kindheit kein zwingender Grund für eine weibliche Geschlechtszuweisung sein.«

Die Studie von Reilly und Woodhouse befasste sich jedoch nur mit zwanzig Patienten, die alle dasselbe Syndrom aufwiesen. Es existiert jedoch eine weitaus umfassendere Untersuchung über das Leben von unbehandelten Intersexuellen, die eine weit größere Vielfalt an Symptomen aufweisen als nur den Mikropenis. Sie wurde durchgeführt, bevor im Jahr 1955 Moneys Protokolle erschienen, und bietet einen faszinierenden Überblick über 250 Fälle von Intersexuellen, denen als Babys ein chirurgischer Eingriff erspart blieb. Außerdem befasst sich die Studie unmittelbar mit der Frage, wie es Kindern ergeht, wenn ihre Genitalien nicht mit dem Geschlecht übereinstimmen, in dem sie aufgezogen werden: »Brechen [diese Menschen], die mit so manifesten sexuellen Problemen zu kämpfen haben, unter dieser Belastung zusammen, wie die psychiatrische Theorie vermuten lässt, oder gelingt ihnen eine adäquate Anpassung an die Anforderungen des Lebens?«

Die Mehrzahl der Patienten entwickelte jedoch keineswegs psychische Traumata und Geistesstörungen, sondern konnte gut mit ihren Handicaps leben. Die Betroffenen passten sich nicht nur adäquat an, sondern waren in ihrer Lebensführung von Menschen mit nicht abweichenden Genitalien praktisch nicht zu unterscheiden – ein Ergebnis, das den Autor der Studie offensichtlich verblüffte.

»Man wäre nicht überrascht gewesen, hätte man herausgefunden, dass das Paradox des Hermaphroditismus einen fruchtbaren Boden« für Psychose und Neurose bereitet«, bemerkte der Forscher. »Die Fallbeispiele zeigen jedoch, dass so genannte funktionelle Psychosen gerade bei den doppelgeschlechtlichen Hermaphroditen – die um die Erkenntnis, dass sie sexuell uneindeutig sind, nicht herumkamen – außerordentlich selten auftraten. Auch klassische neurotische Erkrankungen, die als hinrei-

chend ernste Behinderung unverkennbar sind, kamen auffallend
selten vor.« In der Studie hieß es, dass Uneindeutigkeit der Genitalien bei manchen Patienten zu »Entmutigung«, bei anderen
zu sozialer »Zurückhaltung« führe. Bei den Betroffenen gebe es
aber »in der Regel keine Hinweise darauf, dass diese Entmutigung oder Zurückhaltung psychopathologische Züge annähme,
die die Fähigkeit der Patienten, mit den Hauptanforderungen des
Lebens zurechtzukommen, ernsthaft beeinträchtigen« würde –
zum Beispiel eine Ausbildung abzuschließen, jeden Tag ins Büro
zu gehen oder Woche für Woche den Lebensunterhalt zu verdienen.

Ein besonders interessanter Aspekt der Studie sind die einge-
henden Interviews mit zehn Intersexuellen, die weder einer Operation unterzogen wurden noch eine Hormonbehandlung erhielten, bis sie alt genug waren, selbst darüber zu entscheiden.
Ihre Lebensgeschichte bestärkte den Eindruck des Forschers,
dass der Zustand der Genitalien auffallend geringen Einfluss auf
die Entwicklung einer stabilen und gesunden Geschlechtsidentität ausübt und die Entstehung eines sicheren und selbstbe-
wussten Selbstbilds keineswegs beeinträchtigt. Eine Patientin,
die mit vergrößerter Klitoris zur Welt kam, ließ sich das Organ
erst mit zwölf Jahren chirurgisch verkleinern; ihre Kindheit mit
den vermännlichten Genitalien hinterließ jedoch weder Wunden
in ihrer Psyche, noch beeinträchtigte sie ihr Selbstgefühl als
Mädchen. »Man bewundert ihre bemerkenswerte Widerstandskraft und ihr Selbstvertrauen«, bemerkte der Autor. Ein zweites
Mädchen mit einer ähnlichen Krankengeschichte zeigte aus-
geprägtes »soziales Geschick und vollkommene Ausgeglichen-
heit«. Trotz der Depressionen ihrer Mutter »entwickelte sie eine
stabilere Persönlichkeit als ihre erwachsenen Geschwister«. Von
einem anderen Mädchen, dessen vermännlichte Genitalien im
Alter von zwölf Jahren mit seiner Einwilligung operiert wurden,
»ließe sich nicht behaupten, dass sie sich von dutzenden anderer Jugendlicher unterscheidet«. Ein Junge mit unbehandeltem

Mikropenis hatte mit vierundzwanzig geheiratet; wie die Studie berichtet, »führt er ein höchst erfolgreiches Leben. Es besteht nicht der geringste Verdacht auf Psychopathologie ... Sein Leben ist ein beredtes und anregendes Zeugnis für die Widerstandskraft der menschlichen Persönlichkeit.« Ein »echter Hermaphrodit« mit Mikropenis, gespaltenem Skrotum und Brüsten in der Pubertät lebte als Junge, ohne diese Anomalien chirurgisch korrigieren zu lassen. »Dieser Jugendliche ist ein weiteres lebendes Zeugnis für die Widerstandskraft der menschlichen Persönlichkeit angesichts massiver geschlechtlicher Uneindeutigkeit.« Einem Siebzehnjährigen, dessen Mikropenis in Kindheit und Jugend unbehandelt blieb, »gelingt eine tapfere, beinahe heroische Anpassung an das Leben«. Ebenso verhielt es sich mit einem Zwanzigjährigen mit kleinem, hypospadischem Penis, durch den er gezwungen war, im Sitzen zu urinieren, und der erst im Alter von 19 Jahren korrigiert wurde. Dieser Patient »war nahezu ein Musterbeispiel für das, was sich der Durchschnittsbürger unter einem gesunden, gut angepassten amerikanischen Jugendlichen vorstellt«, bemerkte der Autor: »zuversichtlich, selbstsicher und optimistisch«.

Leider haben die Experten in der Debatte um die Behandlung Intersexueller – Milton Diamond, Bill Reiner, Anne Fausto-Sterling oder Cheryl Chase – auf diese wertvolle Untersuchung bisher nicht zurückgegriffen. Dass diese außergewöhnliche und einzigartige Untersuchung bisher übersehen wurde, ist dennoch nicht verwunderlich. Sie wurde nie in einem Verlag publiziert oder der Öffentlichkeit zugänglich gemacht und kann nur nach schriftlicher Anfrage bei der Widener Library an der Universität Harvard eingesehen werden, wo sie im Jahre 1951 als Doktorarbeit eingereicht wurde. Der Verfasser war ein 30-jähriger Doktorand namens John Money.

15

John Money hat den Wandel in seinem Denken, den er zwischen dem Abschluss seiner Doktorarbeit in Harvard und seinen ersten Aufsätzen über Intersexuelle vier Jahre später vollzog, nie erklärt. Seit den Enthüllungen in Diamonds und Sigmundsons Aufsatz hat er sich weder zu diesen noch zu anderen Aspekten seiner Arbeit jemals öffentlich geäußert.

Inzwischen 78 Jahre alt, blieb er auch nach seiner Emeritierung ein dogmatischer Vielschreiber zum Thema Geschlechtlichkeit und Sexualität. Sein letztes Buch, *Unspeakable Monsters*, kam im Frühjahr 1999 heraus. In den letzten 20 Jahren erschienen seine Bücher und Artikel mit schöner Regelmäßigkeit, und Ende der Achtzigerjahre wurde er nach der Veröffentlichung seines Buches *Lovemaps* von den Medien regelrecht hofiert. »Lovemaps«, »Landkarten der Liebe«, ist übrigens Moneys Ausdruck für die individuellen erotischen Vorlieben und Impulse eines Menschen. Porträts und Interviews mit Money erschienen in *Playboy, Cosmopolitan, Psychology Today, Omni* und im *Atlantic Monthly*. Im Jahr 1990 wurde Money in der Zeitschrift *Rolling Stone* in der Rubrik *Hot Issue* als »Doktor der heißen Liebe« gefeiert, und er trat wiederholt im Fernsehen auf.

Unterdessen vollzog er jedoch eine subtile Wendung und rückte von seiner früheren Extremposition ab, bei der geschlechtlichen Differenzierung habe die Erziehung Vorrang vor der biologischen *Veranlagung*. In einer Zeitschrift, die im Mai 1988 ein Porträt von ihm veröffentlichte, versuchte er angestrengt, sich als Vorkämpfer für die Bedeutung der Veranlagung bei der psychologischen Geschlechtsdifferenzierung darzustellen. Als er in den Fünfzigerjahren Aufsätze über den Einfluss pränataler Hormone auf das Verhalten veröffentlicht habe, so Money, seien »Fachleute aus unterschiedlichen Disziplinen der Sozialwissenschaften empört gewesen über die Vorstellung,

Hormone im Blutkreislauf vor der Geburt hätten einen geschlechtsdifferenzierenden Einfluss«. Im selben Artikel jedoch wiederholte Money seine Behauptung, ein männliches Kleinkind könne durch operative und hormonelle Behandlung in eine heterosexuelle Frau umgewandelt werden.

Auch wenn er sich in den vergangenen 20 Jahren internationales Renommee als einer der einflussreichsten Sexualwissenschaftler des 20. Jahrhunderts erworben hat, so musste er doch bei seiner Tätigkeit am Johns-Hopkins-Krankenhaus eine Reihe von Niederlagen einstecken. Seine Probleme nahmen schon im Jahr 1975 ihren Anfang, als Dr. Joel Elkes, Leiter der Psychiatrischen Abteilung des Krankenhauses, der stets seine Hand über Money gehalten hatte, durch Dr. Paul McHugh abgelöst wurde.

McHugh, praktizierender Katholik und ein eingeschworener Feind aller Modeerscheinungen in der Psychiatrie, war praktisch in jeder Hinsicht das genaue Gegenteil von John Money. Mit ihm gemeinsam hatte er nur die Fähigkeit, seine Meinung energisch und überzeugend vorzutragen und entschlossen in die Tat umzusetzen. Heute ist McHugh als der unerschrockenste Kritiker der Psychiatrie berühmt. Mit dem Hinweis auf seine »unermüdliche Kampagne, seinen eigenen Berufsstand wieder auf eine gesunde Grundlage zu stellen«, bezeichnete ihn die *Baltimore Sun* 1997 als »Dr. Bilderstürmer«, der »über alles Mögliche vernichtende Urteile fällt, sei es die Sterbehilfe (grundfalsch) oder auch das Krankheitsbild der multiplen Persönlichkeit (gibt es nicht)«. In dem Porträt wurde auch auf McHughs tödliche Verachtung »zwielichtiger Praktiken – und Praktiker – in den Heilberufen« verwiesen, zu denen er auch Dr. Jack Kevorkian zählte, den McHugh einmal als »geisteskrank« bezeichnete, sowie den berühmten Kinderpsychologen Dr. Bruno Bettelheim, den McHugh einen »gewohnheitsmäßigen Lügner, undankbaren Freund, boshaften Menschenschinder und schamlosen Plagiator« nannte.

Für die operative Geschlechtsumwandlung Erwachsener hegte McHugh seit jeher eine besondere Verachtung. Die Transsexualität betrachtete er nur als ein Phänomen innerhalb eines Gesamtkomplexes von Persönlichkeitsstörungen. McHugh war der Meinung, diese Patienten sollten psychiatrisch durch Gesprächstherapie und nicht durch radikale und irreversible operative Eingriffe behandelt werden. In einem Artikel im *American Scholar* von 1992 verurteilte er die Transsexualitätschirurgie als die »radikalste Therapie überhaupt, zu der die Psychiater des 20. Jahrhunderts den Anstoß gegeben« hätten, und verglich deren Beliebtheit mit der einstmals weit verbreiteten Leukotomie, der Durchtrennung von Nervenbahnen im Gehirn. »Das Johns-Hopkins-Krankenhaus zählte zu jenen Kliniken der Vereinigten Staaten, von denen [die Transsexualitätschirurgie] ihren Ausgang nahm«, stellte McHugh in seinem Artikel fest. »Als ich 1975 in Baltimore anfing, setzte ich mir unter anderem zum Ziel, dem ein Ende zu setzen.«

Zwei Jahre nachdem McHugh im Johns-Hopkins-Krankenhaus anfing, führte Dr. Jon Meyer, Psychiater ebenda und ehemaliger Leiter der Gender Identity Clinic, eine Langzeitstudie in Form einer Nachuntersuchung von 50 postoperativen und präoperativen erwachsenen Transsexuellen durch, die seit Gründung dieser Klinik im Jahr 1966 dort behandelt worden waren. Meyer berichtete, dass sich die Lebensqualität bei keinem dieser Patienten nachweislich verbessert habe, und meinte abschließend, dass »die operative Geschlechtsneuzuweisung für die soziale Rehabilitation keinen nachprüfbaren Nutzen« habe. Vorgetragen bei der Jahresversammlung der American Psychiatric Association im Mai 1977, wurde der Aufsatz zwei Jahre später in den *Archives of General Psychiatry* veröffentlicht. Die Gemeinde der Geschlechtsumgewandelten reagierte empört und warf dem Verfasser unwissenschaftliche Vorgehensweise und Zielsetzung vor. Vergeblich. Die Publikation wurde auf einer Pressekonferenz im Johns-Hopkins-Krankenhaus im Oktober 1979 angekündigt, und die versammelten Journalisten erfuhren, dass die Gender Identity Clinic nunmehr geschlossen werde. John Money war weder von der Pressekonferenz in Kenntnis gesetzt noch in der Frage der Schließung der Klinik angehört worden – eine Schmach für den Mann, der praktisch im Alleingang deren Eröffnung durchgesetzt hatte.

Mit McHughs Amtsantritt am Johns-Hopkins-Krankenhaus wurde auch Moneys einstmals unumstrittene Position als der Sexualrevolutionär dieser Einrichtung abrupt und auf dramatische Weise in Frage gestellt. Im Jahr 1983 teilte man ihm mit, sein umstrittener Abendkurs zur Humansexologie werde mit sofortiger Wirkung gestrichen. Drei Jahre später, nach seinem 65. Geburtstag, teilte man ihm mit, er könne sein Büro im Johns-Hopkins-Krankenhaus nicht mehr länger behalten – ein Privileg, das anderen emeritierten Professoren durchaus zugestanden wurde. Money, so hieß es, müsse den Campus verlassen. Er wurde in ein schäbiges Gebäude vier Häuserblocks vom Krankenhaus und der Universität entfernt verfrachtet. Das unbebaute Grundstück gegenüber war der Treffpunkt der Obdachlosen und Alkohol- und Drogenabhängigen dieser Gegend. Money richtete sich in einem der Büros mit niedriger Decke im Kellergeschoss ein. Er hatte jetzt nur noch einen einzigen Doktoranden als Mitarbeiter. Das Schild aus seinem früheren Büro mit der Aufschrift JOHNS HOPKINS PSYCHOHORMONAL RESEARCH UNIT brachte er an der billigen Sperrholztür an.

Mit der Abschiebung aus dem Institut waren jedoch seine Probleme mit dem Johns-Hopkins-Krankenhaus keineswegs zu Ende. Anfang der Neunzigerjahre reichte eines seiner früheren Forschungsobjekte Klage gegen ihn und das Johns-Hopkins-Krankenhaus ein. Dieser Patient, der anonym bleiben möchte, bat mich, ihn als »Charlie Gordon« vorzustellen – ein Pseudonym, das er nicht zufällig wählte. Es ist der Name der Hauptfigur des in den Sechzigerjahren erschienenen Romans *Flowers for Algernon* von Daniel Keyes, nach dem später der Film *Charly* mit Cliff Robertson als Hauptdarsteller gedreht wurde. Die fiktive Geschichte von Charlie, einem geistig Behinderten, der durch ein Serum zu einem Genie wird, hat erstaunliche Parallelen mit dem Leben des Mannes, den ich hier Charlie Gordon nenne.

Bei dem 1947 geborenen Gordon zeigten sich schon früh erste Anzeichen von Hypothyreose, einer angeborenen Hormonstörung, in deren Folge es zu gravierender Wachstumsbehinderung und einer verzögerten geistigen Entwicklung kommt – Symptome, die damals als »Kretinismus« bezeichnet wurden. Im Alter von zwei Jahren wurde Gordon in Lawson Wilkins' Klinik für Kinderendokrinologie am Johns-Hopkins-Krankenhaus eingewiesen, wo er sich einer experimentellen Hormonsubstitutionsbehandlung unterzog, bei der er Schilddrüsen von Kühen in Pillenform schlucken musste. Die Behandlung steigerte nicht nur sein Körperwachstum, sondern auch seine geistigen Fähigkeiten. Mit fünf Jahren kam er zu psychologischen Tests in die neu gegründete Psychohormonal Research Unit, wo John Money in den folgenden 25 Jahren begleitend untersuchte, wie Gordon mit seinen sich verändernden körperlichen und geistigen Fähigkeiten zurechtkam. In einem im *Journal of Pediatrics* im September 1978 veröffentlichten Artikel erklärte Money, dass Gordon unter allen untersuchten Patienten die größte Intelligenzsteigerung erlebte. Money zufolge stieg Gordons Intelligenzquotient von 84 im Alter von fünf auf 127 als Erwachsener: eine Steigerung um 43 Punkte und damit ein Aufstieg von durchschnittlicher zu überragender Intelligenz. Money sprach von einer »beachtlichen Steigerung«.

Im Lauf der Zeit wurde Gordon Moneys bevorzugtes Forschungsobjekt und erklärte sich auch bereit, in der Medizinischen Fakultät aufzutreten, wo er von mehreren hundert angehenden Ärzten des Johns-Hopkins-Krankenhauses untersucht wurde. Gleichzeitig suchte Gordon einmal im Jahr die Klinik zu ausführlichen Interviews mit Money auf. Auf Gordon wirkten diese Gespräche verstörend. »Ständig sagte er ›fuck‹«, erinnert sich Gordon. »›Fuck‹ hier und ›fuck‹ da. Ich kam aus einem religiösen Elternhaus. Wenn ich ihm sagte, dass ich in die Kirche ging, meinte er nur: ›Wozu machst du denn diesen Scheiß?‹«

Money befragte Gordon auch ausführlich über Sex. Überzeugt, dass Dr. Moneys Interesse an seinem Sexualleben ihm helfen sollte, mit seiner schwierigen Situation zurechtzukommen, antwortete Gordon offen und ehrlich und beschrieb ihm minuziös seine sexuellen Phantasievorstellungen und wie er masturbierte. Er erzählte ihm, dass er auch eine *ménage à trois* ausprobiert und als Kind Erfahrungen bei »Doktorspielen« mit einem Mädchen aus der Nachbarschaft gemacht hatte. Später, mit über zwanzig, gestand Gordon seine Unsicherheit auf Grund seines verminderten körperlichen Wachstums ein und gab zu, dass er sich mit sehr viel jüngeren Mädchen eingelassen hatte, von denen manche erst 14 waren. Erst Jahre nach dem Ende seiner Behandlung bei Money erfuhr Gordon, dass Moneys Interesse an seinem Sexualleben keineswegs rein therapeutischer Natur war.

Das wurde ihm schlagartig bewusst, als er im Dezember 1989 in einer Buchhandlung auf Moneys neuestes Buch *Vandalized Lovemaps* stieß. Darin beschrieb Money in allen Einzelheiten seine Theorie der Entstehung von sexuellem Fetischismus, von Perversionen und Störungen, auch anhand von Fallbeschreibungen. »Pädophilie bei einem an Hypothyrose leidenden Mann« stach Gordon ins Auge. Er las die ersten Sätze und erkannte erstaunt und entsetzt, dass es exakt seine Fallgeschichte war. Er sah sein ganzes Sexualleben vor sich ausgebreitet – unter Verwendung wortwörtlicher Zitate aus den Tonbandaufzeichnungen seiner Gespräche mit Money. Sein Interesse an jungen Mädchen diagnostizierte Money als Pädophilie. Noch entsetzter war Gordon, als er feststellte, dass das Buch auch Informationen über seine Eltern enthielt, unter anderem eine Äußerung von Gordons Vater, der Money angeblich mitgeteilt hatte, Gordons Mutter habe eine inzestuöse Beziehung mit ihrem eigenen Bruder gehabt. Obwohl Gordon und seine Familie nicht namentlich erwähnt sind, hatte er den Eindruck, dass die Einzelheiten dieser Fallschilderung jeden, der ihn oder seine

Familie kannte, auf die richtige Spur führten. Von panischer Angst ergriffen, rief er Money an, konnte ihn aber nicht erreichen. »Er hat mich nicht zurückgerufen«, so Gordon. »Seine Mitarbeiterin sagte, er sei sehr beschäftigt.«

Über eine den National Institutes of Health untergeordnete Behörde zum Schutz von Patienten, die zu Forschungszwecken herangezogen werden (das Federal Department of Health and Human Services Office for Protection from Research Risks), reichte Gordon im Frühjahr 1990 in aller Form Beschwerde gegen Money und das Johns-Hopkins-Krankenhaus ein. Dort erfuhr Gordon, dass Wissenschaftler, die mit finanzieller Unterstützung aus Bundesmitteln arbeiteten, sich an strenge Regeln zu halten hatten. Unter anderem mussten sie die ausdrückliche und schriftliche Zustimmung des Patienten und Forschungssubjekts zu allem einholen, was der Forscher über ihn veröffentlichen wollte. Für die Veröffentlichung der sehr privaten Äußerungen in *Vandalized Lovemaps* hatte Money niemals Gordons Zustimmung eingeholt. Das Department of Health and Human Services (DHHS) leitete eine Untersuchung ein und kam zu dem Schluss, dass »durch die Art und Weise der [von Money preisgegebenen] Information der Kläger durch mit ihm bekannte Personen identifiziert werden kann«. Im Herbst lud das DHHS die Medizinische Fakultät des Johns-Hopkins-Krankenhauses wegen »schwer wiegender Missachtung« bundesgesetzlicher Vorschriften zum Schutz menschlicher Forschungsobjekte vor. Es forderte »strikte Korrekturmaßnahmen« und verlangte, die Psychiatrische Abteilung des Johns-Hopkins-Krankenhauses müsse die »behördlichen Richtlinien zum Schutz der Identität von Patienten neu bekannt geben« und den Patienten, die einer Veröffentlichung bereits zugestimmt haben, vor Veröffentlichung Einblick in das Manuskript gewähren. Money müsse sich außerdem bei Gordon persönlich und in Anwesenheit des Leiters seiner Abteilung (das heißt seines Todfeindes Dr. Paul McHugh) entschuldigen. Gordon sagt, diese Entschuldigung habe er von Money nie erhalten, er habe aber das Gefühl, durch die anderen Auflagen rehabilitiert worden zu sein. In einer Erklärung, die Gordon anlässlich eines Treffens der National Bioethics Advisory Commission im Oktober 1997 über menschliche Versuchsobjekte verfasste, legte er seine misslichen Erfahrungen mit Dr. John Money dar und zog eine Parallele zwischen seinen Erfahrungen als Forschungssubjekt und dem berühmten Fall »John/Joan«, dessen Geschichte acht Monate zuvor durch die Presse gegangen war.

Durch diese Kette beruflicher Rückschläge, Blamagen und Abmahnungen ließ sich Money jedoch keineswegs einschüchtern, sondern behielt seine provozierende, kämpferische Haltung bei. Die Rückschläge schienen seine Streitlust sogar nur noch mehr anzufeuern. Seine Publikationen nutzte er jetzt zunehmend dafür, nicht nur sein Thema, die menschliche Sexualität, darzulegen, sondern auch abzurechnen und Klage zu führen. In seinem Vorwort zu dem 1987 erschienenen Buch *Gay, Straight and In Between*, dessen Thema vordergründig die Ursprünge der Geschlechtsorientierung war, ging er merkwürdigerweise auch auf seine damals bereits zehn Jahre zurückliegende Abschiebung aus dem Johns-Hopkins-Krankenhaus ein: »Im Frühjahr 1986 teilte man mir mit, dass die Psychohormonal Research Unit ... in neue Räume umziehen müsse. Sie lägen außerhalb des Campus der Universität in einem Geschäftsgebäude. Weitere Erklärungen dazu bekam ich nicht. Ich erhielt auch keine Einspruchsmöglichkeit ... Meine Antwort darauf ist dieses Buch.«

In einem autobiografischen Abschnitt in seiner Sammlung *The History of Clinical Psychology in Autobiography* schweifte Money immer wieder von seinem Untersuchungsgegenstand, der Sexologie, zu seinen Auseinandersetzungen mit der Verwaltung des Johns-Hopkins-Krankenhauses ab. Money erinnerte ärgerlich an die Streichung seines Kurses über Humansexologie und bemerkte dazu: »Was die Studenten des Johns-Hopkins-Universitätskrankenhauses verloren haben, haben die Studenten weltweit gewonnen. Denn ich habe jetzt mehr Zeit, für sie zu schreiben.« Im selben Aufsatz griff Money den (namentlich nicht genannten) Paul McHugh an und bezeichnete ihn als »den streitsüchtigsten und destruktivsten Menschen, mit dem ich jemals zu tun hatte«, und gab seiner hämischen Freude Ausdruck, dass »seine klammheimlichen Bemühungen, mich loszuwerden, gescheitert sind«. Money beschrieb die Verlegung der Psychohormonal Research Unit in das düstere und nicht ungefährliche Kellergeschoss mit der für ihn charakteristischen Großsprecherei: »Aus dem Campus in einen unterirdischen Dschungel verbannt, der unter Kunstlicht gedeiht, führe ich ein Dasein wie Galileo Galilei, der auf Anweisung des Vatikans als Geächteter unter Hausarrest arbeiten musste.«

Vielleicht folgerichtig wandte sich Money im selben Aufsatz an alle Forscher im Bereich der geschlechtlichen Entwicklung, die seine wissenschaftlichen Theorien im Laufe der Jahre in Frage gestellt hatten. Obwohl er Milton Diamond nicht namentlich nannte, besteht kein Zweifel, dass der Professor der Universität von Hawaii ganz oben auf der Liste derer stand, die Money jetzt geißelte, weil sie ihn »schamlos« angegriffen hatten. Nach diesen Ausfällen gegen seine Kritiker schlüpfte Money in die Rolle des geistig Überlegenen, der seine Kontrahenten mit Nichtachtung strafte: »Mein persönlicher Eindruck ist, dass ihnen die Begabung fehlt, selbstständig zu denken, neue Konzepte und Hypothesen zu formulieren und neue Entdeckungen zu machen.« In Anspielung auf sein nach wie vor großes Renommee in Wissenschaftskreisen stellte er fest: »Ich habe überlebt, indem ich meine eigene Maxime beherzigt und darauf verzichtet habe, einen Krieg zu erklären, den zu gewinnen ich keine Chance hatte. Statt zum Gegenangriff überzugehen, verlegte ich mich auf eine Strategie der Abkoppelung und lenkte alle meine Kräfte in eine neue Richtung, um meine Ziele zu erreichen.«

Diese Strategie der Abkoppelung verfolgte er auch sechs Jahre später, im Frühjahr 1997, als seine Reputation den bis dahin schlimmsten Schlag erlitt: nach dem weltweiten Medienecho auf Diamonds und Sigmundsons Aufsatz über den Fall Brenda Reimer. Unter Berufung auf die Schweigepflicht lehnte er es ab, mit den zahlreichen Journalisten zu sprechen, die von ihm einen Kommentar zu dem inzwischen unrühmlichen Zwillingsfall forderten. Auch ich gehörte zu der Horde Journalisten, die gern ein Interview mit ihm geführt hätten (ich arbeitete damals gerade an meinem Artikel für den *Rolling Stone*). Ich bat ihn schriftlich um ein Gespräch und versicherte ihm, den Fall mit größtmöglicher Objektivität darzustellen. Er lehnte ab, aber in den nachfolgenden Wochen und Monaten tauschten wir zahlreiche E-Mails aus, in denen er mir schließlich anbot, im Hintergrund an den Recherchen für meinen, wie er es nannte, »investigativen Artikel« mitzuarbeiten. Er bot mir an, mir alle erforderlichen Nachdrucke seiner Veröffentlichungen zur Verfügung zu stellen und meinen Artikel vor der Veröffentlichung zu lesen und »die Korrektheit einiger Angaben zu prüfen«.

Dieses Angebot zog er Ende August zurück. Nach meiner Rückkehr von einer zweiten Reise nach Winnipeg teilte ich ihm zum ersten Mal mit, dass ich den Patienten und seine Familie aufgesucht und mit ihnen gesprochen hatte und dass mir David außerdem zugesichert hatte, ihn schriftlich von seiner Schweigepflicht zu entbinden, damit er mit mir über den Fall sprechen könne. Sein Ton änderte sich abrupt. Der freundliche Helfer im Hintergrund wurde jetzt eiskalt. »Danke für Ihre E-Mail vom 24. August, auf die ich Ihnen antworten möchte, dass sich mein Standpunkt nicht geändert hat und auch nicht ändern wird«, schrieb er mir zurück. »Ich bin unter keinen Umständen zu einem Interview über den Fall Reimer bereit, und ich habe nichts weiter dazu zu sagen. Nehmen Sie also bitte Abstand von weiteren Anfragen.«

Das tat ich in den folgenden zwei Monaten, während ich an meiner *Rolling-Stone*-Reportage schrieb. Anfang November, als der Artikel gedruckt wurde, rief ich in Moneys Büro an, um ein paar Fakten von seinem Assistenten William Wang überprüfen zu lassen. Ich war überrascht, als Money selbst ans Telefon kam. Er lehnte es ab, über den Fall Reimer zu sprechen, behauptete aber, die Berichterstattung darüber in den Medien sei lediglich der Ausdruck konservativer politischer Vorurteile. Besonders empört war er über einen Leitartikel in der *New York Times*. »Das ist Bestandteil der antifeministischen Bewegung«, sagte er. »Sie behaupten, Männlichkeit und Weiblichkeit sind genetisch verankert, also sollen die Frauen wieder zu ihrer angestammten Rolle im Bett und in der Küche zurückkehren.« Sein Versäumnis, den Fall weiterzuverfolgen, schien ihn überhaupt nicht zu bekümmern. Er wiederholte nur, dass er den Kontakt mit den Reimers verloren habe, nachdem sie nicht mehr ins Johns-Hopkins-Krankenhaus gekommen seien, und dass man ihm die Gelegenheit verwehrt habe, eine Nachuntersuchung durchzuführen. Er wirkte geradezu beleidigt, als ich das vorbrachte, was mir einige seiner Verteidiger zu seiner Entschuldigung gesagt hatten: Die Fehleinschätzung des Falles sei allein die Schuld der Reimers, und insbesondere Davids Mutter habe ihm in ihrem fanatischen Glauben an den Erfolg des Experiments und in ihrem Bemühen, Money zufrieden zu stellen, ein »geschöntes Bild« vermittelt.

»Niemand hat mir ein geschöntes Bild vermittelt«, erwiderte er gereizt, ja gekränkt durch die Unterstellung, er habe die Voreingenommenheit der Mutter in seiner Einschätzung dieses Falles übersehen. »Das einzig Entscheidende für mich war, dass ich überhaupt kein Bild mehr vermittelt bekam, nachdem die Familie nicht mehr das Johns-Hopkins-Krankenhaus aufsuchte.«

Er hielt an seiner ursprünglichen Bewertung des Falles fest und lehnte jede Unterstellung ab, er hätte »falsch beurteilt«, was in den Einzelsitzungen mit dem Kind vor sich ging. Er deutete auch an, dass Davids Rückkehr zu seinem biologischen Geschlecht womöglich nicht allein seine Entscheidung war: »Ich weiß nicht, ob man ihn in diese Richtung gedrängt hat, denn ich habe ja nicht mit ihm gesprochen.« Auch gab er zu verstehen, dass hinter Diamonds und Sigmundsons Aufsatz eine bestimmte Absicht stand. »Es bestand doch überhaupt kein Anlass, mich aus der Nachbereitung des Falls auszuschließen, oder? Man ist mir in den Rücken gefallen. Aber das ist in der Wissenschaft keineswegs unüblich. Sobald man den Kopf erhebt, steht schon einer mit dem Gewehr im Anschlag, um einen abzuknallen.« Als ich Diamond von diesen Äußerungen Moneys erzählte, sagte er, er habe Money in den vergangenen 15 Jahren wiederholt aufgefordert, Informationen über die Zwillinge weiterzugeben oder zu veröffentlichen, aber ohne Erfolg.

Als ich Money zu Diamonds Forderung befragte, mit operativen Eingriffen bei intersexuellen Babys zu warten, bis sie alt genug seien, um sich selbst eine Meinung zu bilden, wurde er wütend. Die Schlussfolgerungen, zu denen er in Harvard in seiner Doktorarbeit nach Prüfung von mehr als 250 Fällen unbehandelter Intersexueller gekommen war, hatte er offenbar vergessen, denn er wies mit allem Nachdruck den Gedanken zurück, ein Mensch könne mit uneindeutigen Genitalien seine Kindheit durchstehen. »Ich habe Menschen kennen gelernt, die dieser Idee zum Opfer fielen«, sagte er. »Ich habe diese Bemitleidenswerten davon erzählen hören, dass sie sich zu Hause einschließen und sich nicht hinauswagen, aus Angst, dass sie jemand sehen könnte.« Er bestand darauf, dass ein operativer Eingriff möglichst rasch nach der Geburt die einzige Garantie für das künftige Glück des Kindes sei. »Man kann nicht als ein Es leben«, erklärte er und fügte hinzu, Diamonds Empfehlungen würden Intersexuelle in die Epoche zurückwerfen, als sie sich aus Scham versteckten und »als Missgeburt eine Zirkusattraktion« waren.

Er lehnte es ab, über sein Privatleben mit mir zu sprechen. »Sie wollen mir eine Falle stellen«, sagte er finster. »Genau wie meine Patienten.«

Money schien jetzt entschlossen, das Telefongespräch zu beenden. Doch bevor er auflegte, erinnerte ich ihn daran, dass sein zum Klassiker avanciertes Buch *Männlich – weiblich. Die Entstehung der Geschlechtsunterschiede*, in dem der Fall Brenda Reimer als Erfolg dargestellt wird, nach wie vor im Buchhandel erhältlich sei. Ich wollte wissen, ob er es nicht an der Zeit fände, den Text für eine Neuauflage zu überarbeiten. »Bis dahin bin ich tot«, erwiderte er mit ausdrucksloser Stimme.

Entgegen allem Anschein war dies nicht Moneys letztes Wort zu diesem Fall. Nach Erscheinen meiner Reportage im *Rolling Stone* im Dezember 1997 brach er seine Schweigen gegenüber der Presse und gab Michael King, einem ihm wohlgesonnenen Autor und Freund, ein Interview für die neuseeländische Zeitschrift *The Listener*. Darin tat er Diamonds und Sigmundsons Aufsatz über John/Joan und meinen *Rolling-Stone*-Artikel als Elemente einer finsteren Verschwörung ab. Der Artikel im *Listener* gab zu verstehen, dass David und seine Familie über Brendas Leben absichtlich die Unwahrheit sagten – und zwar aus Geldgier, weil David sich bereit erklärt hatte, an dem Buch mitzuarbeiten, und weil sich auch Regisseure für eine Verfilmung seiner Geschichte interessierten. In Kings Artikel hieß es, Money sei trotz der Kontroverse »überraschend unbeirrt und zuversichtlich«; zuletzt folgte der Hinweis, dass Money bei US-amerikanischen Fördereinrichtungen nach wie vor einen guten Stand hatte. »Erst kürzlich wurde er für eine Förderung durch die National Institutes of Health (NIH) empfohlen; dabei geht es um ein größeres neues Projekt zur Klassifizierung und Vertiefung des heutigen Wissens über Paraphilien oder ›Perversionen‹«, berichtete King. Im Sommer 1999 erkundigte ich mich bei den NIH und erfuhr, dass Money aus demselben Fonds unterstützt wird, aus dem er bereits Mitte der Fünfzigerjahre finanzielle Zuschüsse erhalten hatte. Beim letzten Mal hatte er eine Förderung von 135 956 Dollar erhalten.

Auch in akademischen Kreisen fehlt es nicht an Verteidigern, und zwar insbesondere unter jenen Psychologieprofessoren, die ihre Positionen an der Universität und in der klinischen Praxis nicht zuletzt dadurch erlangt haben, dass sie Moneys Theorien der psychosexuellen Entwicklung verbreiteten. Einer seiner sympathischeren und intelligenteren Verteidiger ist Dr. Kenneth Zucker, Psychologe am Clarke Institute of Psychiatry in Toronto und seit langem Anhänger von Moneys These, dass die Erziehung bei der Ausformung der Geschlechtsidentität von entscheidender Bedeutung sei. (Als Kliniker versucht Zucker seit Jahren, auf Homosexualität und Transsexualität bei Jungen und Mädchen einzuwirken.) Wenige Monate nach dem Erscheinen von Diamonds und Sigmundsons Artikel verfasste Zucker einen Aufsatz mit dem Titel »Experiment of Nurture«, »Das Experiment der Erziehung«, der als eine unmittelbare Erwiderung auf die Enthüllungen über John/Joan gedacht war. Zucker legt hier seine Überzeugung dar, die Umwelt sei wichtiger als die Veranlagung, und behauptet, der Zwillingsfall sei keineswegs auf Grund von Davids männlicher biologischer Veranlagung gescheitert, sondern auf Grund gewisser »psychosozialer Faktoren«, insbesondere auf Grund der »Unentschlossenheit der Eltern bezüglich ihrer ursprünglichen Entscheidung, ihrem Kind das weibliche Geschlecht neu zuweisen zu lassen«.

Doch nicht nur Zucker bemühte sich, das Scheitern des Falles den Eltern anzulasten. Viele von Moneys Anhängern haben in Interviews mir gegenüber dieselben Vorwürfe geäußert. Diese Anschuldigungen hätten ein größeres Gewicht, gäbe es nicht die erdrückende Fülle von Belegen, die zeigen, dass sich Ron und Janet dem Experiment beinahe sklavisch verschrieben hatten – ganz zu schweigen davon, dass Money selbst in seinen Berichten über diesen Fall Ron und Janet als ganz besonders gute und engagierte Eltern bei der Erziehung ihrer Tochter beschrieben hat. Sobald bekannt wurde, dass der Fall gescheitert war, kamen in Wissenschaftskreisen Gerüchte auf, die offensichtlich von Money ausgestreut wurden: Ron und Janet seien engstirnige Fundamentalisten vom Land, die auf Grund ihrer restriktiven religiösen und kulturellen Wertvorstellungen die Geschlechtsumwandlung ihres Kindes überhaupt nicht akzeptieren konnten; deshalb hätten sie sich unbewusst dagegen gesträubt. In Wahrheit hatten Ron und Janet einen Großteil ihres Lebens in der modernen Großstadt Winnipeg verbracht (bis auf die drei Jahre, die sie als Teenager auf einem Bauernhof gelebt hatten). Beide hatten (wie Money selbst) die strenge Glaubensrichtung ihrer Eltern strikt abgelehnt (so sehr, dass sie sich nicht einmal in einer mennonitischen Kirche hatten trauen lassen). Allen gegenteiligen Behauptungen zum Trotz hatten weder Ron noch Janet mit altmodischen männlichen beziehungsweise weiblichen Rollenklischees zu kämpfen, die sie gehindert hätten, eine sich als »Wildfang« gebärdende Tochter zu akzeptieren. Auch das Umfeld, in dem sie in Winnipeg in den Siebzigerjahren lebten – eine bunt gemischte, internationale Gemeinde von Menschen unterschiedlicher Kultur, Religion, Herkunft, Hautfarbe und aus unterschiedlichen wirtschaftlichen und sozialen Verhältnissen –, war kaum geneigt, ein Mädchen auszustoßen, das strengen Stereotypen weiblichen Verhaltens nicht entsprach.

Zuckers Aufsatz aber beschäftigt sich nicht ausschließlich mit den nicht näher ausgeführten »psychosozialen Faktoren«, die den Fall angeblich negativ beeinflussten. Zucker präsentiert auch die ausführliche Nachuntersuchung eines zweiten Falls, in dem ein normal entwickeltes männliches Baby als Mädchen aufwuchs. In erschreckender Parallele zu Davids Fall hatte dieses Kind (zufällig gleichfalls kanadischer Herkunft) seinen Penis ebenfalls bei einer verpfuschten Beschneidung mit einem Elektrokauter verloren, war daraufhin im Jahr 1971 im Alter von sieben Monaten kastriert und in ein Mädchen umgewandelt worden. Die inzwischen 26-jährige Patientin lebe, so berichtet Zucker, nach wie vor in ihrem weiblichen Geschlecht. »Irgendwelche Zweifel an ihrer weiblichen Identität hat sie, so weit sie sich erinnern kann, nie gekannt«, schreibt Zucker, »und sie äußerte auch kein Unbehagen, weil sie eine Frau ist.« Gleichzeitig gab Zucker jedoch zu, dass der Fall nicht als ungetrübtes Beispiel für die Effizienz von geschlechtlicher Neuzuweisung gewertet werden dürfe, weil die Patientin als Kind stets »typische Jungenspielsachen und typische Jungenspiele« bevorzugt hätte; als Erwachsene arbeite sie zudem als »Arbeiterin in einem fast ausschließlich von Männern ausgeübten Beruf«; und schließlich lebe sie zurzeit mit einer Frau zusammen – ihre dritte längerfristige sexuelle Beziehung mit einem weiblichen Partner.

Trotzdem, so Zucker abschließend, »war in diesem Fall… das Experiment der Erziehung zur Ausprägung einer weiblichen Geschlechtsidentität erfolgreich«. Er bezeichnete den Fall als ein überzeugendes Beispiel dafür, dass ihre Erziehung als Mädchen »jeden mutmaßlichen Einfluss einer normalen vorgeburtlich männlichen geschlechtlichen Veranlagung überlagert hatte«.

Betroffen von der offenbaren Widersinnigkeit dieser Schlussfolgerungen sprach ich im Sommer 1998 in seinem Büro in Toronto mit Zucker über diesen Fall. Unser Gespräch nährte jedoch nur meine Zweifel an den Schlussfolgerungen dieses Aufsatzes, denn Zucker war nicht in der Lage, auch nur eine einzige meiner konkreten Fragen zu beantworten. Ich wollte wissen, ob die Patientin den Forschern nicht vielleicht nur das gesagt hat, was diese hören wollten, als sie versicherte, sie habe niemals irgendwelche Zweifel an ihrer Geschlechtszugehörigkeit gehabt. Jetzt aber wurde mir klar, dass dieses Phänomen typisch ist für alle Bereiche der Sexualforschung, die sich auf die Aussagen von Patienten stützen, besonders aber in einem so komplizierten und heiklen Bereich wie der Geschlechtsneuzuweisung. Ein ISNA-Mitglied erklärte mir: »Man fühlt sich so verlegen und beschämt bei solchen Gesprächen, dass man alles Mögliche sagt, nur um seine Ruhe zu haben.« Zucker gab zu, dass ein solches Szenario durchaus nicht ungewöhnlich sei, er konnte mir aber nicht sagen, ob im fraglichen Fall eine solche Dynamik eine Rolle gespielt hatte, und zwar aus einem einfachen Grund: Er hatte nie selbst mit der Patientin gesprochen und stützte sich in seinem Bericht lediglich auf Auskünfte der Mitverfasser seines Aufsatzes. Zu ihnen zählte ein Gynäkologe, der mit der Bestimmung von Geschlechtsidentität keinerlei Erfahrung hatte, sowie ein Psychiater, der nur zwei Interviews mit der Frau geführt hatte – das erste, als sie 16, und das zweite, als sie 26 war.

Es gab einen weiteren Grund, gegenüber den Schlussfolgerungen des Aufsatzes skeptisch zu sein, und zwar wegen anderer obskurer Informationsquellen. Erst ganz am Ende meines Gesprächs mit Zucker, als ich mein Aufnahmegerät bereits ausgeschaltet hatte, erwähnte er, dass am Zustandekommen des Aufsatzes noch ein Mitarbeiter im Hintergrund beteiligt war – ein Rechercheur, der Material über die Patientin aus deren früher Kindheit bereitgestellt hatte, nachdem er von dem Projekt der Forscher erfahren hatte. Dieser Rechercheur hieß John Money, der für die Geschlechtsneuzuweisung der Patientin in der frühen Kindheit grünes Licht gegeben und den Fall betreut hatte. Wie üblich, hatte er alljährlich Nachuntersuchungen durchgeführt, bis das Mädchen (aus Gründen, die in Zuckers Aufsatz nicht genannt werden) seine Besuche im Johns-Hopkins-Krankenhaus einstellte.

16

Seit aus Brenda Reimer David wurde, sind 20 Jahre vergangen. Diese Umwandlung markierte den Wendepunkt im Schicksal der Familie. Ron, der lange Zeit gekämpft hatte, um mit seinem Unternehmen Fuß zu fassen, gewann schließlich einen treuen Kundenkreis. Anfang der Achtzigerjahre verdiente er 40 000 Dollar im Jahr, so viel wie vorher sein ganzes Leben nicht. Janet war weiterhin in psychiatrischer Behandlung, und dank einer Lithiumtherapie schwächten sich Mitte der Achtzigerjahre ihre Depressionen ab. »Ich erkannte, was für ein Mensch ich wirklich war«, sagt sie. »Ich ging zu meinen Kindern und entschuldigte mich bei ihnen. ›Ich weiß, dass ich manchmal unvernünftig war‹, sagte ich, ›und dass ihr manchmal Angst vor mir hattet, weil ihr nicht wusstet, was ich als Nächstes machen würde. Ihr konntet mir nicht trauen und hattet nicht das Gefühl, mir alles sagen zu können.‹ Ich hatte wirklich ein schlechtes Gewissen.«

Rons finanzieller Aufschwung und Janets gesteigertes seelisches Wohlbefinden führten zu einer Harmonie, die das Paar seit Beginn seiner Beziehung nicht mehr erlebt hatte. »Für Ron würde ich mein Leben geben«, sagte Janet im Sommer 1998. »Ich erinnere mich, dass Dr. Money einmal zu mir sagte: ›Ich weiß nicht, wieso die Leute sagen: *Liebe machen*; es heißt *Sex machen*‹. Damals wusste ich ihm nichts zu erwidern. Jetzt wüsste ich es. Ich und Ron – wir haben eine Liebesbeziehung. Wir machen *Liebe*.«

Weder Ron noch Janet bilden sich ein, ihre Vergangenheit jemals ganz hinter sich lassen zu können. Janet ist auch heute noch gesprächiger, wenn es um das Thema Schuld und Schmerz geht – die beherrschenden Gefühle im Zusammenhang mit ihrer vor 30 Jahren gefällten Entscheidung, ihren Sohn in eine Tochter umwandeln zu lassen. Ron fällt es in aller Regel schwerer, über diese Dinge offen zu sprechen, aber durch seine wortkargen und zurückhaltenden Äußerungen wurde mir vieles deutlich.

»Mich würde interessieren«, fragte ich ihn bei unserem ersten Interview, »ob es Augenblicke gibt, in denen Sie vergessen können, was geschehen ist.«

Ron schüttelte den Kopf: »Nein. Wir vergessen es niemals.« Und dann wiederholte er: »Niemals.« Und noch einmal: »Niemals.«

Ich erinnerte mich an eine Notiz in Dr. Ingimundsons Therapieaufzeichnungen vom Frühjahr 1977 anlässlich eines persönlichen Gesprächs mit Janet und Ron. Unter der Überschrift »Ge-

genübertragung« (der psychoanalytische Begriff für die Gefühle des Therapeuten gegenüber dem Patienten) hatte Dr. Ingimundson notiert: »Habe das Bedürfnis, sie zu beschützen.« Ich verspüre jetzt dasselbe Bedürfnis.

»Ich weiß, dass Ihnen David keinerlei Vorwürfe macht«, sagte ich zu Ron. »Das Beste in seinem Leben verdankt er Ihnen und Janet.«

Ron lächelte schwach und wischte sich eine Träne aus den Augen. »Ich freue mich, dass er es so empfindet«, sagte Ron. »Ich weiß nicht, ob *ich* es so empfinde.«

Den tiefsten Einblick in seine Gefühle über das gescheiterte Experiment vermittelte mir Ron, nachdem unser offizielles Interview zu Ende war und wir aus dem Garten ins Haus traten. Ron schenkte uns beiden einen Crown Royal Roggenwhiskey ein und lud mich ein, mit ihm seinen Lieblingsfilm anzusehen. Es war ein langer Tag für mich gewesen, und ich antwortete, ich würde am liebsten ins Hotel zurückkehren und früh schlafen gehen. Ron ließ aber merkwürdigerweise nicht locker, was sonst gar nicht seine Art war. »Es ist wirklich ein toller Film«, sagte er. »Brian hat ihn für mich aufgenommen. Ich habe ihn bestimmt schon zwanzigmal gesehen.« Der Film hieß *Crossroads*. Ich merkte bald, dass es keinen Zweck hatte abzulehnen. Auch Janet (die für den Film gleichfalls schwärmte) drängte mich zu bleiben. Also ging ich mit ihnen ins Souterrain, wo wir uns vor den Fernseher setzten.

Ich bekam nur vage mit, worum es in dem Film ging. Ralph Macchio spielt einen großtuerischen jungen Bluesgitarristen, der sich mit einem 80-jährigen Bluesmusiker namens Blind Willie Brown anfreundet. Gemeinsam reisen die beiden von New York City nach Mississippi, Blind Willies Heimat, wo er »etwas zu erledigen« hat. Als der Vorspann des Films mit dem Soundtrack von Ry Cooders klagender Bluesgitarre begann, sagte Janet zu mir: »Wir lieben diese Musik. Ich glaube, man muss durch die Hölle gegangen sein, um den Blues zu lieben.« In der Art der

Darstellung insbesondere der schwierigen und innigen Beziehung zwischen dem Alten und dem Jungen war der Film besser, als ich erwartet hatte. Aber ich kämpfte mit dem Schlaf, als die Geschichte ihrem Ende entgegenging – an einer öden, staubigen Kreuzung irgendwo im ländlichen Mississippi – und da wurde ich plötzlich hellwach.

In Anspielung auf den legendären Bluesgitarristen Robert Johnson (der seine Fähigkeit als Gitarrist, wie es hieß, einem Pakt mit dem Teufel »at the crossroads«, »an der Wegkreuzung« verdankte), gab der Film jetzt preis, dass auch Blind Willie Brown fast 60 Jahre zuvor, mit 17, einen ähnlichen Pakt geschlossen hatte. Aber Blind Willie war kein berühmter und gefeierter Star geworden. Er war mittellos und ausgebrannt in einem Altersheim in Harlem gelandet. Er ist gekommen, um abzurechnen. Er steht im Schatten eines kahlen Baumes an einer Kreuzung und beobachtet, wie der elegante, redegewandte und grinsende Mann, mit dem er vor Jahren seinen Pakt geschlossen hat, wie aus dem Nichts vor ihm auftaucht. Die beiden Männer stehen einander gegenüber. Ron, der rechts von mir in einem Sessel saß, stellte seinen Whiskey und sein 7-Up auf den Tisch und beugte sich etwas nach vorn, näher zum Fernseher.

Als Willie Brown jetzt dem Mann gegenübersteht, der ihn hinters Licht geführt hat, fordert er ihn auf, den Vertrag, den sie einst schlossen, zu zerreißen und ihm »seinen Frieden zu geben«.

Der Mann in Schwarz lacht verächtlich. »Warum um alles in der Welt sollte ich das tun?«, fragt er.

Willie ist empört über die Unbekümmertheit des Mannes. »Du hast deinen Anteil bekommen«, schreit Willie ihn an. »Aber ich bin nicht dahin gekommen, wohin ich wollte. Ich habe nichts erreicht, nichts bekommen!«

Aber der Mann in Schwarz grinst nur und bietet ihm keine Entschuldigung an. »Nichts ist so, wie wir es uns vorstellen!«

Ron und Janet verfolgten gespannt jedes Wort dieses Dialogs, als erwarteten sie, dass die Geschichte diesmal anders ausgeht. Als der Film zu Ende war, lehnte sich Ron zurück, sah mich kurz an und blickte dann weg. Wiederholt hatte ich mich während unseres Gesprächs bemüht, Ron zu bewegen, über seine Gefühle gegenüber John Money und die schwer wiegende Entscheidung zu sprechen, zu der er Ron und Janet überredet hatte. Er hatte ein paar zögernde, stockende Versuche gemacht, mir zu antworten, hatte aber nicht sagen können, was ihn im Innersten bewegte. Jetzt hatte ich meine Antwort bekommen. Zu Rons Schmerz und Schuldgefühl kam das Gefühl, betrogen worden zu sein – ein Gefühl, das allzu tief verborgen lag, als dass er es hätte in Worte fassen können.

Ron und Janets Schuldgefühle beschränkten sich auch nicht auf den Sohn, den sie als Tochter großgezogen hatten. Denn David war keineswegs das einzige Opfer dieses unseligen Experiments. Auch der zweite Bestandteil dieses »Vergleichspaars« hatte zu leiden gehabt – mit Folgen, die bis heute nachwirken. Brians Ladendiebstahl in dem Frühjahr vor der Flucht der Familie nach British Columbia war, wie sich bald herausstellte, kein Einzelfall gewesen, sondern nur Vorbote noch schlimmerer Vergehen.

»Mit dreizehn geriet ich in eine üble Clique«, erklärt Brian. »Es fing an mit Rauchen und Trinken und endete mit Autodiebstahl, Drogen und Schlägereien. Ich selbst war nie in bewaffnete Überfälle verwickelt, und ich habe nie jemanden wirklich böse verletzt…« Dann denkt Brian kurz nach und sagt: »Doch, einmal habe ich jemandem ziemlich übel mitgespielt.« Er meint den Jungen, dem er bei einer Schlägerei den Arm gebrochen hatte; Brian musste sich deswegen vor Gericht verantworten. Als ich hörte, in welch brutale und kriminelle Handlungen Brian als Teenager und junger Erwachsener verwickelt gewesen war, war ich verblüfft. Auch als Erwachsener zeigte er, verglichen mit David, der dem Klischee männlichen Verhaltens eher entsprach, ein stärkeres Schönheitsempfinden und eine größere Sensibilität, die gar nicht zu den zahllosen Geschichten von Körperverletzung und Brutalität aus seiner Jugend zu passen schien. »Diese Seite konnte ich nicht nach außen kehren«, sagt er. »Ein sensibler Mensch hat stets das Nachsehen. Nur einer, der sich knallhart gibt, verschafft sich Respekt und wird in Ruhe gelassen. Schlimm, dass man das sagen muss, aber so ist es nun mal. Nur der Raufbold bekommt die Mädchen und wird überallhin eingeladen.«

Einen Freundeskreis zu haben war für Brian überlebensnotwendig, weil er sich von seinen Eltern im Stich gelassen fühlte. »Ich hatte auch Probleme, als ich älter wurde, aber sie beschäftigten sich immer nur mit den Problemen meiner Schwester, die viel größer waren als meine«, sagt Brian. »Aber es ist schwer, wenn man immer das Gefühl hat, die eigenen Probleme sind unwichtig.«

Am 14. März 1980 erfuhr er, was wirklich mit seiner Schwester los war – am selben Tag, an dem Ron es Brenda erzählte.

»Meine Mutter arbeitete auf dem Parkplatz«, erzählt Brian. »Sie rief mich an und sagte, sie müsse mit mir reden. Und da habe ich sie bei der Arbeit besucht, in der Kabine, wo sie saß. Wir tranken Kaffee. Sie sagte, es sei wegen Brenda. Dann sagt sie plötzlich: ›Brenda ist eigentlich dein Bruder.‹ Da bin ich ausgerastet.«

Er reagierte heftig. Er sprang von seinem Stuhl auf und schlug mit der Faust gegen die Doppelglasscheibe der Kabine. »Ich habe beide Scheiben durchschlagen«, erinnert sich Brian. »Ich hatte die Schnauze voll. Schließlich beruhigte ich mich, und meine Mutter erzählte mir die ganze Geschichte, angefangen mit der Beschneidung. Ich sagte: ›Jetzt wird mir alles klar. Ich kann die Teile des Puzzles zusammensetzen. Jetzt verstehe ich erst.‹ Aber ich dachte auch: ›Scheiße, die ersten 14 Jahre meines Lebens waren eine einzige Lüge.‹«

Und es gab weitere emotionale Hürden, die Brian nehmen musste. Das erkannte er noch am selben Tag, als er seinem Zwillingsbruder nach dieser Enthüllung zum ersten Mal gegenüberstand. »Dave trug einen Anzug«, erinnert sich Brian. »Er fragte: ›Wie findest du mich?‹ Ich sagte: ›Na, du siehst gut aus. Ich freue mich für dich.‹« Aber Brian gibt zu, dass Davids Verwandlung widersprüchliche Gefühle in ihm hervorrief. Früher hatte Brian das besondere Gefühl, der einzige Sohn in der Familie zu sein. Jetzt war es auch damit aus. »Ich habe ihn hundertprozentig unterstützt«, sagt Brian. »Ich war erleichtert, weil er jetzt endlich in die Gesellschaft passte. Gleichzeitig war ich nicht mehr der große Bruder.«

Wie sehr Brian von dieser plötzlichen und emotional verwirrenden Wendung der Dinge aufgewühlt war, zeigte sich ein Jahr später, kurz vor dem sechzehnten Geburtstag der Zwillinge und zwei Wochen bevor David seine erste phalloplastische Operation hatte. Am 17. Juni 1981 wurde Brian in die Notaufnahme des St.-Boniface-Krankenhauses gebracht, wo man ihm den Magen auspumpte. Er hatte aus einer Flasche Abflussreiniger getrunken. Damals gestand Brian seiner Familie, der Grund für diesen Selbstmordversuch sei ein Mädchen gewesen, das mit ihm Schluss gemacht hatte. Heute gibt Brian zu, dass das gelogen war. »Mom machte sich unendliche Sorgen um David«, sagt er. »Alles drehte sich nur um ihn. Mit Brian ist alles in Ordnung, er kommt allein zurecht, hieß es. Meine Probleme waren nichts verglichen mit David. Und da musste ich irgendetwas tun, um wenigstens ein bisschen Aufmerksamkeit zu bekommen.«

Zum Entsetzen seiner Eltern verließ Brian mit 16 die Schule und nahm einen Job als Tankwart an. Er zog von zu Hause aus und lebte bei einer Freundin. Als er 19 war, heirateten sie und bekamen zwei Kinder. Die turbulente Ehe endete wenige Jahre später mit Streit und Scheidung.

Nach der Trennung erreichte Brian den Tiefpunkt seines Lebens. Arbeitslos und als allein erziehender Vater fing er an zu trinken und verfiel immer wieder in tiefe Depressionen. Seine Kinder wurden zeitweilig seiner Obhut entzogen und lebten sechs Monate lang bei Ron und Janet. In dieser Zeit brachte

Brian sein Leben in Ordnung. Anfang der Neunzigerjahre bekam er einen gut bezahlten gewerkschaftlich abgesicherten Job als Dreher in einer Metallfabrik. Er heiratete wieder, bekam eine Tochter und bezog im West End von Winnipeg ein eigenes Haus. Mithilfe von Prozac bekam er seine Stimmungsschwankungen in den Griff.

Neben seiner Frau und seinen Kindern sei sein Bruder der Mensch, den er am besten kenne, sagt Brian. Trotz der immer wieder aufflammenden Rivalitäten, die manchmal auch als Erwachsene zu heftigen Auseinandersetzungen und Zwistigkeiten zwischen ihnen führen, sind sie einander außerordentlich eng verbunden. Aber Brian gibt zu, dass auch er sich – wie seine Eltern – gegenüber David schuldig fühlt. Dieses Schuldgefühl geht zurück in das Jahr, als sie beide die sechste Klasse der Agassiz-Drive-Schule besuchten und sich Brian von seiner Schwester distanzierte, die in die Außenseiterrolle gedrängt wurde. »Ich musste mich entscheiden«, sagt Brian, »zwischen meinen Freunden und meiner Schwester. Das machte man mir auf sehr subtile Weise klar. Ich hatte die Wahl.« Er entschied sich für seine Freunde – was er sich nie so ganz verziehen hat. »Ich wollte leben«, sagt er. »Ich kehrte Brenda den Rücken.« Erst viele Jahre später, als David schon fast fünf Jahre lang in seinem wahren Geschlecht lebte, wurde das Verhältnis der Brüder wieder besser.

Bei unserem ersten Treffen Ende Juni 1997 zählte mir Brian stolz die verblüffenden Ähnlichkeiten zwischen ihnen auf und verglich sich und David mit eineiigen Zwillingen, die nach der Geburt getrennt werden und nach einer Wiederbegegnung als Erwachsene feststellen, dass es in ihrem Leben geradezu unheimliche Parallelen gibt. »David und ich haben beide im September geheiratet«, sagte er. »Wir haben beide einen Hund und eine Katze. Wir sind beide Fabrikarbeiter. Wir verdienen beide etwa gleich viel. Wir sehen beide gern *Biography, 20/20, Fifth Estate* und *60 Minutes*. Wir hören beide gern Elvis. Irgendwie standen mein Bruder und ich immer gegen den Rest der Welt.«

Mehr als 20 Jahre sind vergangen, seit David Reimer zum letzten Mal mit Dr. John Money zu tun hatte und ihm der berühmte Sexualforscher im Wohnzimmer seiner Eltern 15 Dollar zusteckte. Seither hat sich David oft vorgestellt, was er dem Psychologen sagen, was er ihm antun würde, wenn der ihm jemals wieder unter die Augen käme. Er gibt zu, dass er als junger Mann Gewaltphantasien hatte. Nicht mehr. Entschlossen, sein Leben selbst in die Hand zu nehmen, lehnt er es ab, in der Vergangenheit zu verweilen, die er sowieso nicht ändern kann. In ihrem Aufsatz beschreiben Diamond und Sigmundson David als »einen Menschen, der nach vorne blickt«. Im Gespräch bezeichnet Diamond David als heldenhaft. Und in der Tat, das Leben, das David heute führt, widerlegt die niederschmetternde Prognose des Psychiaters, der 30 Jahre zuvor behauptet hatte, er werde nie heiraten und »allein leben müssen«. Gleichzeitig war es ihm aber unmöglich, seine Vergangenheit gänzlich hinter sich zu lassen. Im Laufe der vielen Gespräche, die ich mit David führte, sprach er mit ungeschminkter Offenheit über seine außergewöhnliche Kindheit und Jugend. Ganz ohne Selbstmitleid. Er hatte Furchtbares erlitten und auf wundersame Weise überlebt – und das verlieh seinen schlichten Sätzen eine tiefe Weisheit.

»Ich mache meinen Eltern keinen Vorwurf«, sagte er zu mir. »Das wird viele Leute überraschen. Sie sollten sich mal in meine Lage versetzen und sich klarmachen, was meine Eltern mir alles geopfert haben. Mein Dad ist ein ganz besonderer Mensch. Er hat ein großes Herz und weiß nicht, wie er seine Gefühle zum Ausdruck bringen soll. Aber wissen Sie, man sieht es an seinen Augen, dass er leidet, dass er sich Sorgen macht und einen liebt.

Meiner Mutter geht es viel besser, seit sie Hilfe bekommt. Sie kann es sich eingestehen, dass sie Fehler gemacht hat. Andere würden das vielleicht nicht zugeben. Wissen Sie, als kleines Kind war ich in meine Mutter verliebt. Ich pflückte Löwenzahn für sie. Sie war für mich die schönste Frau der Welt.

Wenn ich an meinen Bruder denke, als er noch ein Kind war,

sehe ich ihn als Siebenjährigen vor mir, wie er mit kurz geschorenen Haaren und großen Augen um Hilfe bittet. ›Hilf mir! Hilf mir!‹ Er saß in der Klemme, wurde verprügelt, und ich tat alles, um ihn da rauszuhauen. Das schmächtigste Bürschchen weit und breit hat ihn verprügelt. Mein Bruder, der sich hinter mir versteckt! Ich sah lächerlich aus, wenn ich mich prügelte, weil ich ein Kleid trug – ich sah absolut nicht so aus, als könnte ich ihm aus der Klemme helfen. Mein Dad schimpfte, wenn ich mich prügelte, denn er glaubte, dadurch würde Brian *mich* beschützen müssen. ›Das ist unfair, deinen Bruder in so eine Situation zu bringen.‹ Ich versuchte ihm zu erklären, dass nicht mein Bruder mich, sondern ich meinen Bruder verteidigte. Das war zwecklos. Ich will Brians Lage nicht beschönigen: Es war schwer für ihn – meinetwegen. Aber die Angriffe waren gegen *mich* gerichtet, nicht gegen ihn. Wenn sie auf ihm herumhackten, dann machten sie sich über mich lustig. ›Sieh mal, deine Schwester, das Mannweib.‹

Meine Kindheit. Manchmal kommt es über mich. Ich denke nicht eigens darüber nach. Ich will einschlafen, und dann spuken mir diese dummen Gedanken im Kopf herum, und ich schüttle den Kopf und sage mir: Jetzt denkst du an etwas anderes, aber das geht nicht. Es sind Erinnerungen daran, wie ich aussah. Erinnerungen daran, wie mich meine Mitschüler abschätzig behandelten. Erinnerungen daran, wie ich einfach nur durchhalten wollte.

Wenn ich als ein Junge ohne Penis aufgewachsen wäre? Sicher, dann hätte ich auch Probleme gehabt, aber sie wären nicht so schlimm gewesen, wie sie jetzt sind. Wenn ich als Junge aufgewachsen wäre, hätten mich die anderen eher akzeptiert. Es wäre mir besser gegangen, wenn man mich einfach nur in Ruhe gelassen hätte. Denn als ich wieder zurückwechselte, hatte ich gleich zwei Probleme auf einmal, weil man ja versucht hatte, bei mir eine Gehirnwäsche durchzuführen, damit ich mich als Mädchen akzeptierte. Das psychische Problem im Kopf. Manchmal, wenn ich mit meiner Frau intim bin, überfällt es mich plötzlich. Das ist so ein Flashback, man wird in die Kindheit zurückkatapultiert. Manchmal muss ich dann aufstehen, ins Bad gehen und kotzen.

Wenn ich meine Arme und Beine verloren hätte und im Rollstuhl sitzen müsste und alles nur mit einem kleinen Stift im Mund steuern könnte – wäre ich dann weniger ein Mensch? Es wurde so getan, als wäre man nichts, wenn man keinen Penis hat. In dem Augenblick, in dem der Penis weg ist, ist man nichts. Dann operieren sie und verabreichen Hormone, um etwas aus einem zu machen. Als wäre man eine Null. Als wäre der ganze Mensch, alles, was man ist, einzig und allein von dem abhängig, was man zwischen den Beinen hat. Das ist für mich pure Dummheit. Ich habe keine Ausbildung wie diese Wissenschaftler, Ärzte und Psychologen, aber mir erscheint es als pure Dummheit. Wenn eine Frau ihre Brüste verloren hat, wandelt man sie dann etwa gleich in einen Mann um? Damit sie sich ›ganz und vollständig‹ fühlt?

Frauen tun mir Leid. Ich war in ihrer Lage. ›Du bist ein Mädchen, ab in die Küche.‹ Oder: ›Hör auf, Holz zu hacken, du könntest dir wehtun.‹ Ich weiß noch, als ich ein Kind war und die Frauen für Gleichberechtigung kämpften, dachte ich: Gut so! Ich spürte irgendwie, welchen Stellenwert Frauen in der Gesellschaft haben. Sie stehen ganz unten. Und das wurde mir auch aufgedrückt. Ich wollte nicht nach ganz unten. Ich hatte das Gefühl, ich kann dasselbe wie alle anderen auch! Aber es hieß nur: ›Oh, du bist ein Mädchen, du könntest dir wehtun, wenn du Ball spielst.‹

In der Agassiz-Drive-Schule war dieser Junge, Tubby Wayne. Ein chauvinistisches Schwein. ›Frauen sind Dreck, sie können nichts, was Männer können.‹ Ständig sagte er: ›Du weißt gar nichts. Du bist ein Mädchen. Mädchen wissen überhaupt nichts.‹ Bis ich zu ihm sagte: ›Du hältst dich für einen knallharten Kerl. Los, schlag mich!‹ Und er darauf: ›Nein, ich schlag dich nicht, du bist ein Mädchen.‹ ›Nein, schlag mich. Damit gebe ich mich nicht zufrieden.‹ Er wollte partout nicht, also versetzte ich ihm einen Schlag mit der Faust – und er lachte mich aus. Vermutlich war es gut, dass er mich nicht geschlagen hat. Aber ich dachte: Komm mir bloß nicht mit der Ausrede: Mädchen schlage ich nicht.

Meine Kollegen auf der Arbeit wissen nicht, was mir passiert ist. Ich meine, ich arbeite in einem Schlachthaus. Nur Männer. Können Sie sich das vorstellen? ›Da ist der Kerl, der als Kind Röcke getragen hat.‹ Sie reden immer nur diesen chauvinistischen Schwachsinn und tun immer so, als seien sie zu Hause der Boss. Sie schauen mich an und fragen: ›Wer ist bei euch der Boss?‹ Und ich sage: ›Sieh mal, Mann, wir zu Hause haben eine partnerschaftliche Beziehung. Das heißt ja nicht, dass ich kneife. Manchmal setze ich meine Vorstellungen durch, manchmal nicht. Das macht ja gerade die Partnerschaft aus.‹ Ich meine, wer will schon eine Frau, die nichts im Kopf hat und blind gehorcht? Das ist doch eine Sklavin und keine Frau. Man möchte doch keine Sklavin, sondern eine, die eine eigene Meinung hat, die einen auf den rechten Weg bringt und einem zeigt, wo's langgeht. Es ist schwer, mit jemandem zu reden, der strohdumm ist und immer nur blind gehorcht.

Aber wenn ich ein normales Leben geführt hätte und mir all das nicht zugestoßen wäre, dann wäre ich wahrscheinlich auch so ein Chauvi, der bei der Arbeit den Rücken krumm macht und wenn er nach Hause kommt, ein Bier zischt und die Sportschau im Fernsehen ansieht. Und wenn ich so einen wie mich dann im Fernsehen sehen würde, würde ich sagen: Mein Gott, das ist doch krank. So wäre ich. Sie wissen, dass dieser Mensch *ich* bin, also können Sie sich vorstellen, wie krank ich mich fühle, wenn ich zurückblicke. Da wünscht man sich, mit jemandem anderen zu tauschen.

Nach meinem Selbstmordversuch hat man mich in die Klapsmühle gesteckt. Sofort haben sie mich in eine Gruppentherapie gesteckt. Man kann der Sache nicht einmal allein ins Auge sehen, und da stecken sie einen in einen Raum voller Leute. Und mit diesen Fremden soll man dann über sich sprechen? Da war dieser Arzt, der mir ständig sagte, es sei falsch gewesen, mich umbringen zu wollen. Er kann leicht dasitzen und sagen ›Pfui, schämen Sie sich.‹ Dieser Mann hat studiert, einen Universitätsabschluss gemacht und lebt wahrscheinlich in einem super Haus, hat 2,2 Kinder und führt ein normales Leben. Kein Vergleich mit mir. Das hat nichts mit mir zu tun.

Am glücklichsten bin ich, wenn ich allein bin. Das heißt nicht, dass ich ungesellig bin. Ich fühle mich einfach allein am wohlsten. Ich fühle mich nicht einsam. Es ist vielmehr entspannend. Beruhigend. Es ist wie auf dem Bauernhof meines Großvaters. Wenn ich dort spazieren gehe, bin ich total im Einklang mit mir selbst. Dort bin ich nie allein. Man fühlt sich an einem solchen Ort irgendwie eingebunden. In was genau, kann ich nicht sagen. Aber man fühlt sich nicht allein.

Ab und zu frage ich mich noch heute, wie es gewesen wäre, wenn ich ein eigenes Kind hätte; zu sehen, wie viel von einem selbst dieses Kind hätte. Das ist kein Egoismus. Es ist einfach nur… man empfindet eben so. Aber ich liebe meine Kinder, es sind meine Kinder, nicht meine Stiefkinder. Irgendwann werde ich meinen Kindern erzählen, was geschehen ist. Das könnte ich nicht vor ihnen geheim halten. Das wäre mir unangenehm. Meiner Ältesten habe ich es schon gesagt, als sie 15 war. Sie sah mich an mit einem Blick, als wollte sie sagen: ›Du hast *Röcke* getragen?‹ Aber alles in allem hat sie es gut aufgenommen. Sie meinte: ›Deshalb habe ich dich nicht weniger lieb, Dad.‹ Ich weiß, dass meine mittlere Tochter es verstehen wird, aber ich werde es ihr erst in ein paar Jahren sagen, wenn sie etwas älter ist. Und meinem Sohn? Ich werde es ihm nicht sagen, bevor er 15 ist.

Ich lebe mein Leben durch meinen Sohn. Was mein Sohn tut, das tue ich. Wenn mein Sohn in ein Mädchen verliebt ist, wenn er an einem Zaun lehnt und das Mädchen auf ihn zukommt und sagt: ›Hallo‹, und er einen ganz roten Kopf bekommt; wenn er bei den Pfadfindern ist – auch das bin ich. Ich lebe durch ihn. Wenn er erfolgreich ist, dann ist es so, als wäre ich erfolgreich. Ein Psychiater würde wahrscheinlich Einwände haben, aber ich hatte nie eine Kindheit.

Es meinem Sohn zu sagen wird schwerer sein, als es bei meinen Töchtern war. Jungen und ihre Väter – da weiß man nie. Vielleicht sieht er mich dann anders. So nach dem Motto: ›Mein Vater hat Röcke getragen, mein Vater hat einen Mädchennamen gehabt, mein Vater hat als Mädchen gelebt.‹ Ich meine, daran hat man wirklich schwer zu schlucken. Man merkt, wenn es für jemanden schwer ist, etwas zu akzeptieren, oder wenn er verlegen ist. Und er mich schief ansieht …

Ich habe es wirklich satt, mich meiner selbst zu schämen. Dieses Gefühl verlässt mich nie. Ich habe nichts falsch gemacht, aber man ist beinahe darauf programmiert, sich seiner selbst zu schämen. Allein schon die Vorstellung, dass ich ein Kleid getragen habe, einen Mädchennamen hatte – die langen Haare und alles – das muss ich für den Rest meines Lebens mit mir herumtragen. Solche Erinnerungen lassen sich nicht einfach auslöschen. Ich versuche weiterzumachen, so gut ich kann. Ich sage mir immer: Es war nicht meine Schuld. Es ist nicht meine Schuld, was geschehen ist.

Mom und Dad wollten, dass alles klappt und dass ich glücklich bin. Das ist es doch, was sich alle Eltern für ihre Kinder erträumen. Aber ich konnte nicht meinen Eltern zuliebe glücklich sein. Ich musste um meiner selbst willen glücklich sein. Man kann nicht etwas sein, das man nicht ist. Man muss man selbst sein.«

Bevor ich anfing, mit David diese Interviews zu führen, hatte mich seine frühere Psychiaterin Doreen Moggey gewarnt, dass ich mich damit auf einen gefährlichen psychologischen Prozess einließ. Sie befürchtete, David könnte den Sprung von seinem jetzigen in sein früheres Leben nicht ohne ernstliche innere Verwirrung bewältigen. Sie beschwor mich, behutsam vorzugehen, wenn ich ihn zu den Erinnerungen und Ereignissen zurückführte, die er so lange aus seinem Gedächtnis verbannt hatte. Ich befolgte ihren Rat, aber bei meinen Gesprächen mit David (die nicht selten sechs Stunden und oft bis tief in die Nacht dauerten) hatte ich das Gefühl, dass ihn meine vorsichtige Art störte. Offenbar wollte er nichts lieber, als unerschrocken in die Vergangenheit eintauchen, ohne Vorbehalte über alles sprechen, was ihm zugestoßen war, seine wahre Lebensgeschichte zu Protokoll geben und sie sich damit zu Eigen zu machen. Ich merkte auch, dass er sein Leben nicht nur in der abstrakten Form von Interviews mit mir zurückgewinnen wollte.

Mitte Januar 1998 suchte ich seine alte Freundin Heather Legarry auf. Sie lebte noch in Winnipeg, hatte nach ihrer Heirat aber einen anderen Namen angenommen und arbeitete als Kindergärtnerin. Wie bei allen Interviews, die ich mit Menschen führte, die Brenda als Kind gekannt hatten (und mit denen ich mit Davids Einverständnis offen sprechen durfte), sagte ich ihr anfangs nicht die Wahrheit über Brendas Geburt, um ihre Erinnerungen und Eindrücke nicht zu beeinflussen. Aber als ich ihr schließlich verriet, dass Brenda als Junge geboren wurde und jetzt als Mann namens David lebte, äußerte sie den Wunsch, ihn wieder zu sehen. Eingedenk dessen, dass David 15 Jahre zuvor einer Begegnung mit Heather bei der Gokart-Bahn ausgewichen war, fragte ich mich, wie er wohl darauf reagieren würde. Und ich war überrascht, als er erwiderte, er würde sie auch gern wieder sehen. An jenem Sonntag traf er sich mit ihr allein zum Mittagessen, während ich bei Jane zu Hause blieb und sie in ihrer (meist gespielten) Eifersucht tröstete – eine Eifersucht, die etwas echter wurde, als David nach fast vier Stunden immer noch nicht zurück war. Als er schließlich kam, hatte er (mit der für ihn typischen Aufmerksamkeit) eine rote Rose für seine Frau mitgebracht, und er machte eine Miene, die ich noch nie an ihm gesehen hatte: Über seinem Gesicht lag ein Ausdruck heiteren, beinahe euphorischen Friedens. Auf Janes Frage, warum das Gespräch denn so lange gedauert hatte, machte David sogar eine witzige Bemerkung über seine entsetzliche Vergangenheit: »Oh«, sagte er, »das war nur Weiberklatsch!« In der Tat hatte er, wie er später erzählte, mit Heather über alles Mögliche aus seiner Kindheit gesprochen. Sie hatten Erinnerungen ausgetauscht, ihre alte Freundschaft im Licht dessen betrachtet, was damals keiner von ihnen ahnte. Mit dieser Begegnung befreite sich David von einer Last, die ihn fast 20 Jahre lang niedergedrückt hatte.

Das heißt nicht, dass es bei der Rekapitulation von Davids Vergangenheit für dieses Buch nicht auch schmerzliche und heikle Momente gab – insbesondere, als ich auf das letzte Familiengeheimnis der Reimers stieß, das bisher nicht enthüllt worden war: eine jener Notlügen, die Janet ersonnen hatte, um Brendas Zweifel an ihrer Identität zu zerstreuen, eine Notlüge, die die Eltern aus Versehen niemals richtig gestellt hatten und die daher 20 Jahre lang begraben lag – wie eine nicht entschärfte Landmine.

Bei meinem ersten Besuch in Winnipeg acht Monate zuvor hatte mir David als eine der ersten Dinge gesagt, dass seine Mutter Gedichte geschrieben und veröffentlicht hatte. Mit rührendem Stolz erzählte er mir, dass er sogar die Herausgeber der Zeitschrift kennen gelernt hatte, die das Werk seiner Mutter herausbrachten. Bald schon erfuhr ich, dass diese Geschichte der Dichterin Janet ein Trick gewesen war. Als ich von David wissen wollte, welchen Eindruck die Begegnung mit den BBC-Reportern an jenem Tag im Oktober 1979 auf ihn gemacht hatte, war mir nicht wohl bei dem Gedanken, die Fiktion aufrechtzuerhalten, dass es Lyrikverleger gewesen seien. Ich wusste, dass ich die Lüge auffliegen lassen musste. Ich zögerte es hinaus, solange ich konnte – bis zum Ende meines einmonatigen Aufenthalts in Winnipeg Anfang 1998. Ich versuchte, es ihm schonend beizubringen, aber David nahm diese erschütternde Enthüllung sehr schlecht auf.

»Warum musste ich es auf diese Weise erfahren?«, tobte er. »Ich bin schließlich ein 31-jähriger Mann!«

Zwei Stunden lang schimpfte er über die »Feigheit« seiner Mutter, die es nicht gewagt hatte, ihm die Wahrheit zu sagen. Er schrie, man habe ihn sein Leben lang belogen. »Von Menschen, denen man vertraut und die man liebt, würde man das nie erwarten!« Seine Wut und seine Aufregung waren von beängstigender Heftigkeit, aber zum Glück legte sich sein Zorn bald wieder, und am Tag darauf besuchte er seine Mutter und sprach mit ihr über diesen Betrug. Sie entschuldigte sich dafür, dass sie es übersehen hatte, auch noch diese letzte Lüge aufzuklären. Dann versöhnten sie sich. Die Enthüllung dieser letzten Unwahrheit hatte, so Janet, eine positive Wirkung. Denn jetzt war endlich ein Hindernis beseitigt, das noch aus Davids mit Geheimnissen und Lügen gespickter Kindheit stammte. Ich war froh und erleichtert, dass die Sache so ausgegangen war. Angesichts von Davids heilloser Wut wünschte ich gleichzeitig und nicht zum ersten Mal, er möge einen Therapeuten aufsuchen, und sei es nur, um seine sich regelmäßig aufstauende Wut loszuwerden.

Aber nach den furchtbaren Erfahrungen, die er als Kind mit der Psychotherapie gemacht hatte, würde David todsicher niemals einen Psychiater aufsuchen – es sei denn, es handelte sich um seine alte Freundin Mary McKenty. Doch das war unmöglich, da sie sich im Alter von dreiundachtzig Jahren längst aus dem Berufsleben zurückgezogen hatte. David und sie waren jedoch weiterhin befreundet, und bei meinem letzten Besuch in Winnipeg im Juni 1998 begleitete er mich zu ihr. Obwohl sie an der Alzheimer-Krankheit litt und ihre eigenen Kinder oft nicht erkannte, wusste Mary McKenty sofort, wer David war. Die schmächtige Frau mit den langen grauen Haaren und dem maskenhaften, für Alzheimer-Patienten typischen Gesichtsausdruck lächelte erfreut, als David durch die Tür trat.

Während David mit Marys Pflegerinnen plauderte, zog ich mich mit ihr in ein kleines, an den Flur grenzendes Zimmer zurück. Glücklicherweise waren wir an einem Tag gekommen, an dem Marys Gedächtnis besonders gut war, und sie antwortete auf meine Fragen zwar knapp, aber mit kräftiger und klarer Stimme, die keinen Zweifel ließ, dass sie genau wusste, wovon die Rede war.

Ich fragte Mary, wie sie mit Brendas schwierigem Fall zurechtgekommen sei. Sie zuckte die Schultern. »Ich bemühte mich, einfühlsam zu sein und ihr Mut zu machen«, sagte sie. Ich fragte, ob Brenda überhaupt jemals wie ein Mädchen auf sie wirkte. »Nein«, sagte sie, »überhaupt nicht wie ein Mädchen.« Ich erinnerte mich an Moneys Behauptung, Brenda sei »gedrängt« worden, ihre Weiblichkeit abzulehnen. Dafür gibt es jedoch in den Aufzeichnungen des sie betreuenden Teams in Winnipeg keinerlei Anhaltspunkte. Und David hatte unmissverständlich klargestellt, dass Mary McKenty ihn in keiner Weise »gedrängt« hatte. Aber ich empfand es als meine Pflicht, danach zu fragen. Hatte Mary die wahren Umstände von Brendas Geburt vor dem Kind immer geheim gehalten? »Ja«, sagte sie. Ich fragte, ob sie versucht habe, sie ganz vorsichtig davon abzubringen, ein Mädchen zu sein. »Nein«, antwortete sie. »Es lag an ihr, die Dinge klarzusehen und dementsprechend zu handeln.«

Beeindruckt von Marys einzigartiger Fähigkeit, sich in ihre Patienten und insbesondere in Brenda einzufühlen, fragte ich sie nach ihrem grundsätzlichen Verständnis von Psychiatrie. »Man hat eine elterliche Beziehung zu seinen Patienten«, sagte sie. Dann blickte sie in Richtung Korridor, von wo Davids Stimme zu hören war. »Wie ein Vater oder eine Mutter«, fügte sie hinzu, »und nicht selten bewundert man sie.« Ich war tief bewegt von diesem Wort *bewundern* – eine Äußerung, die so gar nicht dem entsprach, was man üblicherweise von einem Psychiater über seine Patienten zu hören bekommt; ein Wort, das eine so hochgebildete Ärztin wie Mary McKenty über einen Schlachthausarbeiter wie David Reimer sagte. Aber es war deutlich, dass sie David uneingeschränkt bewunderte.

Ich fragte sie, ob sie etwas von Moneys Veröffentlichungen gelesen habe. Ihre Miene, die bis dahin kaum eine Regung gezeigt hatte, verdüsterte sich. »Ja«, sagte sie mit deutlicher Abneigung. Ich fragte sie, was sie davon gehalten habe. »Ich hielt es für ungewöhnlich«, meinte sie trocken.

David kam herein. Sofort hellte sich ihre Miene auf. Er kauerte sich auf den Teppich vor ihr auf dem Sofa.

»Es ist lange her, Mary«, sagte er leise.

»Wie lange ist es her?«

»Mindestens zehn Jahre«.

»Und mindestens 20 Jahre ist es her, seit Mary Sie behandelt hat«, sagte ich.

David schlug die Augen nieder. Erst an diesem Morgen hatten wir zusammen Marys Therapieaufzeichnungen über Brenda durchgesehen. David war entgeistert gewesen, als ihm wieder einfiel, wie übel er ihr bei den ersten Sitzungen mitgespielt hatte. Jetzt entschuldigte er sich dafür. »Ich habe ein hässliches Bild von Ihnen gemalt«, sagte er. »Ich habe Sie mit einem Spielzeuggewehr als Geisel genommen.«

»Das hat mich nicht gestört«, sagte sie.

»Ich habe ein Todesurteil für Sie geschrieben!«

Mary lachte und tat, als griffe sie nach ihrem Stock. »Da passt du besser auf!«, sagte sie. Einen Augenblick lang fühlte ich mich 20 Jahre zurückversetzt, als die beiden Patient und Ärztin waren. Und tatsächlich, Marys folgende Äußerung war ein klassische psychiatrische Frage, eine Kernfrage der Psychotherapie, die ins Zentrum jenes universellen Abenteuers zielte, bei dem es darum geht, zur Selbsterkenntnis zu gelangen – ein Abenteuer, das wir alle erleben.

»Gibt es etwas, das du ändern möchtest?«, fragte sie.

David blickte auf seine Hände. Er stieß einen erschöpften Seufzer aus. Dann sah er sie an. Und lächelte. »Alles, was ich tun wollte, habe ich getan«, sagte er dann.

Zu dem, was David Reimer getan hat und worauf er besonders stolz ist, gehört sein Entschluss, über sein Martyrium und die daraus resultierenden positiven Veränderungen öffentlich zu sprechen.

Denn trotz der tapferen Bemühungen von Cheryl Chase, trotz der drei Jahrzehnte währenden Bemühungen Milton Diamonds, die Ärzte vor den Gefahren des üblichen Umgangs mit Intersexualität zu warnen, und trotz Bill Reiners Langzeitstudie an geschlechtsumgewandelten Jugendlichen sträubte sich das medizinische Establishment, sich mit dem Problem auseinander zu setzen. Im Oktober 1998 aber, mitten in der durch Diamonds und Sigmundsons Artikel über »John/Joan« angestoßenen Debatte, lud die American Academy of Pediatrics Diamond ein, bei der renommierten Jahresversammlung der Urologen einen Vortrag zu halten. Diamond sprach über den gescheiterten Zwillingsfall sowie über die von ihm und Sigmundson durchgesehenen Protokolle zur Behandlung von Kindern mit unregelmäßigen oder verletzten Genitalien. Sein Vortrag wurde mit starkem Beifall der Ärzte aufgenommen – das erste sichtbare Zeichen, dass die Ärzteschaft bereit sein könnte, die in den zurückliegenden 40 Jahren allgemein akzeptierte Standardbehandlung zu überdenken. Es war ein Augenblick des Triumphs, den Diamond aber nicht für sich reklamieren möchte. Er verweist vielmehr auf David Reimer, der bereit war, über sein außergewöhnliches Leben als berühmtes, wenn auch ahnungsloses Versuchskaninchen der Medizin zu sprechen.

David Reimers Bekenntnis erschütterte die auf John Moneys Arbeit gegründeten Fundamente der klinischen Praxis. Damit wurde auch eine Theorie in Frage gestellt, die fast das ganze 20. Jahrhundert hindurch im Schwange war: Freuds Theorie, die gesunde psychische Entwicklung eines Kindes als Junge oder Mädchen beruhe auf dem vorhandenen beziehungsweise fehlenden Penis – letztlich der Hauptgrund dafür, dass David in ein Mädchen umgewandelt wurde. Diese Theorie wird heute auch von der neurobiologischen Forschung in Zweifel gezogen, die die Wissenschaftler zu der Schlussfolgerung führt, »das wichtigste Geschlechtsorgan ist nicht das Genitale, es ist das Gehirn«, wie Dr. Reiner sagt.

David Reimer bringt dasselbe zum Ausdruck, wenn er davon spricht, wie stolz er als Ehemann, Vater und Ernährer einer Familie ist, von der er nicht zu träumen gewagt hatte. »Mein Vater hat mir beigebracht«, sagt er, »was den Mann zum Mann macht, ist, dass er seine Frau gut behandelt, der Familie ein Dach über dem Kopf gibt und ein guter Vater ist. All das macht viel mehr einen Mann aus als schlichter *bum-bum-bum*-Sex. Ich schätze, John Money würde die leiblichen Väter meiner Kinder als richtige Männer betrachten. Aber sie haben sich nicht um die Kinder gekümmert, wie ich es tue. Das macht für mich einen Mann aus.«

Epilog

Es gehört zu den Grundmaximen der Wissenschaft, dass keine Theorie auf einem einzigen Experiment beruhen darf. Diese Binsenweisheit gilt für Milton Diamond und seine Enthüllungen über den Zwillingsfall ebenso wie es für Moneys Erfolgsmeldung hätte gelten sollen. Auch wenn Diamond David *nicht* als Einzelfall betrachtet (er hat immer wieder klinische und theoretische Belege für dieselben Auswirkungen bei Intersexuellen vorgelegt), so kann nur durch fortwährende Untersuchung und Nachbetreuung von Fällen normal entwickelter, geschlechtsumgewandelter Jungen die Medizin zu einem zuverlässigen Urteil darüber gelangen, ob es die Natur oder die Kultur ist, die bei der Bildung der männlichen beziehungsweise weiblichen Geschlechtsidentität die Hauptrolle spielt.

Solche Fälle, die zwangsläufig ausschließlich auf Genitalverletzungen mit Penisverlust beschränkt sind, kommen eher selten vor. Doch die heftige Debatte, die Davids Fall ausgelöst hat, zeigt bereits, dass die bekannten Fälle mit größerer Beharrlichkeit als bisher weiterbeobachtet und die Resultate an die Öffentlichkeit gebracht werden. Im Februar 1998 erschien in der *Urology Times* ein Artikel von Dr. Bernardo Ochoa, ehemals Chefarzt der Abteilung für kinderurologische Chirurgie an der Universität von Antioquia im kolumbianischen Medellin. Ochoa berichtete über einen kleinen Jungen, der genau wie David durch eine Verletzung seinen Penis verloren hatte und daraufhin durch Kastration, Vaginaloperation und Hormonbehandlung in ein Mädchen umgewandelt worden war – wobei sich verblüffende Parallelen zu Davids Fall zeigten. »Sie und ihre Familie wurden psychologisch und sozial intensiv betreut«, berichtete Ochoa. »Aber mit Beginn der Pubertät 14 Jahre später wollte sie wieder ein Junge sein, weil sie sich nicht als Mädchen fühlte.«

Auf der Suche nach weiteren Befunden werden Ärzte und Forscher mit großer Sicherheit jenem Vorfall besondere Aufmerksamkeit beimessen, der sich im Jahr 1985 im Northside Hospital in Atlanta ereignete, als an einem einzigen Tag zwei normal entwickelte Neugeborene nach einer misslungenen Beschneidung durch Elektrokauterisierung schwere Verätzungen des Penis erlitten. Der eine Junge verlor seinen Penis ganz, der andere einen großen Teil davon. Die Eltern des ersten Kindes stimmten einer Geschlechtsneuzuweisung zu. Die Eltern des zweiten Kindes entschieden sich für die plastische Chirurgie und die Rekonstruktion eines künstlichen Penis.

Dies ist ein weiterer jener Zufälle mit der Chance von eins zu einer Million, ein weiteres aus dem Zufall geborenes Experiment, bei dem zwei Kinder in einem Laborversuch am lebenden Organismus ein perfektes »Vergleichspaar« wurden – ein Fall, der den Forschern die einzigartige Möglichkeit zu einer Vergleichsstudie zu der Frage bot, wie bei einem Penisverlust am besten zu verfahren sei: Geschlechtsneuzuweisung oder Phalloplastik? Die Kinder sind heute 14 Jahre alt, und um deren Privatsphäre zu schützen, wurden kaum Informationen über ihren Zustand nach außen gegeben. In meinem Gespräch mit den Anwälten, die die Eltern in ihrem Prozess gegen das Northside Hospital vertreten, konnte ich nur sehr wenig in Erfahrung bringen.

Der Anwalt Thomas Sampson hat für Antonios Eltern eine Abfindung von 22,8 Millionen Dollar herausgeholt. Ihr Kind wächst als Junge auf. Sampson zufolge geht es Antonio heute besser, als man erwarten durfte. Die ersten Schuljahre waren eine schwierige Zeit für ihn, denn er musste sich mehreren phalloplastischen Operationen unterziehen und wurde von Gleichaltrigen absichtlich und unabsichtlich grausam behandelt. Aber heute, in der zehnten Klasse, hat sich seine soziale Situation erheblich verbessert. Er hat zwar keine Schwierigkeiten mit seiner männlichen Identität, ob er aber mit seinem künstlichen Penis jemals genug Selbstvertrauen aufbringen wird, um Geschlechtsverkehr zu haben und eigene Kinder zu zeugen, muss sich noch erweisen.

Über das Schicksal des anderen Kindes ist weniger bekannt, und das Geheimnis wird sorgfältiger gehütet. Im Alter von kaum zwei Wochen kastriert und in ein Mädchen umgewandelt, ist der Fall in den Gerichtsakten unter dem Namen »Baby Doe« bekannt. In den vergangenen eineinhalb Jahren habe ich mich bei Anwälten und Ärzten um Auskünfte über den geistigen und seelischen Zustand des Mädchens bemüht, aber man hat mir jede Auskunft verweigert. Die wenigen Fakten, die ich durch eigene Recherchen herausfand, lassen nichts Gutes ahnen. Die Eltern ließen sich scheiden, als das Kind noch klein war. Doe lebt bei ihrer Mutter – in einer Beziehung mit ungewisser Zukunft. Einem Anwalt zufolge, der mit ihrem Fall befasst ist, wurde sie kürzlich der Obhut eines vom Gericht ernannten Vormunds unterstellt.

Bei meinem letzten Besuch bei David in Winnipeg im Sommer 1998 sprach ich mit ihm über Baby Doe. Zutiefst aufgewühlt, bestand er darauf, einen Brief an die Eltern des Kindes zu schreiben, in dem er ihnen anbot, ihnen und ihrer Tochter mit Rat und Tat zur Seite zu stehen. Er bekam keine Antwort. »Das hat mich nicht überrascht«, sagt David. »Das war bei mir und meinen Eltern genauso. Sie brauchen Zeit.«

Seitdem träumt David von Baby Doe, die ihm im Traum als eine stumme kleine Schwester erscheint und sich verzweifelt bemüht, ihm etwas mitzuteilen, was sie in unleserlichem Gekritzel auf eine Schultafel schreibt. Dass sich David mit Doe eng verbunden fühlt, ist kaum verwunderlich. Sie hat nicht nur denselben Unfall und dieselbe Prozedur hinter sich wie David. Sie hat auch andere geradezu unheimliche Ähnlichkeiten mit ihm. Zufällig kamen beide Kinder, die im Northside Hospital in Atlanta

1985 verstümmelt wurden, am 22. August zur Welt – auf den Tag genau 20 Jahre nachdem David und Bruce geboren wurden. Und der Psychologe, der Baby Does Fall betraute – fünf Jahre nachdem David sich entschied, als Mann zu leben – hieß Dr. John Money.

Danksagungen

Neben der Familie Reimer und allen anderen, die in diesem Buch zu Wort kommen und mir Interviews gegeben haben, möchte ich Mel Myers, Josh Weinstein, John Danakas und Keith Black in Winnipeg danken; Dave Amber von der American Academy for the Advancement of Science in Washington, D. C.; Sara Pinto von der BBC, London; Miriam Zuger, mit der ich erstmals wenige Tage nach dem Tod ihres Mannes Bernard gesprochen habe und die mir Kopien seiner interessanten Aufsätze zur Verfügung gestellt hat; Holly Devor, die zwei Bücher über Intersexualität geschrieben hat; Edward Eichel, der mir das schwer zugängliche Interview John Moneys in *Paidiki* zur Verfügung stellte; Dr. Mariano Tan und Dr. Marvin Tan, die mir endlose E-Mails über die ersten Lebensjahre der Zwillinge beantworteten; dem Fotografen Ed Buryn, der mir freundlicherweise ein Exemplar seines Buches *Two Births* schickte. Mein Dank gilt auch den Mitarbeitern der Bibliothek der New York Academy of Medicine, der Bibliothek des New York Psychoanalytic Institute und der New York Society Library, wo ein Großteil dieses Buches entstand.

Ohne die Unterstützung meines Freundes Bob Love, meines langjährigen Redakteurs bei *Rolling Stone*, wäre dieses Buch nicht zu Stande gekommen. Herzlich danke ich auch Jann Wenner, dem Herausgeber und Verleger von *Rolling Stone*, der dieses Projekt von Anfang an begeistert förderte und mir nach dem Zeitschriftartikel zurief: »Super! Mehr davon!« Dank auch an die anderen Mitarbeiter von *Rolling Stone*: Erika Fortgang, Ton Conroy und Marian Berelowitz.

Weiterhin danke ich meiner Familie, die mir in Fragen der medizinischen und wissenschaftlichen Terminologie half und dazu beitrug, dass ich mich in diesem Bereich leichter zurechtfand: meiner Mutter Carol, einer ausgebildeten Krankenschwester, meinem Bruder Ted, einem Neurochirurgen, sowie meinem verstorbenen Vater Vincent, der jahrelang Chefarzt der Urologischen Abteilung im St. Michael's Hospital in Toronto war. Er erzählte mir und meinen drei Geschwistern allabendlich Geschichten aus dem medizinischen Alltag – darunter Anfang der Siebzigerjahre die erstaunliche Neuigkeit, dass Neugeborene, die ihren Penis verlieren, in Mädchen umgewandelt werden. Mein Vater, selbst kein Kinderurologe, führte zwar keine derartigen Geschlechtsneuzuweisungen durch, aber wie die Mehrheit der Mediziner akzeptierte auch er die psychologische Begründung, die dahinter steckte. Ich hoffe, er wäre stolz auf meine Bemühungen, mit diesem Buch in der medizinischen Fachwelt (und der breiten Öffentlichkeit) Gegenbeweise zu liefern, die vor dreißig Jahren nicht zugänglich waren.

Herzlichen Dank auch an meine Agentin Lisa Bankoff, die mein Projekt dem hervorragenden Lektor Robert Jones von HarperCollins vorlegte. Robert las sorgfältig und fachgerecht und tilgte Längen, Wiederholungen und andere Mängel. Er fand stets noch die Zeit, die von ihm vorgeschlagenen Veränderungen am Rand des Manuskripts zu erläutern. Ich habe alle seine Vorschläge übernommen. Dank auch an Fiona Hallowell von HarperCollins. Für etwaige sachlichen und interpretatorischen Fehler bin ich allerdings ganz allein verantwortlich.

Schließlich danke ich auch meiner Frau Donna Mehalko, die alles, was ich schreibe, als Erste liest, und auf deren Intuition ich mich verlassen kann. Dank auch an meinen Sohn John Vincent. Da er elf Monate nach Beginn der Arbeit an diesem Buch geboren wurde, konnte ich mich durch seine Existenz besonders gut in den unvorstellbaren Schrecken hineinversetzen, mit dem Ron und Janet Reimer so viele Jahre lang gelebt haben. Sein Schreien lenkte mich zwar manchmal ab, war mir aber auch ein Ansporn, durchzuhalten und das Buch zügig fertig zu stellen.

Mädchen sind anders, Jungen auch

Ein Handbuch zum besseren Verständnis der Unterschiede zwischen Mädchen und Jungen und zur geschlechtsspezifischen Förderung unserer Kinder

Susan Gilbert
Typisch Mädchen!
Typisch Jungen!
Praxisbuch für eine
geschlechtsgerechte
Erziehung
280 Seiten. Gebunden
mit Schutzumschlag
ISBN 3-530-40114-5
Walter

Was sind eigentlich die wirklich markanten Unterschiede zwischen Jungen und Mädchen? Sind Jungen tatsächlich aggressiver und Mädchen gewandter beim Lesen und Schreiben? Gibt es biologische Prägungen oder kommt alles doch nur allein auf die Erziehung an? In klarer, gut verständlicher Weise fasst dieses Buch die neuesten Forschungsergebnisse zu den Unterschieden zwischen Mädchen und Jungen von der Geburt bis zur Pubertät zusammen. Anhand von vielen Fallbeispielen setzt Susan Gilbert sich mit Fakten, Mythen und Vorurteilen auseinander und sensibilisiert Eltern für einen differenzierteren Umgang mit ihren Kindern.

PATMOS
Verlagshaus